文物工作研究

——聚焦 2012

刘曙光　柴晓明　主编

文物出版社

责任编辑　许海意
责任印制　张道奇
封面设计　周小玮

图书在版编目(CIP)数据

文物工作研究：聚焦2012 / 刘曙光，柴晓明主编．
—北京：文物出版社，2015.6
ISBN 978-7-5010-4310-1

Ⅰ.①文…　Ⅱ.①刘…②柴…　Ⅲ.①文物工作-概况-中国　Ⅳ.①K87

中国版本图书馆CIP数据核字（2015）第123214号

文物工作研究

——聚焦2012

刘曙光　柴晓明　主编

*

文物出版社出版发行
北京市东直门内北小街2号楼
（邮政编码　100007）
http://www.wenwu.com
E-mail: web@wenwu.com
北京宝蕾元科技发展有限责任公司制版
北京京都六环印刷厂印刷
新华书店经销
710×1000　1/16　印张：19
2015年6月第1版　2015年6月第1次印刷
ISBN 978-7-5010-4310-1　定价：80.00元

《文物工作研究》编委会

序　言

文物工作是文化事业的重要组成部分，是中国特色社会主义事业“五位一体”总布局中的重要一环，也是文化强国建设的重要支撑。党的十八大报告提出了扎实推进文化强国建设，构建中华优秀传统文化传承体系和公共文化服务体系的战略任务。习近平总书记站在实现中华民族伟大复兴中国梦的战略高度，就推动中华优秀传统文化的传承与创新、加强文物保护和利用发表了一系列重要论述，充分体现了党中央对中华优秀传统文化的高度自信，对文物工作的高度重视。近年来，随着文物资源规模的不断扩大和类型的多样化，人民群众精神文化需求的日益增长，文物工作的领域更加扩大，文物工作的任务更加繁重，也更加艰巨。中国文化遗产研究院于2012年启动了对文物工作的系列研究。我们的研究，坚持以问题为导向，以服务决策为宗旨，以科学管理理论为指导，充分借鉴国内其他行业或国际先进经验，全方位、多角度对文物工作进行综合分析，力求为政府决策提供参考和借鉴，促使决策更科学、措施更得力。换句话说，我们期望能够为破解文物工作中的新矛盾和新问题，提供一种参考。

中国文化遗产研究院作为国家级综合性文物保护研究机构，承担了一大批国内外重要文物保护、科研项目，如布达拉宫维修、大足石刻千手观音修复、高句丽墓葬壁画原址保护、援柬茶胶寺保护等，广为业内所知。但在文物工作法律与政策、基础理论与方法方面的研究或探索，成果还不多。从研究者的角度全面审视和系统分析文物工作，特别是文物行政管理工作，似乎也少有先例。所以，我们非常重视“文物工作系列研究”的整体设计。我们设想通过持续跟踪和深入分析，系统开展文物行业战略、政策评估、管理体制机制分析等文物行业软科学研究，重点关注长城、大运河、大遗址等大型文化遗产的保护利用，以期发挥中国文化遗产研究院作为国家文物局智库的作用。

从某种意义上说，本书具有开研究之先河的价值：我们以文物工作为特定对象，以2012年为断面，进行系统化的归纳、梳理和分析，着力从文物行政管理的角度、从政府职能转变的角度，点面结合、深入解读，在总结成绩和经验的基础上，剖析新形势下文物工作面临的新情况、新问题，提出建设性、前瞻性的政策建议。

本书首次勾勒与解析文物工作的完整逻辑和内在联系，不再拘泥于文物主管部门的司处分工和央地分工；有别于一般的统计资料和年鉴，对文物工作进行总结、分析。我们试图运用管理学的理论和方法，纵向分析、横向比较，运用定性分析和定量分析相结合的方法，提出有利于工作改进和事业发展的对策和建议。

本书首次对文物工作进行整体观察和分析，从中央、地方和社会三个层面入手，既有综述，也有分论，各部分内容既独立成章，又相互联系，既各有侧重，又互为支撑，全方位展现文物工作的新进展和新成就。

本书尝试以丰富、准确的数据为支撑，以系统、完整的信息为基础，运用图文并茂的形式，直观、生动地再现2012年文物工作取得的成绩。为增强本书的可读性和趣味性，我们有意使用朴实易懂的文字来诠释文物工作的深刻内涵，既有解读，也有评析，可供决策者和专家学者参阅，也可以为广大读者了解文物工作提供素材和资料。

编写本书，对我们来说，确有勉为其难之处。我们的实践经验和理论基础，我们的能力与水平，都还不足以支撑我们应对综合性强、涉及面广的文物工作的复杂纷繁。但是我们希望以此为契机，通过定期开展文物工作研究报告的编写，逐步形成结构化、可比较的客观数据资料，建立坚实的基准坐标框架，为文物行业的“软”科学研究打下“硬”基础。《文物工作研究》的内容将越来越丰富，视野也将越来越开阔，通过敏锐的视角、及时的回应和深度的解读，为相关决策部门做好参谋，逐步成为文物工作科学发展的助推器，并成为社会各界了解文物工作及其价值的重要窗口。

万事开头难。《文物工作研究——聚焦2012》是首次编写，一家之言，甚至是书生之论，疏漏之处或偏颇观点在所难免，我们期待着来自读者的批评教正。我们将一如既往地关注文物工作，关注国内外最新动态，并不断加强研究团队建设，促使这项研究越来越深入、越来越有针对性，不仅为政府决策提供重要参考依据，而且逐步成为面向行业内外、面向社会公众的重要平台，在推进我国文物事业的科学发展方面发挥重要作用，为文化遗产强国建设贡献力量。

中国文化遗产研究院院长　刘曙光

摘　要

《文物工作研究——聚焦2012》是国内第一本以文物工作为研究对象的著作，在对文物工作进行系统梳理的基础上，主要从文物宏观体制、文物行政管理和文物业务管理三个角度进行分析研究。总结回顾的过程也是重新审视的过程，在这个过程中，无论是认识的深度，还是思维的广度，都得到延伸和拓展。

本书由绪论、上篇、中篇、下篇和附录组成。

绪论部分以法规为依据，系统介绍文物工作的对象、队伍、内容及与社会的关系，以及新中国成立以来文物工作的发展脉络和主要特点。

上篇为2012年工作述评，主要对2012年度的文物工作从中央、地方、社会三个层面进行较为系统的回顾总结，力求客观反映全国文物工作总体情况，展现文物工作的新进展和新成就。

中篇为问题与对策，放眼更宏观形势，将文物工作置身于社会发展总体环境去审视，分析深层次的管理体制、政策研究、机构和人才队伍建设等问题，从战略层面和工作层面提出应对新形势的新举措。

下篇是专题探讨，主要围绕文物工作中的热点、焦点和社会关注度高的问题展开深入研究，或以问题为主线，或以案例为视角，用事实和数据说话，着力解决实践层面的问题。专题探讨部分从基础制度、不可移动文物、可移动文物、社会参与等领域选取重点工作组织专题研究，由此也可以看出近年来我国文物工作的发展趋势、主要成就和突出矛盾所在。本部分专题研究仅代表作者本人观点。

文物产权是全社会参与文物保护和合理利用的法治基础。《文物保护基础制度缺失——国有不可移动文物产权管理现状调研》针对国有不可移动文物产权的特殊性，以相关文物产权管理工作实践为重点，采用现场调研与文献调研相结合的方法，对与文物产权相关的典型案例进行了初步归纳，在总结经验和分析问题的基础上，提出在目前管理体制下解决产权问题的建议。

我国是世界上唯一连续十年申遗成功的国家，成功固然可喜，压力也不容小觑，面对国际申遗组织的新规则和日趋增长的申遗成本，中国的申遗工作何去何从？是否应该做出思路上的调整？《国际视野下的世界文化遗产申报——从中国申遗项目谈起》一文通过回顾我国近年来的申遗历程，结合国际社会的申遗形势和国内的申遗环境，对申遗过程中一些问题做了反思，并提出相应的对策建议。

我国拥有3万多公里的海岸线和300多万平方公里的水域，水下文化遗产数量众多且价值巨大，是世界少有的水下文化遗产大国。保护好水下文化遗产资源，是捍卫我国海洋主权、维护国家海疆安全的重大举措。2012年国家文物局水下文化遗产保护中心的成立和考古研究船的建造具有里程碑意义，水下文化遗产保护将以次为契机，迎来跨越式发展的新历程。《水下文化遗产保护的跨越式发展——从水下文化遗产保护中心组建谈起》一文对近年来的工作做了全面梳理，结合当前水下文化遗产保护面临的新形势，在分析问题的基础上提出了实现跨越式发展的对策。

故宫博物院是世界上规模最大的古代宫殿建筑群，也是世界上文物藏品和文化资源最丰富的博物馆之一。每年突破千万并持续增长的观众给故宫的文物保护和安全管理工作带来了巨大压力。如何确保文物和观众的安全，更好地传承中华传统文化，使故宫世代相传、永续利用，《从藏品清点到“平安故宫”——博物馆基础工作的成功实践》做了系统总结和分析，可以为其他博物馆提供借鉴。

西安市文物资源极其丰富，具有发展博物馆的巨大潜力。把西安建设成博物馆之城是西安市政府提出的一项重大发展目标。博物馆之城建设对西安市的社会文化事业有何积极影响？还面临哪些值得反思和探索的问题？《让历史连接未来——西安建设“博物馆之城”的实践及其意义》一文通过翔实的资料对已有做法和经验做了全面解读，并提出了应对新问题的新对策。

社会力量参与是文物事业健康可持续发展的有效途径。杭州市在引导和支持社会力量参与文物保护方面取得不少成功经验，杭州为什么能成功？杭州市文物保护中有哪些社会力量？他们在做些什么？效果如何？《让历史连接未来——西安建设“博物馆之城”的实践及其意义》通过问卷调查和典型案例做了系统剖析。

围绕公众对文化遗产事业的认知和参与情况，国家文物局政策法规司委托零点研究咨询集团开展多年调查，获得了大量数据。究竟公众对哪些类型的文化遗产知识更感兴趣？希望通过哪些渠道获取相关信息？更愿意以何种形式参与文化遗产保护？公众对政府文化遗产保护工作的评价如何？《文化遗产与公众生活——基于零点公司调查报告的分析》对已有数据进行总结分析，给出了明确的答案。

附录部分包括国内文物业 2012 年基本情况调查汇总数据和国外文化遗产工作动态。

Abstract

Cultural Relics Management Review——Zooming in on 2012 is a first effort to study on China's cultural relics sector as a whole. Based on a systematic review of its work in 2012, the book endeavors to analyze underlying mechanism of the sector from institutional, administrative and professional perspectives. The process of review has provided us a precious opportunity of reflection, during which our understanding of the sector is really deepened and widened.

The book consists of five sections: Introduction, Part I, Part II, Part III and Annexes.

In the beginning part, a systematical introduction is made, based on current laws and regulations, to outline the scope, organizational structure, major missions, and its relation with the society of the cultural relics sector, together with a very brief summary of the history and main characteristics since the People's Republic of China.

Part I gives a panorama of the cultural relics sector in 2012 from three levels: the central government, local governments, and society, highlighting new progresses and achievements.

Part II addresses challenges and problematic issues, which are analyzed within a broader context of social and economic system. By examining some fundamental problems of institutional system, policy research capability and human resources, suggests are made both strategic and practical levels.

Part III includes several thematic studies, mainly focusing on fields of management priority or wide public concern in 2012. The analyses, either problem – oriented or case – oriented, are all based on hard evidences and statistics, with an aim to put the research sound in practice. Themes in this part cover areas of institutional, immovable heritage, movable heritage and public participation, which represents the development trend, major achievements and main conflicts in the sector. The thematic studies reprensent only the opinions of it's author.

Cultural property right is the legal foundation for social involvement in conservation and enhancement of cultural relics. Given the uniqueness of state-owned immovable cultural property right, *Institutional Limitation of Cultural Relics: A Survey on Current Management of Ownership of State-owned Immovable Cultural Properties* provides an introduction to the typical cases related to cultural property rights, with emphasis on management practices. The research is based on field survey and archival analysis. The article offers some preliminary solutions to the property right problems in the current management system.

China is the only country in the world that has succeeded in bidding world heritage for 10 consecutive years. However, there are still challenges, either from the new rules of world heritage nomination or from the increasing cost of such nomination. What is the future of China's world heritage bidding? Should the guiding principles be adjusted? *Understanding World Cultural Heritage Nomination through a Global Lens: the Case of China* reviews the process of China's world heritage bidding in recent years. The study also reflects on some problematic issues throughout the bidding process, taking into consideration both international and domestic contexts. Accordingly, it provides solutions and suggestions to the problems.

China's coastline spans more than 30 000 kilometers, while the territorial waters covers more than 3 million square kilometers. There are a great amount of underwater cultural relics of significant value. As a country with great underwater cultural relics resource, China is dedicated to protecting these resources, to safeguarding maritime sovereignty and to guaranteeing the security of waters in its territory. In 2012, SACH Center of Underwater Cultural Heritage was established, and the first archaeological ship started to be built. It is a remarkable progress of the conservation of underwater cultural heritage. The *Leaping Development of Underwater Cultural Heritage Conservation: Starting with Establishment of the SACH Center of UCH* reviews the projects of underwater cultural heritage over recent years. Based on the analysis, the study also proposes the approaches to future development.

The Palace Museum is the largest ancient palace complex in the world, and one of the museums with the largest collections. The site receives more than 10 million annual visitors, a number that has been increasing year by year. This yields critical challenges to cultural relics' conservation and security. *From Collection In-*

ventory to "A Safe Palace Museum": Successful Practices of the Museum's Basic Tasks analyzes the measures for guaranteeing the security of cultural heritage and visitors, inheriting traditional Chinese culture, and ensuring the sustainable development of the Palace Museum. The article could be used as reference for other museums.

Xi'an boasts rich cultural relics, which is a great resource for museums. The local government aims to build Xi'an as a "city of museums". What are the positive influences of the project on the social and cultural development of Xi'an? Are there challenges? *Link History with Future: Practice and Significance of the Project to Build Xi'an into the "City of Museums"* provides an integrated interpretation of existing practices.

Social participation in conservation is essential to the sustainability of cultural heritage. Hangzhou is a good example in guiding and supporting such social participation. Why does Hangzhou succeed? Who participate? How are the activities carried out? What are the results? *Cultural Self-awareness and Civil Responsibility: Social Participation in Cultural Heritage Conservation in Hangzhou* discusses these questions based on survey data and case analysis.

Commissioned by SACH, Horizon Research Consultancy Group (HRCG) has carried out surveys on the public awareness of and participation in cultural heritage conservation for the past 5 years. What types of cultural properties attracted the most public attention? What ways of presentation are expected by the public? What are the ways expected by the public for participating in cultural heritage conservation? *Cultural Heritage and Public Life: Analysis based on HRCG Survey Reports* provides an analysis and answers.

The Annexes include statistics of the China's cultural relics sector, and some references on majors events in international cultural heritage community in 2012.

目　录

上　篇　2012 年工作述评

中　篇　问题与对策

下　篇　专题探讨

大运河上的船队　　中国文化遗产研究院供图

绪　论

一、什么是文物工作

什么是“文物工作”？这其实是一个看似简单、实却复杂，甚至对部分文物工作者来说都是问题的问题。

对于大多数的社会公众，文物工作是感觉陌生甚至有点神秘的行业，在日常生活中似乎少有接触。八达岭、秦兵马俑、故宫虽然广为众人所知，但多数人觉得它们是旅游参观的景点；古玩收藏、考古揭秘节目引人瞩目，又往往被视为财富与探险的世界；民间节庆、工艺、戏曲隆重复兴，似乎是非物质文化遗产的推动。

那么，究竟什么是“文物工作”？“文物部门”又是做什么的？

实话实说，“文物工作”基本是个约定俗成的说法，其概念和范畴从来没有过正式界定，也从没有明确的共识。“文物工作”、“文物保护工作”、“文物博物馆事业”、“文物事业”、“物质文化遗产保护”等各种不同说法（概念），分别出现在《中华人民共和国文物保护法》、《国务院关于加强文化遗产保护的通知》、《国家文物博物馆事业发展“十二五”规划》等官方文件中。

编写这本研究报告，为我们提供了一个进行盘点的契机。我们的目的，既不是介入复杂深奥的学术争论，也不是再现“文物工作”这一概念的演变历史。在我们看来，明确文物工作的概念和范畴，其实是明确责任和相关责任主体的基础，是履行责任和绩效问责的基础，当然也是我们编写报告的基础。为避免臆造，我们从相关法规和官方文件中，梳理并说明涉及文物工作的三个基本问题：什么是文物？文物工作与谁有关？文物行政部门的职责是什么？希望能用最平实的文字，使文物行业内外人士对“文物工作”能有一目了然的基本认识。

（一）什么是文物

一般说来，文物是人类遗留下来的具有历史、科学和艺术价值的遗迹和遗物。

通常，文物被区分为不可移动文物和可移动文物两大类。中国的做法，是将不可移动文物和可移动文物中具有重要价值的，经过登记、核定和公布程序，确定为不同级别的文物保护单位和珍贵文物。

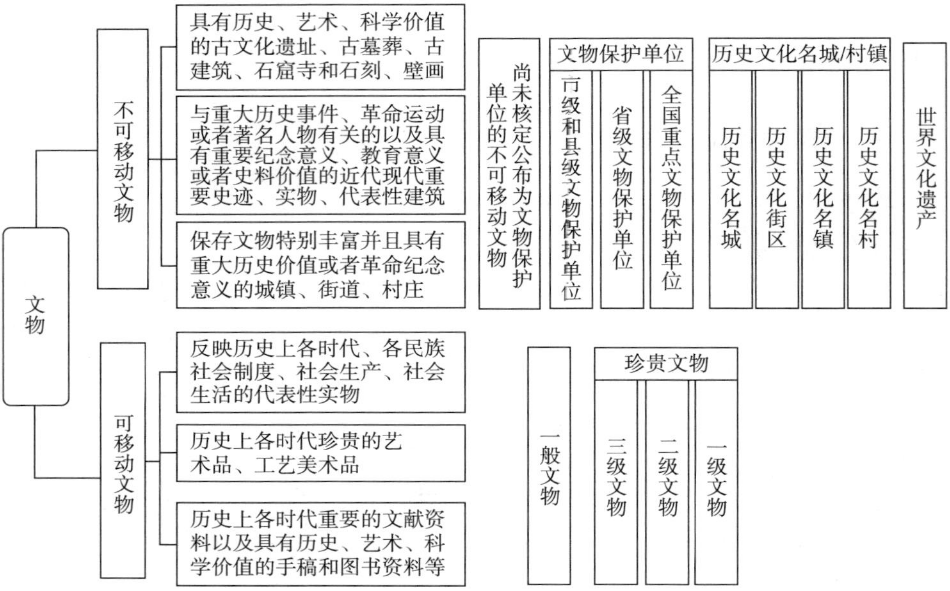

图 0－1　我国文物构成体系

中国的文物是全体中国人民的共同财富，也是世界文明的宝贵财富。她珍藏着中华民族共同的记忆，见证了中华民族悠久的历史，凝聚着中华民族的智慧，体现了人类无穷的生命力和丰富的创造力。她是不可替代和不可再生的脆弱资源，保护和保存文物及其环境，展示和传播文物价值，将其真实、完整地保留和传承后代享有，是我们当代人不可推卸的历史使命，是对人类社会可持续发展的重要贡献。

文物具有纽带、启迪、科研功能，相当多的文物还具有旅游、参观、鉴赏、收藏功能。例如“万里长城——八达岭”，是 1961 年国务院公布的第一批全国重点文物保护单位，而八达岭只是 21196 公里明代长城中经过整修开放的很小的一段，绝大部分的明代长城实际还处于野外遗址状态。

秦兵马俑，是第一批全国重点文物保护单位秦始皇陵的一部分。整个陵园面积达 20.32 平方公里，目前对公众开放参观的景区，只是陵园遗址保存和展示条件较好的核心区域。

故宫博物院，本身既是第一批全国重点文物保护单位（故宫），属于不可移动文物，又是180多万件可移动文物的收藏保管机构，承担着文物建筑维护修缮、文物档案整理建设、文物安全保存修复、文物价值研究和文物展陈服务等职责。

（二）文物工作与谁有关

对于文物或文化遗产保护的主要任务，联合国教科文组织通过的《保护世界文化和自然遗产公约》有简要的描述，即开展文物的“认定、保护、保存、展示和遗传后代”工作。[①] 根据实际国情，经过多年的探索与实践，我国政府对文物工作确定了“十六字方针”，[②] 即“保护为主、抢救第一、合理利用、加强管理”。

“保护为主、抢救第一”，是指文物工作的主要任务和优先重点是保证文物的安全，即真实、全面地保存并延续文物的历史信息及全部历史、艺术和科学价值。[③]

“合理利用”，是指利用文物服务于当前的实用功能，充分保护和展示文物的价值。利用的功能应当尽量与文物古迹的价值相容。[④]

“加强管理”，包括加强文物基础管理工作和文物行政管理工作。文物基础工作包括建立文物记录档案，做好文物日常管理、保养和展示陈列工作等。对于文物保护单位来说，基础管理工作应做到“四有”，即“划定必要的保护范围，作出标志说明，建立记录档案，并区别情况分别设置专门机构或者专人负责管理”。[⑤] 文物行政管理工作应依照相关法律法规授权，对文物保护各项事务进行指导、监督、推动和协调，以及对相关活动和资格进行审批、认定和备案工作等。

根据文物工作涉及的保护、利用和管理内容，文物工作实际上与每一位公民都密切相关。我国的文物资源十分丰富，其中绝大多数并非旅游参观景点，众多文物实际上就存在于我们的身边，存在于我们日常生活的伸手可及

---

① 联合国教科文组织：《保护世界文化和自然遗产公约》（1972年），第四条。

② 《中华人民共和国文物保护法》（2002年修订），第七条。

③ 参见国际古迹遗址理事会中国国家委员会：《中国文物古迹保护准则》，第2条，2002年。

④ 参见国际古迹遗址理事会中国国家委员会：《关于〈中国文物古迹保护准则〉若干重要问题的阐述》，第4.1款，2002年。

⑤ 《中华人民共和国文物保护法》（2002年修订），第七条。

之处。因此，《中华人民共和国文物保护法》才规定：“一切机关、组织和个人都有依法保护文物的义务。”①

各级人民政府的义务②

地方各级人民政府负责本行政区域内的文物保护工作；

应当重视文物保护，正确处理经济建设、社会发展与文物保护的关系，确保文物安全；

基本建设、旅游发展必须遵守文物保护工作的方针，其活动不得对文物造成损害；

为各级文物保护单位划定必要的保护范围，作出标志说明，建立记录档案，并区别情况分别设置专门机构或者专人负责管理；

各级人民政府制定城乡建设规划，应当根据文物保护的需要，事先由城乡建设规划部门会同文物行政部门商定对本行政区域内各级文物保护单位的保护措施，并纳入规划。

公安机关、工商行政管理部门、海关、城乡建设规划部门和其他有关国家机关，应当依法认真履行所承担的保护文物的职责，维护文物管理秩序。

国家发展文物保护事业。县级以上人民政府应当将文物保护事业纳入本级国民经济和社会发展规划，所需经费列入本级财政预算。

国家用于文物保护的财政拨款随着财政收入增长而增加。

一切机关、组织和个人的义务③

在文物保护单位的保护范围内，从事各种活动应履行法定程序并确保文物安全。

考古发掘的文物属于国家，任何单位或者个人不得侵占。

在文物保护单位的建设控制地带内进行建设活动，不得破坏文物保护单位的历史风貌，相关工程设计方案需履行相关审批程序。

---

① 《中华人民共和国文物保护法》（2002年修订），第七条。

② 根据《中华人民共和国文物保护法》（2002年修订）第八、九、十、十五、十六条整理。

③ 根据《中华人民共和国文物保护法》（2002年修订）第十二、十七至二十六、四十六、六十条整理。

使用不可移动文物，必须遵守不改变文物原状的原则，负责保护建筑物及其附属文物的安全，不得损毁、改建、添建或者拆除不可移动文物。

修复馆藏文物，不得改变馆藏文物的原状；复制、拍摄、拓印馆藏文物，不得对馆藏文物造成损害。

国有文物、非国有文物中的珍贵文物和国家规定禁止出境的其他文物，不得出境。

对于有下列事迹的单位或个人，国家将给予精神鼓励或者物质奖励：认真执行文物保护法律、法规，保护文物成绩显著的；为保护文物与违法犯罪行为作坚决斗争的；将个人收藏的重要文物捐献给国家或者为文物保护事业作出捐赠的；发现文物及时上报或者上交，使文物得到保护的；在考古发掘工作中作出重大贡献的；在文物保护科学技术方面有重要发明创造或者其他重要贡献的；在文物面临破坏危险时，抢救文物有功的；长期从事文物工作，作出显著成绩的。

国有文物保管者的义务①

国有文物所有权受法律保护，不容侵犯；

国有博物馆、纪念馆、文物保护单位等的事业性收入，专门用于文物保护，任何单位或者个人不得侵占、挪用；

国有不可移动文物由使用人负责修缮、保养；

国有不可移动文物不得转让、抵押。建立博物馆、保管所或者辟为参观游览场所的国有文物保护单位，不得作为企业资产经营；

禁止国有文物收藏单位将馆藏文物赠与、出租或者出售给其他单位、个人。

集体所有和私人所有的纪念建筑物、古建筑和祖传文物以及依法取得的其他文物所有者的义务②

其所有权受法律保护。文物的所有者必须遵守国家有关文物保护的法律、法规的规定；

非国有不可移动文物由所有人负责修缮、保养。非国有不可移动文

① 根据《中华人民共和国文物保护法》（2002 年修订）第五、十、二十一、二十四条整理。

② 根据《中华人民共和国文物保护法》（2002 年修订）第六条、二十一条整理。

物有损毁危险，所有人不具备修缮能力的，当地人民政府应当给予帮助；所有人具备修缮能力而拒不依法履行修缮义务的，县级以上人民政府可以给予抢救修缮，所需费用由所有人负担。

文物工作关系到每一位公民的利益。从建设精神家园到陶冶道德情操，从生产生活到游览参观，从义务保护到志愿服务，文物工作都需要人人关心、积极参与。正因如此，保护、展示文物，在任何一个国家都事关公众和子孙后代的利益，都应是政府的基本职能；文物事业也无一例外地属于非营利性的社会公益事业。同时，由于文物的确定、保护、保存与展示等各项工作涉及资金需求和复杂、综合的专业知识和技能，所以世界各国都要为此制订专门的预算，设立专门机构，培训专门人才，制定专门的标准。

在中国，为统筹协调和服务支撑文物事业的发展，形成了以文物行政部门和事业单位为主体的文物行业，负责文物工作的行政管理与专业事务。

（三）文物行业做什么

按现行管理关系划分，目前我国的文物行业存在文物系统与非文物系统之别。按工作职责划分，文物行业可以分为文物行政部门和文物专业机构。

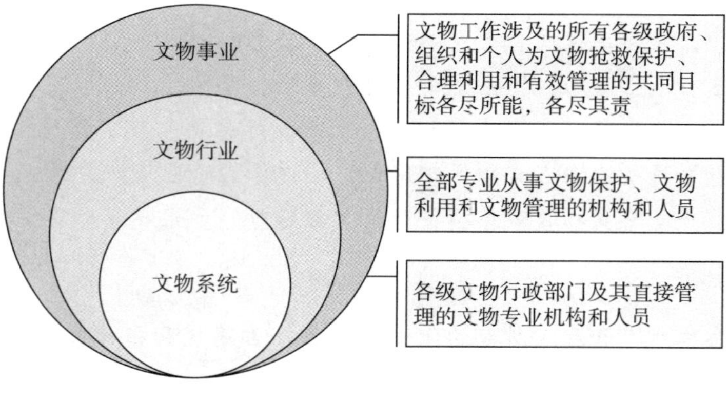

图 0－2　文物行业管理关系

文物行政部门是各级政府负责文物保护的责任部门。目前，中国的文物行政管理实行的是分级负责、属地管理体制。县级以上地方人民政府承担文物保护工作的部门受本行政区人民政府直接领导，上级文物行政部门对下级文物行政部门只是在业务上进行指导，没有管理上的隶属关系。

国家文物局是国务院委托文化部管理的负责国家文物和博物馆方面工作

文物业	
文物行政部门	文物专业机构
• 国家文物局 • 省/自治区/直辖市文物局（文化厅） • 地市文物局（文化局、文化广电新闻局、文物旅游局、文物园林局） • 县/区文物局（文化局、文化广电新闻局、文物旅游局、文物园林局等）	• 文物保护管理机构 • 博物馆（院） • 文物考古所 • 文物保护中心 • 文物科研机构 • 其他文物机构（文物商店、信息中心、鉴定中心等）

图0－3　文物行业和文物事业

的行政机构。其主要职责[①]包括：拟订文物和博物馆事业发展规划，拟订文物认定、博物馆管理的标准和办法，组织文物资源调查，参与起草文物保护法律法规并负责督促检查；协调和指导文物保护工作，履行文物行政执法督察职责，依法组织查处文物违法的重大案件，协同有关部门查处文物犯罪的重大案件；负责世界文化遗产保护和管理的监督工作，组织审核世界文化遗产申报，协同住房和城乡建设等部门审核世界文化和自然双重遗产申报，协同住房和城乡建设部门负责历史文化名城（镇、村）保护和监督管理工作；负责管理和指导全国考古工作，组织、协调重大文物保护和考古项目的实施，承担确定全国重点文物保护单位的有关工作；负责推动完善文物和博物馆公共服务体系建设，拟订文物和博物馆公共资源共享规划并推动实施，指导全国文物和博物馆的业务工作，协调博物馆间的交流与协作；负责文物和博物馆有关审核、审批事务及相关资质资格认定的管理工作；组织指导文物保护宣传工作，拟订文物和博物馆有关人才队伍建设规划；编制文物和博物馆科技、信息化、标准化的规划并推动落实，组织开展重大文物保护科技创新工程，促进文物保护科技成果的转化和推广；管理、指导文物和博物馆外事工作，开展文物对外及对港澳台的交流与合作，负责文物进出境有关许可和鉴定工作；承办国务院及文化部交办的其他事项。

县级以上地方人民政府承担文物保护工作的部门（文物行政部门）对本行政区域内的文物保护实施监督管理。目前，各级地方人民政府设置的文物

① 国务院办公厅：《关于国家文物局主要职责内设机构和人员编制规定》（2009年）。

行政部门并不统一，有些为政府组成机构，有些为政府机构的内设部门，有些则由事业单位代行行政管理职能。地方文物行政部门直接管理本行政区域内的文物工作，其主要职责包括[①]：贯彻落实国家关于文物和博物馆工作方面的法律、法规、规章和政策，起草本行政区域内相关地方性法规草案、政府规章草案，并组织实施，拟订本行政区域文物和博物馆事业发展规划，并组织实施；负责推动完善本行政区域文物和博物馆公共服务体系建设，拟订本行政区域文物和博物馆公共资源共享规划并推动实施；负责本行政区域文物保护单位（和世界文化遗产）管理工作，会同有关部门负责本行政区域历史文化名城（镇、村）保护和监督管理工作，研究提出本行政区域文物保护单位保护范围和建设控制地带的意见；指导本行政区域博物馆的业务工作，组织博物馆间的交流与协作，负责博物馆馆藏文物鉴定、登记、借用、调拨和交换的管理工作；负责本行政区域的考古调查、勘探和发掘工作；负责管理本市民间收藏文物及其流通活动；负责本行政区域文物和博物馆有关审核、审批事务及相关资质资格认定的管理工作；依法负责本行政区域文物行政执法工作，组织查处有关文物的违法违章案件；承担本行政区域文物和博物馆安全工作的管理责任；负责本行政区域文物保护的宣传工作；组织与国（境）内外的文物交流和展示活动；规划、指导本市文物和博物馆领域专业人员培训工作；组织文物和博物馆领域科学研究及交流、文物科学保护工作。

各类文物专业机构是承担文物展示、保护、保存和研究工作具体业务的专业机构，分布在文物系统内外。文物保护机构和博物馆（院）是文物专业机构中的两大骨干队伍，其数量和从业人员在文物行业相应机构和人员总数中比例均超过90%。其中，文物保护机构（大多数为县级文管所），在文物主管部门的直接领导下开展工作，分为区域文物保护管理机构和专门文物保护管理机构两类，主要负责不可移动文物（文物保护单位）的保护与管理、陈列与研究、宣传和执法，以及配合公安部门打击文物犯罪等工作。博物馆是“收藏、保护、研究、展示人类活动和自然环境的见证物，经过文物行政部门审核、相关行政部门批准许可取得法人资格，向公众开放的非营利性社会服务机构”。[②] 在部分地区，文物保护机构和博物馆的职能有所交叉或互为代行职能，在有些地区，它们还代行文物行政部门的有关职能。

---

① 以北京市文物局例。见北京市文物局网站 http：//www. bjww. giv. cn。

② 文化部：《博物馆管理办法》（2005 年）第二条。

文物专业机构中还包括文物研究机构和文物咨询服务机构，主要包括（文物）考古研究所、古代建筑研究中心（所）、文物保护中心和文物（文化遗产）研究机构，以及文物商店、文物出版企业等其他机构。此外，还有中国考古学会、中国博物馆协会等文物社会团体。文物专业机构往往具有考古团体领队资质、各级文物保护规划资质、勘察设计和施工资质、文物修复资质等各类专业资质，开展文物政策法规及标准化研究、考古调查勘探发掘、文物资源调查研究、文物评估认定与登记建档、文物保护规划与计划编制、文物保养维护巡查监测、文物维修、文物展示陈列讲解、专业培训、文物宣传交流等业务。

文物工作涉及的范围十分广泛。随着国家经济社会的发展，文物工作从方针原则、事业重心到组织机构一直都在经历着调整和变化。目前的文物管理体制基本可概括为“权属管理、条块交叉、分级负责、属地管理”，既包括宏观行政管理，又包括专业技术管理。一般来说，文物部门主要发挥专业管理职能，而许多宏观决策和政府职能如国家产权制度、国土空间、重大建设、社会发展、资金安排等综合国策，以及地方的城乡规划、开发建设、产业布局、土地利用、机构人员等方面，则分散在各级政府的很多行政部门。文物工作从认定评估到保护抢救，再到利用管理和传承发展，与国家宏观经济社会生活的联系愈加密切，文物事业正在迈向更为宽广的天地，正在我国全面协调可持续发展的小康社会建设中发挥更为重要的作用，日益受到国际社会和广大公众的热情关注与积极参与。

二、中国的文物工作

我国的文物工作与国家现代化建设风雨同舟、命运与共，融汇于社会进步的每一步历史进程之中。

早在新中国成立之初的 1949 年 11 月，中央人民政府就在文化部设立了文物局，由著名学者、文化部副部长郑振铎先生亲自兼任局长，当时的文物局负责指导管理全国文物、博物馆、图书馆事业。1955 年，文化部改设文物管理局，不再管理图书馆事业。1973 年，国务院成立国家文物事业管理局。1982 年，又改为文化部文物事业管理局。1987 年，恢复国家文物事业管理局之名，仍归文化部管理。1988 年，更名为国家文物局。1997 年，正式成立中共国家文物局党组。在地方，各省级行政区均成立了由地方政府直接领导的文物保护行政主管机构，接受国家文物局对其业务工作的指导。

在机构沿革和事业发展的同时，“文物工作”的范围也发生了变化。

1955年之后，图书馆不再是文物工作的范畴，一直到目前，文物工作主要包括文物和博物馆两大部分。

"文物"这个古已有之的名词，其内涵和外延在不断发展变化中。1961年国务院发布的《文物保护管理暂行规定》中，第一次明确了"国家保护的文物"的范围，主要包括古文化遗址、古墓葬、古建筑、石窟寺和石刻、艺术品、工艺美术品、革命文献资料、古旧图书资料等。之后基本沿用这一范畴，没有明显变化。2002年修订的《中华人民共和国文物保护法》将近现代重要史迹、壁画、古脊椎化石和古人类化石纳入文物的范畴，并第一次在法律文件中提出不可移动文物和可移动文物的区分，将历史文化名城和历史文化街区、村镇纳入不可移动文物保护的范畴。2005年国务院发布的《关于加强文化遗产保护的通知》中，将文化遗产分为物质文化遗产和非物质文化遗产两大类。其中的"物质文化遗产"，基本相当于目前的文物概念，包括古遗址、古墓葬、古建筑、石窟寺、石刻、壁画、近代现代重要史迹及代表性建筑等不可移动文物，历史上各时代的重要实物、艺术品、文献、手稿、图书资料等可移动文物；以及在建筑式样、分布均匀或与环境景色结合方面具有突出普遍价值的历史文化名城（街区、村镇）。

在不同的阶段，文物工作的重心也有所不同。新中国成立之初，针对鸦片战争以来大量珍贵文物流失国外、国内许多重要文物点无人管理的现象，中央人民政府政务院迅速扭转了珍贵文物大量外流以及严重破坏和盗掘文物的现象，抢救和保护了大批珍贵文物。随着全国范围内的基本建设和农业合作化高潮的掀起，工业建设、城市建设、农业生产等全面铺开，妥善处理好基本建设与文物保护的关系，成为当时急需解决的问题。中央又提出了"重点保护、重点发掘，既对文物保护有利，又对基本建设有利"的方针。同时开始委托相关高校和科研院所着手培养专业人才，公布了第一批全国重点文物保护单位，并在全国兴建起200多座博物馆，为文物事业的发展奠定了较好基础。在"文化大革命"期间，一大批珍贵文物遭到破坏，文物工作陷于停顿。

"文革"结束之后，文物工作逐渐全面恢复。1982年，《中华人民共和国文物保护法》颁布实施，这是文化领域第一部由国家最高立法机构颁布的法律，也是新中国第一次以法律的形式对文物保护工作进行了界定，标志着文物事业逐步走向法制化轨道。伴随着一系列法规和规范性文件的出台，文物保护和管理工作得到全面加强。与此同时，国际交流合作也不断扩大和深化，1985年，中国加入《保护世界文化和自然遗产公约》，并于1986年开始申报世界遗产，中国逐渐成为国际社会文化遗产保护的重要力量。

20 世纪 90 年代是中国文物工作发展进步的关键时期。正确对待和处理基本建设与文物保护之间的矛盾、文物保护与利用的矛盾等，成为这一时期迫切需要探索和解决的问题。1992 年 5 月，国务院在西安召开全国文物工作会议，在全面总结新中国成立以来文物工作实践的基础上，明确提出了“保护为主、抢救第一”的新时期文物工作方针。1995 年 9 月，国务院又在西安召开全国文物工作会议，针对市场经济条件下经济发展与文物保护的关系，进一步提出了“有效保护、合理利用、加强管理”的文物工作原则。1997 年 3 月，国务院颁发了《关于加强和改善文物工作的通知》，要求各地方、各有关部门应把文物保护纳入当地经济和社会发展计划，纳入城乡建设规划，纳入财政预算，纳入体制改革，纳入各级领导责任制。2002 年，伴随着对《中华人民共和国文物保护法》的修订，“保护为主、抢救第一、合理利用、加强管理”这一新的文物工作方针被全国人大常委会写入《中华人民共和国文物保护法》。“五纳入”的具体要求也分别写进了新修订的《文物保护法》，上升为法律规定，对于提升文物工作在经济社会发展中的地位和文物事业的整体水平具有重要意义。

进入新世纪以来，我国的文物工作开始进入全面提升时期。各项基础工作逐步夯实，能力建设得到加强，以《中华人民共和国文物保护法》为核心的法律法规体系框架初步形成，文物保护机构建设日渐完善，全国文物行业从业人员数量大幅增加，知识结构、学历结构、职称结构都有了较大改善。文物保护的领域得到拓展，乡土建筑、近现代建筑、“老字号”、文化景观、文化线路、20 世纪遗产等作为新型文化遗产纳入保护视野，水下文化遗产保护、大遗址保护等成为文物工作的重要组成部分。博物馆数量大幅增加，2008 年以后博物馆陆续免费开放，在陈列展览水平逐步提升的同时，公共文化服务能力也得到进一步提升，越来越多的人走进博物馆，博物馆在人们的社会生活中扮演着越来越重要的角色。

当前的文物工作，正逐步由行业行为转变为社会行为。因为文物保护不仅是一种技术手段，更是一门社会科学；不仅需要现代科学技术的支持，更需要理念的创新和管理的高效；不仅需要政府部门的高度重视，还需要社会各界的热情支持和参与。只有让文物保护的成果更多地惠及民众，才能得到民众更多的拥护和支持，文物工作也才能更好地融入社会生活，获得可持续发展的不竭动力。

（本部分执笔人：于冰、孙波、刘爱河）

重庆大足千手观音造像整体三维模型　　中国文化遗产研究院供图

上　篇

2012年工作述评

聚焦

全国工作

- 第 1 次：全国人大常委会第 1 次开展《文物保护法》执法检查
- 第 1 艘：我国第 1 艘考古研究船开工建造
- 2 个文件：国务院发布《关于开展第一次全国可移动文物普查的通知》和《关于进一步做好旅游等开发建设活动中文物保护工作的意见》
- 时隔 10 年：时隔 10 年再次召开全国文物工作会议
- 14 项：国家文物局颁布 14 项行业标准
- 43 项：元上都申遗成功，我国世界遗产总数达到 43 项
- 100 家：全国一级博物馆达到 100 家
- 3866 个：博物馆总量上升到 3866 个

地方工作

- 北京、山东、甘肃、重庆、广东等省、市召开省级文物工作会
- 重庆、内蒙古新设文物局，上海、重庆新增文物保护研究机构
- 河南省推进“全省文物安全督察年”活动
- 四川省、广东省、安徽省公布省级文物保护单位
- 新疆维吾尔自治区划定 227 处区级文物保护单位保护范围和建控地带
- 安徽省对开发区的文物保护前置把关
- 上海市建立文物资源基础数据库，在官网公布不可移动名录
- 北京市设立 10 亿元“文物及历史文化保护区专项资金”

社会参与

- 甘肃省文物保护员达到 10000 名
- 内蒙古自治区组建“马背文物保护队”
- 山西省曲沃县和广东省开平市通过认领认养形式保护古建筑
- 河南省新乡市文物保护者协会积极参与文物保护
- 天津建筑遗产保护志愿者团队与媒体联合开设“温情邻友会”栏目
- 襄阳市博物馆首次为拾穗者民间文化工作群举办文保成果展

中国援助柬埔寨吴哥古迹茶胶寺保护工程施工现场　　中国文化遗产研究院供图

2012年文物工作综述

对中国的文物工作来说，2012 年是极为重要的一年，不仅具有重要的时间节点意义，而且具有里程碑意义。

2012 是《世界文化和自然遗产公约》通过 40 周年，《中华人民共和国文物保护法》颁布 30 周年、修订 10 周年，是文物事业全面总结过去、科学谋划未来的重要一年。

2012 年，党的十八大胜利召开，作出了经济、政治、文化、社会、生态文明建设“五位一体”的战略布局，提出了扎实推进社会主义文化强国建设的战略任务，对文物事业提出了新要求和新期待。在中国国家博物馆建馆 100 周年之际，胡锦涛总书记致信祝贺。2012 年 11 月 30 日，习近平总书记率新一届政治局常委和中央书记处同志参观《复兴之路》基本陈列，发表了语重心长的重要讲话，提出实现中华民族伟大复兴的中国梦。国务院召开全国文物工作会议，李长春、刘延东出席并发表重要讲话，明确提出建设文化遗产强国的宏伟目标。

2012 年，全国文物系统紧紧围绕十七届六中全会提出的建设社会主义文化强国和十八大提出的 2020 年全面建成小康社会的宏伟目标，按照抓主抓重、统筹协调、注重创新的工作思路，以夯实基础、提高质量、强化能力为着力点，科学部署并强力推进全国的文物工作，狠抓各项工作的具体落实，在巩固中提高，在创新中发展，圆满完成全年各项任务，在文物保护、利用、管理等方面均取得新进展和新突破，亮点频出，特点鲜明。

一、国务院召开全国文物工作会议

7 月 10 日，全国文物工作会议在北京隆重召开。会议全面总结了党的十六大以来文物工作的创新实践和成功经验，深刻分析了当前文物工作面临的新形势新任务，鲜明提出全面推进文物保护利用和传承发展，建设与我国丰厚文化遗产资源相匹配、与社会主义文化大发展大繁荣相适应、与建设社会主义现代化国家目标相承接的文化遗产强国目标，对新时期文物工作作出了全面部署。

会议充分肯定了党的十六大以来文物工作取得的显著成就。“保护为主、抢救第一、合理利用、加强管理”的文物工作方针明确了现阶段文化遗产保护的指导思想、总体目标和工作任务，为文物工作指明了方向。各级党委政府和有关部门特别是全国文物系统依法履行文物保护职责，为经济社会发展作出了积极贡献，突出体现在以下五个方面：各级党委政府文物保护意识明显提高，文物保护责任进一步落实；文物保护基础工作得到加强，文物事业可持续发展能力不断提升；文物保护利用水平不断提高，服务社会、惠及民生的作用日益凸现；博物馆免费开放、改善服务，文化建设的社会效益得以实现；对外文物交流与合作更加广泛，中华文化影响力不断提升。经过十年的发展，我国初步建立起较为完备的文物保护法律制度，初步建立起政府主导、社会参与，与社会主义市场经济体制相适应的文物保护体制和文物保护体系，保护文物日益成为全社会的自觉行动。

在充分肯定文物工作显著成绩的同时，会议也指出当前文物工作中存在的主要问题。一是政府保护文物的责任有待进一步强化；二是文物保护基础工作依然薄弱；三是文物安全形势依然严峻；四是文物流通秩序亟待规范；五是文物管理、人才队伍建设亟须加强。

为切实落实“十二五”时期文物工作各项任务，为文化遗产强国建设作贡献，会议对文物工作提出了“六个进一步”的要求和期待：1. 进一步落实文物保护责任，切实把文物工作摆到更加突出位置；2. 进一步推进文物保护重点工作，切实提高文物安全防范能力；3. 进一步发挥文物资源优势，更多更好地服务社会、促进发展、惠及民生；4. 进一步完善政策法规体系，努力营造有利于文物事业科学发展的良好环境；5. 进一步健全机构和队伍，全面加强能力建设；6. 进一步增强全民文物保护意识，宣传引导全社会共同参与文物保护。“六个进一步”明确了新时期文物工作的重点任务，突出了改革创新的关键环节，既立足当前，又着眼长远，对推进新时期文物工作、努力建设文化遗产强国具有重大指导意义。① 全面落实“六个进一步”将是今后文物工作的重心所在，也是建设文化遗产强国和文化强国的必由之路。全面推进文物保护利用和传承发展、努力为文化遗产强国建设作贡献，是全国文物工作会议的突出亮点和重大贡献。②

---

① 文化部部长蔡武在贯彻全国文物工作会议精神座谈会上的讲话，2012 年 7 月 10 日。

② 文化部部长蔡武在贯彻全国文物工作会议精神座谈会上的讲话，2012 年 7 月 10 日。

会议明确提出今后文物工作要努力实现“六个结合”，大力推进“四项转变”，这是对文物工作理念的一次重要创新。“六个结合”即把文物抢救性保护和预防性保护结合起来，把博物馆建设的数量增长和质量提升结合起来，把文物保护利用与经济社会发展结合起来，把文物保护与建设社会主义核心价值体系结合起来，把文物保护与保障人民基本文化权益结合起来，把文物保护与提高中国优秀传统文化国际影响力结合起来。“四项转变”即推动文物行政部门由“办文物事业”向“管文物事业”、由微观管理向宏观管理、由部门管理向行业管理、由重管理向管理服务并重转变。①

7 月 10 日下午，贯彻全国文物工作会议精神座谈会在北京召开。会议的主要任务是学习贯彻党中央、国务院领导同志的重要讲话和全国文物工作会议精神，统一思想，动员部署。会议指出，新时期文物工作是在我国加速工业化、信息化、城镇化的历程中进行的，是在历史欠账较多、基础工作薄弱的情况下进行的，我国文物事业的发展与经济社会发展水平相比、与世界文明古国应有地位相比、与党和人民对文物工作的新期待相比，还不完全适应，面对文物保护与城乡建设之间长期存在的矛盾，面对文物工作领域不断扩大、工作任务日益繁重的新形势，面对人民群众精神文化需求日益增长、文物的社会关注度越来越高的新情况，面对党和国家对文物保护利用、传承发展的新要求，目前的执法能力、工作方式、宏观管理和人才队伍建设还不完全适应。上述种种不适应的突出问题，需要在总体把握上更加注重更新观念，更加注重转变职能，更加注重制度设计，更加注重加强管理。当前，特别要做好以下几件事情：一是进一步明确中央与地方的事权关系；二是进一步开放市场；三是进一步健全文物博物馆行业标准体系，完善督查考评机制；四是进一步完善社会文物管理、鼓励社会参与、文博人才培养等方面的一系列制度与政策，切实加强现有法律法规的执行。会议强调，各级文物行政部门、各地文博单位要把学习宣传、贯彻落实全国文物工作会议精神作为当前和今后一个时期的中心任务切实抓紧抓好，在全系统迅速掀起学习贯彻的热潮，进一步凝聚共识、统一思想，真正把思想和行动统一到中央的决策部署上来。

全国文物工作会议主题鲜明、任务明确，是新时期文物工作的总纲领，

---

① 《励小捷局长就贯彻全国文物工作会议精神答记者问》，《文物工作》2012 年第 6、7 期合刊。

对破解事关文物事业长远发展的能力提升、队伍建设、合理利用等深层次的问题和重点任务提出了明确要求，对推动文物工作的创新发展具有重大指导意义，对文物事业的科学发展必将产生深远影响。

二、全国人大常委会执法检查成效显著

4~5 月，全国人大常委会执法检查组开展了《文物保护法》执法检查。吴邦国委员长对这次执法检查工作十分重视，作出重要批示，要求督促、支持各级政府和有关国家机关依法履行职责，改进工作，加强管理，推动我国文物保护事业全面发展。[①] 执法检查组分为 5 个小组，重点对北京、河北、浙江、江西、山东、河南、湖北、四川、甘肃、新疆 10 个省（区、市）进行了检查，并委托其他省（区、市）人大常委会对本行政区域内《文物保护法》的实施情况进行检查。各检查小组形成报告，受委托检查的 21 个省（区、市）人大常委会也向全国人大常委会办公厅提供了书面报告。检查组汇总各小组及各地人大常委会的执法检查报告，对检查中发现的问题进行总结、分析，最终形成《全国人民代表大会常务委员会执法检查组关于检查〈中华人民共和国文物保护法〉实施情况的报告》，并于 6 月 26 日在第十一届全国人民代表大会常务委员会第二十七次会议上审议通过。

《报告》总结了《中华人民共和国文物保护法》实施以来取得的主要成效：文物法制宣传教育不断深入，政府文物保护责任逐步落实，综合执法能力不断加强，文物保护状况明显改善，文物保护在服务经济社会发展、惠及民生方面的积极作用日益凸显，配套法规规章逐步健全。深入分析了文物工作中存在的主要问题：一是对文物保护的认识有待进一步提高，文物安全形势依然严峻；二是文物执法能力需要进一步增强；三是文物流通领域亟须加强监管；四是文物专业人才匮乏，文物保护科技水平有待提升；五是文物保护的法律法规有待进一步完善。在此基础上，提出进一步贯彻实施《文物保护法》的七条建议：增强依法保护、科学保护文物的意识，营造全社会保护文物的良好氛围；依法履行职责，切实保障文物安全；健全完善管理体制，加强文物保护能力建设；健全

---

① 参见《全国人民代表大会常务委员会执法检查组关于检查〈中华人民共和国文物保护法〉实施情况的报告》。

监管制度，规范引导文物流通秩序；加强专业人才队伍建设，提升文物保护科技水平；促进合理利用，努力使文物保护成果更好更多地惠及民众；进一步完善文物保护法律制度。

《报告》强调指出，随着我国经济社会快速发展，现行《文物保护法》在一些方面已同文物工作实际不相适应，建议将其列入全国人大常委会立法规划，在调查研究基础上，及时修改完善。

文化部、国家文物局认真贯彻全国文物工作会议部署，逐项对照落实《全国人民代表大会常务委员会执法检查组关于检查〈中华人民共和国文物保护法〉实施情况的报告》和审议意见，经与有关部门会商，制订整改方案，一一组织落实，有关工作已经取得初步成效。主要包括：通过对《文物保护法》实施情况进行科学评估，找准需要修改补充完善的重点、难点，研究国内外有益的经验和做法，为《文物保护法》修订提供翔实的依据；国家文物局会同有关部门推动建立文物安全责任追究机制，健全文物安全绩效考核指标体系，实施文物平安工程，继续推动与有关国家签署防止盗窃、盗掘和非法进出境文化财产的双边协定，加强双边信息交流和打击走私文物犯罪等方面的合作；国家文物局会同有关部门继续就文物市场管理、文物复制品生产流通管理、文物司法鉴定机制和社会文物鉴定服务等问题，进行深入调查研究，针对存在问题制定切实可行的措施，逐步形成完备合理的社会文物宏观管理体系；组织民办博物馆发展专题调研，以落实民办博物馆享受公益性文化服务机构的平等待遇为重点，进一步规范其兴办条件和准入标准，加大政策扶持力度；研究建立文物、博物馆从业人员职业资格制度，推进县级文物保护管理所等基层文物管理机构的规范化建设。①

此次执法检查是1982年11月《中华人民共和国文物保护法》颁布实施以来，由全国人大常委会在全国范围内组织开展的第一次执法检查，较为全面地掌握了全国文物工作的现状和存在的主要问题，为下一步确定工作重点、调整工作思路、创新工作方法提供了重要参考。执法检查将有力促进文物工作整体水平的提升，成为新时期文物工作改进创新的重要推动力。

---

① 《文化部认真落实全国人大常委会执法检查报告及审议意见　今年启动文物保护法修订研究工作》，《法制日报》2013年1月5日。

三、文物保护基础工作进一步加强

基础工作是长期性、经常性的工作，需要做细做实。2012 年，法制建设、资源调查、文物安全、人才队伍建设等各方面工作均取得较为显著的成绩。

（一）政策法规和标准体系逐步完善

国务院出台《关于进一步做好旅游等开发建设活动中文物保护工作的意见》（国发［2012］63 号）。《意见》就文物保护单位的管理体制、旅游收入部分用于文物保护、文物保护单位用于旅游开发的审批和文物景区的游客承载等问题提出了明确意见。对各级文物部门和文博单位提出三方面明确要求：一是积极核查旅游等开发建设活动中涉及文物的违法违规问题，坚决依法依纪处理；二是抓紧研究制定文物景区游客承载标准、应急预警机制、巡视检查等制度规范；三是努力破解旅游等开发建设中文物保护、利用面临的新情况、新问题，推动文物事业全面协调可持续发展，为建设社会主义文化强国作出新的更大的贡献。

文化部公布《大运河遗产保护管理办法》（中华人民共和国文化部令第 54 号）。《办法》明确了大运河遗产的范围、保护主体及责任，确立了大运河遗产保护规划制度、建设项目遗产影响评价制度。大运河是特殊的线性文化遗产，不适宜简单地套用现行的《文物保护法》来进行保护和管理，该《办法》是新型文化遗产保护管理的有益探索，在规范遗产保护管理和丰富文化遗产立法体系两方面均有重要意义。大运河沿线各省市也相继出台了大运河遗产保护办法。[①] 这些法规文件的出台，既是大运河申报世界文化遗产的工作要求，也对大运河遗产保护管理的规范化和科学化起到了有力的推动作用。

文物保护标准化体系建设进一步加快。国家文物局会同公安部起草的国家标准《博物馆和文物保护单位安全防范系统技术要求》（GB/T16571－2012）正式颁布施行，分类别规范古遗址、古墓葬、古建筑、石窟寺安防工程设计要求。该标准的实施进一步规范了博物馆与文物保护单位安全防范工程设计、建设与使用管理，对文物保护具有重要意义。此外，2012 年共发布

---

① 扬州市制定颁布《扬州市大运河遗产保护办法》，洛阳市制定颁布《洛阳市大运河遗产保护管理条例》，淮北市制定颁布《淮北市大运河遗产保护管理规定》。

14 项行业标准，内容涵盖了古建筑保护工程施工监理、田野考古制图、古建筑彩画保护修复技术、土遗址保护工程勘察等诸多方面，行业标准由 33 项增加到 47 项，为相关工作的开展提供了具体明确的规范，向标准体系的完备又迈进了一步。

（二）资源调查和档案建设取得新突破

不可移动文物名录相继公布。资源调查是加强文物保护管理能力和水平的重要前提。为更好地巩固和利用第三次全国文物普查成果，加强对各类不可移动文物的保护与管理，各地及时公布普查登记的不可移动文物名录，适时核定公布文物保护单位，使更多文物纳入法律保障，得到更好的保护和管理。

第一次全国可移动文物普查工作全面启动。10 月 8 日，国务院下发《关于开展第一次全国可移动文物普查的通知》（国发［2012］54 号），标志着第一次全国可移动文物普查工作正式启动。本次普查的范围，是我国境内（不包括港澳台地区）各级国家机关、事业单位、国有企业和国有控股企业、中国人民解放军和武警部队等各类国有单位法人所收藏保管的可移动文物。普查对象涉及全国 100 余万个国有单位。此次普查范围广、任务重，计划 5 年完成，总体目标是通过普查，全面掌握我国国有可移动文物的数量、分布、本体特征、人文信息和保存情况，总体评价可移动文物保护现状及发展趋势，为构建科学有效的文化遗产保护体系提供依据；建立、完善国有可移动文物档案和信息管理系统，建立可移动文物分级、分类、分布名录，为文物的标准化和规范化管理创造条件；建立国有可移动文物动态监测体系，加强行业联动和部门协作，为全面提升文物保护和管理水平构建支撑；建立以“云计算”等现代信息技术为支撑的文物数据应用服务平台，促进科学研究和资源共享。

可移动文物普查试点全面完成。为确保全面普查工作的顺利推进，2012 年，可移动文物普查在陕西省、北京市朝阳区、山东省青岛市、中国人民解放军和武警部队开展试点工作。试点地区分别成立了省、市、区政府或解放军总政治部直接领导的普查机构，制定本地区和系统的文物认定办法，开展大规模培训，取得阶段性成果。陕西省将普查试点向图书、档案系统延伸。北京市朝阳区依托 43 个街道文化干部对行政区内 6000 余个国有单位进行全面清查。青岛市与所辖 12 区市签订责任状，全面清查各类文物。解放军和武警部队设立普查办，对军队保管文物以团为单位进行全面清查。提出在普查范围上不漏单位，在普查对象上不漏文物，在信息填报上不漏指标的要求，取得良好效果。各普查单位重在探索普查模式，为普查在全国范围开展积累了有益经验。在总结试点经验的基础上，国务院第一次全国可移动文物普查领导小组制订了科学合理的普查工作方案，为普查工作的顺利开展奠定了良好基础。

（三）文物安全防控体系更加完善

文物安全监管指导力度全面加大。全国文物安全工作部际联席会议制度更加完善，16 个成员单位联合印发《关于加强和改进文物安全工作的指导意见》（文物督发［2012］7 号），确定了至 2015 年文物安全工作主要目标，从健全文物安全责任体系、完善文物安全防控体系、严厉打击文物违法犯罪、强化组织协调与监督保障等方面，对加强文物安全工作提出了全面、系统的要求。开展“2012 文物安全隐患排查整治专项行动”，将文物博物馆单位防洪减灾、博物馆展览与保管设施安全情况，增加列入专项行动重点内容。全国文物系统共检查 18.3 万处不可移动文物，2329 家博物馆，整改安全隐患 2 万余项，有效预防和避免了重特大文物安全事故的发生。开展文物行政执法专项督察，强化文物保护单位和博物馆安全检查工作。共督察督办行政违法案件 78 起，其中 73 起已整改、处罚到位。印发了《文物安全与行政执法信息上报及公告办法》（文物督发［2012］1 号），安全检查和执法巡查统计指标从省级文物行政部门延伸至市县级文物行政部门，案件上报指标从重点关注国保、一级风险单位延伸至不可移动文物点和文物收藏单位，同时简化了定期统计、通报的频率，进一步推动安全检查、执法巡查与案件上报工作制度化、规范化。及时公开文物安全监管工作情况与重大案件信息，主动接受社会监督。

“文物平安工程”扎实推进。全年审批国保单位安全保护工程立项、方案 255 项，较好完成项目储备与初排任务。针对威胁文物安全的突出问题和首要因素，组织对田野文物安全工作进行深入调研，总结经验、研判形势，在湖南长沙召开“田野文物安全现场会”，明确要求把田野文物安全摆到文物安全工作的首要位置，加强对基层和农村地区文物安全工作的组织领导，对田野文物安全工作进行了全面部署。2012 年汛期，各地普遍受到洪涝灾害甚至极端恶劣自然地质灾害影响，受灾地域广泛，波及 25 个省份 278 处国保单位，受影响面占国保单位总数的 11.8%，文物保护工作面临严峻考验。全国文博系统攻坚克难、有力应对，国保单位未发生文物本体全部损毁事故，严重受损率 2%，一般受损率 5.7%，将文物损失控制在了较低程度。针对洪涝灾害异常偏重情况，及时指导各地加强防洪减灾工作，并在汛期结束后对全国受灾情况进行汇总分析，初步形成了具有一定针对性、操作性的信息上报要求与统计分析方法，提出了调整安全监管工作定位、构建“文物防灾减灾体系”的工作建议。开展以卫星遥感、地理信息、地面接收和物联网技术为主的文物安全监测和违法预警系统的研究开发工作，基本形成以“一库一网三应用”为核心内容的总体设想。

文物安全是文物工作的生命线。2012 年，多部门协作的文物安全工作机制进一步完善，各项监管措施更加严密，文物安全防范能力和应对突发事件的能力明显提升，文物安全工作逐步向制度化、规范化、科学化、专业化的方向发展。

（四）人才队伍建设不断推进

2012 年，职业道德建设和人才培训相辅相成，共同促进文物博物馆人才队伍素质的整体提升。

1. 职业道德建设再掀热潮

加强职业道德建设，树立良好的行业作风，是 2012 年全国文物系统的一项重点工作，不仅对社会关切的文博职业道德建设问题做出回应，而且通过抓一些典型事件，制定相关规章制度，提升文博队伍整体形象，逐步将文博行业作风教育、职业道德建设常态化。具体措施包括：一是征集文博行业精神的文字表述，发出加强行业作风建设的信号；二是修订《中国文物、博物馆工作者道德准则》，既要注重解决实际问题，突出针对性，又要兼顾准则实施的长期性；三是将职业道德教育纳入国家文物局举办的各类培训班的重要内容；四是打造宣传平台，在中国文物报、国家文物局网站等媒体开设专栏，不断推出和广泛宣传先进典型和模范事迹；五是创新活动载体，面向全系统开展加强行业作风建设活动，主题鲜明，针对性强，形式多样，形成常态化、长效化的活动机制。

7 月 4 日，中国文物学会、中国博物馆协会联合颁布新修订的《中国文物、博物馆工作者职业道德准则》。《准则》从忠诚文物事业、严格依法履责、追求科学精神、恪尽职业操守、树立文明新风等五个方面提出要求，强调不收藏文物，不买卖文物，不违规占用文物及资料，不以文物、博物馆职业身份牟取私利。这次颁布的修订稿的特点，一是更加简洁易记，二是彰显职业特点，三是体现与时俱进。

《准则》的颁布，对推动文博行业作风建设和职业道德建设具有重要意义。加强职业道德建设，有利于提高从业人员整体素质，维护行业声誉，促进行业健康发展。

不同单位、不同岗位对从业人员有不同的要求，因此应通过制度建设，将职业道德具体化。例如忠诚文物事业应具体表现为“爱岗敬业”、“争创一流”、“甘当公仆”；恪守职业操守应具体表现为不买卖、收藏、占有文物，不以职业身份牟取私利，在文物鉴定领域不编造文物流传故事、不评估文物价格等。同时通过制度建设把对职业道德水平纳入对从业人员“德才兼备”的考核内容，从制度上强化从业人员职业道德意识，形成良好的职业道德信念，培育良好的职业道德行为。

提高职业道德水平，教育是基础。一个没有职业道德支撑的行业，是难以发展进步的；一支没有职业道德支撑的队伍，是不可能做出成绩和贡献的。在 2012 年举办的全国县级文物行政部门负责人培训班和各类专业技术培训班中，文博职业道德成为必修的培训课程，业务学习与道德培育相辅相成，相互促进。加强文博职业道德建设从部署到落实，响鼓重锤，掷地有声，在文物系统引起强烈共鸣，正在成为文物工作者的自觉行动。

2. 人才培训方式更趋多元、务实

随着文物事业的快速发展，人才匮乏已经成为事业发展的瓶颈，因此，2012 年的人才培训力度进一步加大。

行政管理人才培训方面，2012 年，全国县级文物行政部门负责人培训班共举办六期，来自全国 31 个省、自治区、直辖市的 654 名学员参加学习。此项培训在课程设置上，基本形成了结构稳定、内容丰富的完整体系，在教学方式上，将理论教学和案例教学相融合，将国家政策和具体工作相结合，讲授内容各具特色，取得了良好效果。特别值得一提的是，有来自全国 30 个省市发改委社会处的负责同志参加了文化遗产保护专题培训班。

业务技术人才培训方面，继续开展基层文物行政执法人员培训，共培训文物行政执法人员 600 人，更加侧重于提高实际操作能力。印发了《“十二五”文物行政执法人员培训指南》。《培训指南》提出了开展文物行政执法培训的总体要求和具体形式，涵盖了开展文物行政执法工作所需的全部知识点，为开展执法培训和编制培训教材提供了重要依据。继续加大安全管理培训力度，针对边疆和西部地区安全管理基础较为薄弱的青海、重庆、吉林、贵州、广西五省市区，分别举办“文物安全管理培训班”，系统讲授文物安全形势与管理要求、安全保护工程方案编制、安全检查与案件督办、安全责任体系建设等实用课程，培训安全管理业务骨干近600人。在西藏拉萨举办了藏族文物进出境责任鉴定员培训班，自治区文博系统、海关系统共35人参加了培训。在山东省海阳市举办首次全国文物宣传工作培训班，旨在加强文物部门宣传能力建设，提升文物宣传工作水平。中国文化遗产研究院始终坚持以行业发展与需求为导向，引入国际上先进的培训理念，逐步形成符合国情的理论与实践结合的培训模式。2012年举办了山西南部彩绘泥塑保护修复技术培训班、全国考古发掘领队岗前培训班、彩绘泥塑文物保护修复技术培训班、现代分析技术在文物保护中的应用培训班、出水文物保护修复技术培训班、湖南近现代有机类文物保护修复培训班，共培训学员140余人次。

行政管理人才培训呈现出全方位、高密度、广辐射的特点，培训的内容、参与的人员更趋专业、多元。业务技术人员培训在以往的基础上，更加注重与重点工程相结合，与满足急需相结合，与国际接轨相结合。

四、文物保护重点工作全面推进

2012年，全国文物系统的各项重点业务工作有序开展，稳步推进，有的是围绕新目标的新任务，有的是原有工作基础上的延续和巩固提高，无论是新任务，还是多年的延续性工作，均有创新或突破。

（一）重大文物保护工程有序推进

2012年，涉台文物、山西南部早期建筑、西藏“十二五”保护工程、应县木塔、青海玉树震后保护工程、援外文物保护工程等重大项目有序推进，山西壁画彩塑、中央苏区革命旧址等保护工程项目也陆续启动。

涉台文物保护工程落实文物本体维修经费约1.7564亿元，实施了约116个重要涉台文物点的保护维修工作，各项工程按计划有序实施。《福建省涉台文物保护总体规划》已编制完成，并通过专家评审。

山西南部早期建筑保护工程完成了新绛三官庙、陵川西溪二仙庙等17处工程项目的招投标工作，武乡洪济院、闻喜后稷庙等5处项目的保护规划编制完成，长子天王寺、新绛白台寺等17处项目的维修方案得到批复，6项工程完成竣工验收。

应县木塔监测工作继续开展，在对前四年监测数据进行分析整理的基础上重新编制了各年度的监测报告。同时，继续完善底部三层结构研究与加固方案的设计。

青海玉树震后保护工程完成 4 处全国重点文物保护单位的本体抢险修缮和环境整治。44 处省级及以下文物保护工程已完成 37 项，其中竣工验收 28 项。

被誉为“石质文物保护一号工程”的重庆大足石刻千手观音造像抢救性保护修复工程，从上部本体开始对表面不稳定金箔揭取后进行实验室处理，采取滴注加固材料的方法对金箔下的风化砂岩进行加固，2012 年再完成 25 平方米本体的金箔处理、风化岩体加固等修复工作。

2012 年，各地在文物保护工程实施过程中更加注重对文物保护工程资料收集整理，注重结合工程培养人才，注重前期方案的储备，注重对重要工程的检查工作，更加注重工程质量的提高。

12 月 19 日，第五次全国文物保护工程会在山西太原召开，会议全面贯彻全国文物工作会议部署，提出了今后文物保护工程改革发展的总体思路：“一个目标，两个转变，六个创新”。即以“全面提升文物保护工程质量”为目标，实现从“办文物事业”向“管文物事业”转变，从“事务性管理模式”向“宏观管理模式”转变，不断加强“法规体系建设的创新、管理制度建设的创新、重大工程项目管理的创新、人才队伍培养的创新、经费保障管理的创新、研究应用的创新”。① 会议是文物保护工程的新向标，对新时期文物保护工程管理提出了更高的要求和更多的期待。

文物保护工程是文物工作最基础、最有力的抓手。进入新世纪，中央和地方对文物保护的投入明显加大，文物保护工程可谓雨后春笋、遍地开花。对文物保护工程的管理也呈现出多层次的要求，不仅要提升工程质量，而且要注重保护工程与经济社会发展相结合，与改善民生相结合，与优秀传统文化的传承相结合，使文物保护工程成为促进经济社会发展的重要力量，成为密切文化遗产与民众关系、推进当地文化建设的重要力量。

---

① 《第五次全国文物保护工程会在山西太原召开》，http：//www.sach.gov.cn/tabid/294/InfoID/37459/Default.aspx，2012 年 12 月 21 日。

（二）水下文化遗产保护呈现新局面

根据中央编办的批复，国家文物局水下文化遗产保护中心正式在中国文化遗产研究院挂牌组建。文化部部长蔡武在2012年全国文物局长会上为新的水下文化遗产保护中心授牌。水下文化遗产保护中心将进一步加强能力建设，全面整合各地各行业的力量，不断提升我国水下文化遗产保护整体水平，推动水下文化遗产事业全面发展，在维护我国领海主权和完整方面发挥积极作用。我国第一艘考古研究船完成了详细设计和建造招标等工作，国家水下文化遗产南海基地建设已通过专家评审并向国家发改委提交了立项报告，西沙考古工作站建设方案已报海南省发改委和三沙市政府，水下文化遗产事业正迈入全面发展的新阶段。

水下考古发掘工作有序推进。“南海I号”文物保护前期预研究和考古发掘、文物保护方案编制工作顺利推进。“南澳一号”顺利完成本年度发掘工作，摸清了沉船遗址的分布情况与船体结构，已明确艏、艉位置，抢救出水6千余件文物。宁波“小白礁一号”沉船遗址已发掘160平方米，出水文物134件，完成了对船体基本保存状况的全面记录和评估，为下一步船体发掘和现场保护提供了依据。

社会各界对水下文化遗产事业的关注度更加提高。中央电视台与国家文物局联合拍摄三集纪录片《南海I号》，首次全面展现了“南海I号”的打捞过程，以及这条沉船背后的故事，该记录片持续热播。此外，小白礁沉船、千岛湖沉船遗址等水下文化遗产也受到媒体高度关注。①

对于水下文化遗产保护来说，2012年是具有里程碑意义的重要一年。水下文化遗产保护中心的成立，标志着我国300多万平方公里水域的文化遗产有了专门的保护机构，标志着我国的文化遗产保护由陆地为主转变为陆地海洋并重。

（三）考古工作和大遗址保护稳中有进

2012年，共有600余项考古发掘项目批准实施。其中，基建考古依然是当前考古工作的首要任务。南水北调、西气东输三线、高速铁路公路等国家重大基本建设工程和城市基本建设工程中的考古和文物保护工作有序开展。国家文物局高度重视学术研究和人才培养，一系列结合中华文明探源、早期

---

① 请参见本书《下篇》的《水下文化遗产保护的跨越式发展——从水下文化遗产保护中心组建谈起》一文。

秦文化研究等重大课题开展的主动性考古发掘项目顺利实施，有力推动了考古学科发展。大遗址考古是当前的重点工作，辽上京、石峁、海龙屯等重要大遗址的考古工作取得丰硕成果，为遗址研究保护、展示奠定了重要基础。大遗址保护工作在探索中推进。编制完成《大遗址考古工作要求》，截至2012 年，我国已初步建成第一批 12 处国家考古遗址公园，并同意 23 处遗址立项建设国家考古遗址公园。2012 年，西安、洛阳、荆州、成都、曲阜、郑州等重要片区，以及其他地区的大遗址保护和国家考古遗址公园建设工作都在有序推进，大遗址保护的综合效益得到进一步体现。为进一步规范考古遗址公园建设，国家文物局印发《关于进一步规范考古遗址公园建设暨启动第二批国家考古遗址公园建设的通知》（文物保函［2012］2285 号），从加强考古遗址公园建设的可行性研究、强化建设的科学性、明确建设内容、探索运营模式、规范建设过程等方面予以指导规范。印发《国家考古遗址公园规划编制要求》，对规划编制提出具体要求，从规划文本的编制开始统一和规范，以此来确保前期研究的深入，从而提高国家考古遗址公园建设和管理的整体水平。

大遗址保护工作已经成为中国文物保护领域的热点，逐渐成为各级政府和社会各界关注的焦点。大遗址保护突破了传统的文物保护理念，不是单一的文物保护项目，而是涉及当地经济社会发展的系统工程。为及时总结大遗址保护工作的成功经验、发现问题并及时调整，中国文化遗产研究院和国务院发展研究中心合作开展国家社科基金重大项目《大遗址保护行动跟踪研究》，旨在努力推动文物行业与其他行业的交流和沟通，促进大遗址保护与国民经济社会发展的深度融合，促进理论与实践的深层次对话。

（四）世界遗产保护管理成果丰硕

元上都遗址申遗成功。2012 年，元上都遗址在第 36 届世界遗产委员会会议上成功列入《世界遗产名录》，我国世界遗产达到 43 项，位居世界第三。元上都遗址成功列入《世界遗产名录》，进一步丰富了世界遗产的价值和类型，促进了中国世界遗产事业发展的区域平衡。云南哈尼梯田、大运河、丝绸之路等项目的申遗工作也在稳步推进。世界遗产工作一直以来都得到国家文物局和地方政府的高度重视，因而得以保持连续 10 年申报成功的良好势头。此外，在长城资源调查工作的基础上，经过各省申报、专家审核、各省复核和专家委员会集体评审的严格程序，完成了全国长城资源调查和认定工作，认定分布于15个省、自治区、直辖市的长城遗产43721处，长城总长度为21196.18千米。

《中国世界文化遗产预备名单》发布更新。为确保申遗工作的可持续发展，参照世界遗产申报的工作程序，对《中国世界文化遗产预备名单》进行更新，更新后的名单共包括28个省、自治区、直辖市以及香港特别行政区的45个项目，进一步扩大了预备名单的分布范围和影响力，丰富了遗产的价值和类型。预备名单更新工作不仅为我国的世界文化遗产申报提供了令人满意的后备资源库，也起到了世界遗产申报与保护管理的宣传和练兵作用，使世界遗产的规则和要求更好地在各级政府、相关部门和遗产地民众中普及开来。

2012年是《保护世界文化和自然遗产公约》通过40周年，全国世界文化遗产工作会议在北京召开，会议在充分肯定已有成绩的基础上，深入分析了当前世界文化遗产事业面临的机遇与挑战，要求以可持续发展为目标，重点做好夯实保护基础工作、建设监测预警体系、完善管理工作机制、提升展示服务水平、提高申报工作质量、加强国际对话交流、推进保护能力建设等七个方面的工作。励小捷局长向中国文化遗产研究院颁授了“中国世界文化遗产监测中心”的牌匾，并明确世界文化遗产监测预警体系建设是下一阶段世界遗产的一项重点工作。

经过近30年的实践，我国的世界遗产申报和管理工作整体上呈现出良性发展的局面，随着中国成为世界遗产领域的积极力量，东方特色的文化遗产保护理念渐渐为国际社会所认同，中国的优秀传统文化也越来越多地为国际社会所认同，世界遗产逐渐成为中国文化“走出去”的典型，保护世界遗产成为提高国家软实力的重要方面。①

（五）博物馆建设与管理进一步加强

2012年，全国博物馆总数达到3866家，其中国有博物馆3219家（文物行政部门管理的国有博物馆2560家，其他国有博物馆659家），民办博物馆647家。

数量方面，与2011年相比，博物馆总量增加了277个，增幅为7.7%。其中，文物行政部门所属的国有博物馆增加了87个，增幅为3.5%；非文物行政部门所属的行业性国有博物馆增加了78个，增幅为13.4%；民办博物

① 国家文物局副局长童明康2013年6月22日接受新华社记者专访时的讲话。

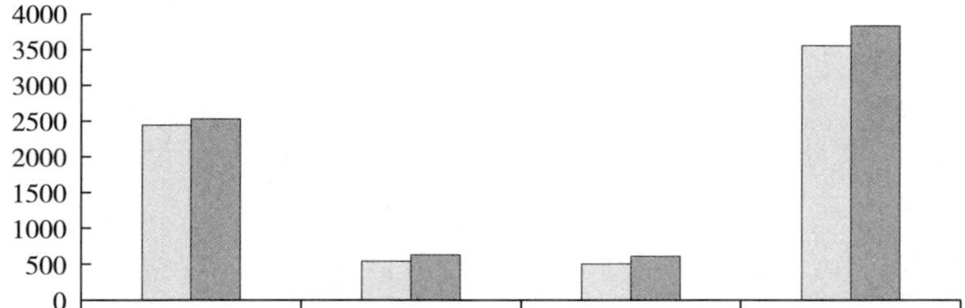

	文物行政部门所属的国有博物馆	非文物行政部门所属的行业性国有博物馆	民办博物馆	博物馆总数
2011	2473	581	535	3589
2012	2560	659	647	3866

图 1－1　2011～2012 年全国博物馆数量分类比较图

馆增加 112 个，增幅为 20.9%。各类博物馆均保持了较快增长速度，其中，民办博物馆增速最快。

质量方面，各级各类博物馆对照评估定级标准查找不足，有针对性地改进提高，博物馆展陈、公共文化服务水平不断提升。同时，通过开展评估定级，吸引社会各界关注博物馆事业，进一步扩大博物馆乃至整个文物事业的影响力。

2010 年度国家一级博物馆运行评估报告发布，2011 年度国家一级博物馆运行定性评估、定量评估和现场复核工作完成。在对《全国博物馆评估办法》和《博物馆评估标准》进行修订完善的基础上，建立运行全国博物馆评估管理系统，实现在线申报和评估。积极推动建立博物馆质量评价体系，启动了对全国博物馆的评估工作。在 2008 年公布首批 83 家国家一级博物馆的基础上，2012 年评估新增 17 家一级博物馆，全国一级博物馆已达 100 家。100 家一级博物馆覆盖了全国 30 个省（区、市），是我国最优秀博物馆的集中代表。

国家文物局的《民办博物馆章程示范文本》印发（文物博函［2012］2051 号），进一步规范了民办博物馆的法人治理、藏品管理、财务管理、终止的特殊情形等。同时启动民办博物馆对口帮扶政策，2012 年完成“山西博物院帮扶广灵剪纸艺术博物馆展示服务提升”、“上海博物馆帮扶上海琉璃艺术博物馆藏品保管提升”和“成都武侯祠博物馆帮扶成都华通博物馆展示服务提升”三个试点项目，成效较为显著。

中国博物馆协会评出2011年度博物馆免费开放最佳实践做法“十佳”单位：最佳展示推广（陕西历史博物馆）、最佳未成年人教育（内蒙古博物院）、最佳讲解导览（苏州博物馆）、最佳宣传推广（浙江省博物馆）、最佳文化产品推广（国家博物馆）、最佳旅游推广（重庆红岩革命历史博物馆）、最佳社区文化促进（四川博物院）、最佳网站服务（浙江自然博物馆）、最佳管理创新（湖南省博物馆）、最佳社会参与（上海博物馆）。

2012年“国际博物馆日”的主题是“处于变革世界中的博物馆：新挑战、新启示”。为更好地应对社会变革并满足观众的期望，博物馆也在不断创新服务手段，拓展服务对象，提升服务质量，进一步丰富人们的精神文化生活。博物馆离人们越来越近，更多的人开始走进博物馆，博物馆作为公益性文化机构的功能和作用日益明显。博物馆公共文化服务水平提高的同时，也在潜移默化中增强了民众对传统文化的认同，逐步培养起民众对文化遗产的热爱。

博物馆数量增加、博物馆工作在文物事业中的分量越来越重，是近年来文物工作的一个基本态势。2012年，博物馆建设继续快速发展，数量增长的同时，类型也更趋多样化，数字博物馆、生态博物馆等逐渐成为博物馆的新亮点。2012年全国博物馆共举办陈列展览16915个，较上年增长17.5%；接待观众44155万人次，较上年增长19.4%。[①] 博物馆作为公共文化服务体系的重要组成部分，其公众服务和社会教育功能得到越来越好的发挥。

（六）社会文物管理多措并举、日趋规范

针对社会文物管理中存在的突出问题，2012年相继出台多项措施予以规范。为切实加强对文物拍卖经营活动的管理，促进文物拍卖市场健康发展，针对文物拍卖中存在的知假拍假、虚假宣传、超范围经营等突出问题，在组织深入调研的基础上印发《关于进一步做好文物拍卖标的审核工作的意见》（文物博函［2012］1484号），对文物拍卖标的审核及备案工作提出了更高的要求，明确了不得上拍的八类标的，要求建立企业诚信档案，对违反相关规定的企业，国家文物局将视情节轻重，给予责令整改、暂停直至撤销其文物拍卖经营资质的处罚，并记入企业诚信档案。为进一步规范文物拍卖标的

① 数据来源：《2013中国文物统计提要》，国家文物局办公室编。

审核，中国文物信息咨询中心开展文物拍卖标的网上审核备案软件研发及试点工作。网上申报审核系统进一步优化了对文物拍卖标的图片的存储与传输，使系统具备了整合全国不同地理区域、不同门类文物鉴定专家资源的拓展潜力。为建立健全古玩旧货市场审批监管体制，联合公安、海关、工商等部门发布了《关于进一步加强文物经营活动管理工作的通知》（文物博发［2012］8 号），旨在通过开展对文物流通场所的许可审批、加强指导管理、建立日常监管制度、建立多部门联合执法机制等方式，进一步加强文物经营活动管理工作。

与国家广播电影电视总局联合加强对文物鉴定类广播电视节目的规范和管理。近年来，文物鉴赏鉴定类广播电视节目日益增多，由于监管不力，部分节目过分关注或渲染文物的市场价格，对社会大众的文物收藏价值观产生误导，引发了一些社会问题。为此，国家广播电影电视总局和国家文物局联合下发《关于加强对文物鉴定类广播电视节目管理的通知》（广发［2012］54 号），就进一步加强文物鉴定类广播电视节目的规范和管理提出明确要求，旨在使广播电视节目更好地发挥舆论导向作用。

随着经济社会的快速发展，我国文物流通市场发展迅猛，人民群众参与文物收藏的热情也空前高涨，与此同时出现了各种各样的突出问题，通过正确的舆论导向引导大众树立正确的文物收藏和保护观念，通过切实有效措施进一步强化管理，必将有力地促进文物流通市场的健康发展，更好地满足人民群众的精神文化需求。

（七）文物保护科技创新能力进一步提高

文物保护科技基础研究取得重大进展。《脆弱性硅酸盐质文化遗产保护关键科学与技术基础研究》列入国家 973 计划，① 该项目依托于上海市科学技术委员会、中国科学院和国家文物局，项目科研团队由众多科研单位组成。这是文化遗产领域的有关研究内容第一次进入国家重点基础研究发展计划领域。同时，国家科技支撑计划项目也有较大幅度增加，在科技部等有关部委的大力支持下，2012 年，包括遗址博物馆预防性保护关键技术与古代建筑传统工艺科学化研究在内的 7 个项目成为国家科技支撑计划入库项目，其中文化遗产数字化公共服务平台与产业化应用示范、丝绸之路（中国段）文化遗

① 国家重点基础研究发展计划。

产资源地理信息系统及文化旅游服务集成技术研发与示范、世界文化遗产地风险预控关键技术研究与示范、中华文明探源及其相关文物保护技术研究（2013～2015）、文物知识分析与设计素材再造关键技术研究与应用等项目已经开始实施。

积极加强横向联合，与中国科学院于5月22日签订科技战略合作协议，正式建立战略合作伙伴关系。中国科学院将积极支持推进院局双方的战略合作，将文化遗产保护科技的有关内容纳入相关规划，对合作的战略重点进行统筹部署。此举将有利于推动文物界和科技界的协同创新，提升文物、博物馆行业的整体创新能力。

五、文物宣传和对外交流合作不断深化

宣传工作在扩大文物资源的社会影响力、增强全社会的文物保护意识、促进文物事业的健康可持续发展等方面起着不可替代的重要作用。

2012年，全国文物系统进一步加大宣传力度。为切实提高全社会对文物工作的认知度，引导公众更加理性地看待文物工作，完善新闻发布机制，增强对外口径的权威性和实效性，围绕重点工作、重大活动、重要文件出台，组织新闻发布、新闻通气、领导访谈，全面宣传文物工作。同时，加强舆情研判，化解舆论热点，实现舆情监测常态化、反应处置快捷化，妥善处理了“维修性拆除”、圆明园流失文物境外拍卖、“十大名楼”联合申遗、武当山遇真宫抬升等舆情热点。

文化遗产知识普及工程是《国家文物博物馆事业发展“十二五”规划》确定的重点项目。2012年，宣传普及试点工作取得阶段性成果。试点区域县乡基层群众的文物保护意识和法制观念显著增强。通过试点工作的开展，使文化遗产知识普及工作逐步由点上突破向面上拓展推进。

在“文化遗产日”、“国际博物馆日”、“国际古迹遗址日”期间，全国文物系统通过举办丰富多彩的活动，为寻常百姓了解文化遗产、走近文化遗产提供了更多机会，在很大程度上增强了百姓关注、参与文化遗产保护的愿望和热情。

文物对外交流合作进一步加强。中国政府与墨西哥、哥伦比亚等国签署了关于防止盗窃、盗掘和非法进出境文化财产的协定。截至2012年，中国政府已与15个国家签订了文物保护的双边协定。签署有关防止盗窃、盗掘和非法进出境文化财产的双边协定，不仅能有效阻止文物非

法流入对方国家及其他国家，更向世界表明共同合作保护人类文化遗产的坚强决心。

中国援助柬埔寨文物保护工程取得显著成果。4月1日，国家主席胡锦涛视察了吴哥古迹茶胶寺保护修复工地，看望、慰问了正在这里进行茶胶寺建筑保护和考古发掘的中国文化遗产研究院工作人员。2007年以来，中国文化遗产研究院围绕茶胶寺工程开展了多项前期研究、勘探项目，先后向中国国家文物局、柬埔寨吴哥古迹管理局和相关国际机构提交了研究报告、修复方案和施工方案并得到批准。项目实施的首要目的是，通过多学科的科学研究和保护修复，对茶胶寺存在的各类问题进行分析处理，加固坍毁结构，修补残缺部位，恢复原有格局，增强古迹抵御自然灾害能力，最终使它得到科学保护，同时通过全面发掘研究，深入认识其独特的文化遗产价值。胡锦涛主席充分肯定了中方工作组将文物修复和文化研究有机结合起来的工作思路，高度评价了茶胶寺保护修复工程取得的成绩。

为配合中土文化年，增进中国和土耳其两国间的文化交流，“华夏瑰宝展”在土耳其伊斯坦布尔老皇宫博物馆展出，向土耳其人民全面展现中华文明5000年悠久的历史与丰富多彩的文化面貌，成为中土文化年的一大亮点。励小捷局长率中国文物代表团访问土耳其并出席该展览的开幕式活动。

与台港澳地区交流与合作力度也进一步加大。10月31日~11月5日，“海峡两岸文物交流20周年纪念活动”在湖北和重庆举办。励小捷局长就两岸文物交流提出五点建议：一是以服务两岸和平发展大局为使命，共同增强两岸同胞的中华文化认同感；二是要推动商签两岸文物交流协议，推动两岸文物交流制度化、机制化，消除阻碍两岸文物交流的限制性规定，为深化两岸文物交流合作提供必要的政策法规支持；三是要以拓展两岸文物交流内涵为牵引，提升两岸文物合作水平；四是以搭建两岸文物交流平台为重点，提高两岸文物交流合作成效；五是要以实施涉台文物保护工程为载体，夯实两岸文化联系的根基。励小捷局长呼吁两岸商签文物交流协议，国台办发言人对此明确表示支持。期间举办了三批两岸文博专业人员交流研习活动，举办了以“文化遗产的法制与管理”为主题的“第四届海峡两岸文化遗产保护论坛”，使之成为两岸文物主管部门开展业务交流的平台。两岸三地文物展览再掀高潮。在台湾举办的“青州佛教造像展”观众突破70万人次，成为在高雄市举办的参与人数最多的大陆文化活动。在香港举办的“一统天下——秦始皇的永恒国度”大型展览，观众数量突破40万人次，创造了香港历史博物馆展览参观人数的新纪录。

各地文物工作的创新实践

河北承德避暑山庄及周围寺庙石质文物科技保护现场试验　　中国文化遗产研究院供图

2012年，各省（自治区、直辖市）人民政府和文物行政部门以文化强省（区、市）为目标，不断提高对文物工作的重视，在国家文物局的指导下，认真履行职责，不断探索适应新形势下文物工作的新思路和新方法，涌现出不少工作亮点，值得推广借鉴。

一、深入贯彻落实全国文物工作会议精神

按照国务院和文化部、国家文物局的统一部署，各地纷纷召开会议，学习贯彻全国文物工作会议精神。一些省（市）人民政府组织召开全省（市）文物工作会议，政府主要领导同志出席并讲话，从全局角度对文物工作提出新要求，帮助解决经费和编制等实际问题，彰显着地方政府对文物工作重视程度的进一步提高。

9月12日，北京市政府召开全市文物工作会。会议传达学习了中央领导讲话和全国文物工作会议精神，指出了当前北京市文物工作面临的形势与存在的问题，明确了“十二五”时期文物工作的主要目标和重点任务。会议要求北京市文物系统各单位认真贯彻落实会议精神，结合北京市文物工作的实际情况，进一步明确发展文物事业的目标任务，进一步坚定做好文物工作的信心决心，努力开创北京市文物工作的新局面。

12月10日，山东省文物工作会议在济南召开。会议充分肯定了全省文物工作取得的成绩。要求各级各有关部门要进一步增强做好新形势下文化遗产保护工作的责任感和紧迫感，坚持围绕中心、服务大局，坚持保护利用、普及弘扬并重，坚持以人为本、服务人民，牢牢把握文物工作方针，努力实现由文物大省向文物强省的新跨越，为加快建设经济文化强省作出新贡献。会议指出，各地、各有关部门要切实加强对文物工作的组织领导，强化工作责任落实，加强机构和队伍建设，加大资金保障力度，努力推动文物事业大发展。会议表彰了全省文物保护工作先进集体、先进个人。

8月21日，甘肃省人民政府在兰州召开全省文物工作会议。会议总结了近年来甘肃省文物保护工作成绩，分析了当前文物保护面临的形势和任务，安排部署了今后一个时期的文物保护工作。会议表彰奖励了全省文博系统文化遗产工作先进集体、先进工作者，第三次全国文物普查工作先进集体、先进个人。

省文物局和省公安厅、省旅游局分别签署了《关于建立打击防范文物违法犯罪长效工作机制的合作协议》和《加强文物保护促进旅游发展备忘录》。

9月18日，重庆市文物工作会议召开。会议在总结重庆市文物事业近年来发展进步的基础上强调指出，各级政府要切实履行文物保护的职责，在遇到城市建设与文物保护的矛盾时，作为政府的重要领导要学会“踩刹车”。各级文物部门要以百分之七十的精力抓好文物保护工作，切实负起保护文物的责任。会议为重庆市新成立的文物局、市文化遗产研究院揭牌，并为文物工作先进集体和个人颁奖。此次会议以市政府名义聘请了23名文物保护专家、学者担任重庆申报世界文化遗产专家组成员。此次会议内容丰富、意义重大，标志着重庆市文物博物馆事业迈上一个新台阶。

12月17日，广东省政府在广州召开全省文物工作会议。会议要求全省文博系统要深入学习贯彻党的十八大和全国文物工作会议精神，坚持文物工作方针，完善文物保护法规体系，建立国家保护为主、全社会参与的文物保护机制。希望全省广大文物工作者不断解放思想，攻坚克难，紧紧抓住科学发展这一主题，牢固树立保障和改善民生这个根本，不断开创广东省文化遗产事业繁荣发展的新局面。会议表彰了广东省文物战线的先进集体和先进工作者。

加强机构建设、增加经费投入也是贯彻落实全国文物工作会议精神的重要举措。重庆市文物局、重庆市文化遗产研究院正式宣告成立，使得重庆市文物工作职能得到强化，机构更加完善，工作体制机制更加顺畅，成为重庆市文物工作新的里程碑。上海市文物保护研究中心揭牌，意味着上海这座曾经是全国唯一没有专门承担文物保护、考古发掘等职能的业务研究机构的城市正式开始拥有自己的文保中心，有利于实现市文物局与文保中心之间的“政事分开，管办分离”。文保中心将逐步发展成为上海市文化遗产保护领域的核心研究机构和信息资料中心。内蒙古自治区文化厅加挂内蒙古自治区文物局牌子，增设文物监督处、博物馆处、文物保护中心。赤峰市、巴彦淖尔市、锡林郭勒盟，也相继成立了盟市级的文物局。正蓝旗、多伦县、喀喇沁旗、翁牛特旗、巴林左旗、扎兰屯市、扎赉诺尔矿区，也成立了旗县（区）文物局，全区文物保护行政管理工作得到加强。北京市自2012年起，每年设立10亿元“文物及历史文化保护区专项资金”，江苏省安排2012年省级文物保护专项补助经费3880万元，山东省安排大遗址及省级重点文物保护专项经费5000万元。其他省市也有不同程度的增加。

二、创新管理机制，强化文物安全防范

湖北省委根据全国人大常委会《中华人民共和国文物保护法》执法检查调研报告建议，责成省委组织部研究将文物安全纳入领导干部考核指标。河北省政府召开田野文物安全技术防范系统建设项目调度会，对田野文物安全技术防范系统建设项目进行了安排部署。上海市文物局健全联合执法长效机制，与市文化执法总队加强协作，加大对文保单位的执法巡查和消防检查，落实文物安全责任制，实行文物安全事故责任追究制度。湖南省长沙市推行市、县、乡（镇）、村（社区）“四级”文物安全防卫体系和“四级”文物安全巡查体系。山西省广灵县构筑全社会参与文物保护“四包四防”末端防范安全体系，新绛县建立“四级文物安全责任制”。重庆市建立全省及各市（州、区）文物安全联席会议制度、全省古墓葬保护值守工作和值守人员月报制度。陕西省文物局督促各市、县（区）落实安全责任，积极探索打击防范文物违法犯罪工作长效机制，大力加强群众文保员队伍建设，已发展群众文保员5000余名。加强夜间巡查和督查工作，成功遏制了20多起田野文物犯罪，抓获24名犯罪嫌疑人，收缴80余件作案工具，有力震慑了文物犯罪分子。扎实开展打击文物犯罪专项行动，组织协调开展“天鹰”打击文物犯罪专项行动，累计破案151起、抓获犯罪嫌疑人221名、追缴各类文物413件。出资100余万元对开展打击文物犯罪成绩突出的先进单位和个人进行表彰奖励，被公安部、国家文物局表彰为打击文物犯罪专项行动“组织协调先进单位”。河南省文物局深入推进“全省文物安全督察年”活动，与河南省公安厅联合审定公布了124个文物收藏单位的风险等级，督促侦破50余起文物被盗案件，维护了全省文物安全形势的整体稳定。

陕西省全年安排文物安全经费6700万元，其中，购置执法装备500万元，打击文物犯罪300万元，田野文物巡查补助250万元，文保员经费补助500万元。江苏省财政下达了2012年度省级文物保护专项补助经费3880万元，重点用于文物保护单位的安防建设工程。洛阳市设置了文物安全保障资金，全国重点文物保护单位每年每处4000元，省级文物保护单位每年每处3000元，市级文物保护单位每年每处1000元，列入名录的文物点每年每处200元。邙山陵墓群和东汉帝陵由于保护范围大、点位多的特殊性，以每墓冢按1000元保障。主要用于设立群众性文物保护组织及聘请业余文物保护员的工资经费、工作补助等。

北京市文物局在系统内20多个基层单位引入了GPS定位技术，建立了视频监控系统，在整合原有设施的基础上，建立“北京市文物局视频监控系统”。山西省文物局完成山西省国保单位安全巡查人员位置监控管理系统建设，全面提高文博单位及安全保卫人员应急报警、应急自救防卫能力。内蒙古自治区文物局实施的“草原神灯”文物安防保护工程效果显著。

各地通过完善工作机制，强化组织管理，加大经费投入，运用现代科技等多种手段，全面提升了文物安全防范能力。

三、深化“三普”成果转化，不断夯实文物保护管理基础工作

在第三次全国文物普查工作的基础上，各省（区、市）及时公布不可移动文物名录，并适时核定公布文物保护单位，加强对各类不可移动文物的保护与管理。

四川省政府核定公布第八批省级文物保护单位484处，至此四川省级文物保护单位数量达1062处。甘肃省各级政府新公布了一批市、县级文物保护单位，其中市级文物保护单位36处，县级文物保护单位1872处。广东省公布第七批省保单位99处。安徽省政府核准并公布了第六批省级文物保护单位173处（含合并项目9处），省级文物保护单位总数达到628处。按照省政府要求，本次公布的省保单位全部签订了保护协议书，产权进一步明晰，划定了保护范围和建设控制地带，文物保护管理基础工作更加扎实。安徽省文物局加强经济开发区的文物保护，配合省发改委，完成了青阳县、东至县、和县、含山县等21处经济开发区扩区的现场勘查工作和扩区规划的评审工作，出具扩区规划面积的意见和做好开发区内文物保护工作的要求，对开发区文物保护工作实施了前置审核把关，有效保护了地上文物和地下文物埋藏区。浙江省提请省政府批准公布了平阳顺溪古建筑群等全国重点文保单位保护规划和27处省级以上文保单位保护范围及建设控制地带。新疆维吾尔自治区人民政府正式公布227处自治区级文物保护单位保护范围和建设控制地带的划定。天津市文物处会同市文物管理中心、天津大学城市规划研究设计院等单位，重新修改划定国家级和市级共141处文物保护单位的保护范围和建设控制地带。上海市建立文物资源基础数据库，在官网公布不可移动名录。海南省文物局开展南海水下遗址保护基础工作。根据地理和文物埋藏情况，首先将西沙群岛按照60米等深线的范围划定为4个遗址保护区：北

礁、华光礁、玉琢礁、永乐环礁。

各地省、市、县级文物保护单位的相继公布，使更多不可移动文物纳入法律保护范畴，保护范围和建控地带的划定，有效保障了文物的本体安全及整体风貌。

四、博物馆展陈和服务水平不断提升

博物馆是宣传展示文物保护利用成果的重要窗口，也是公共文化服务体系的重要组成部分。2012 年，各省（区、市）博物馆依托当地优势，举办了异彩纷呈的展览和活动，在满足民众多层次文化需求方面做出了有益探索，公共文化服务能力逐步提高。

首都博物馆联盟于 2011 年 12 月成立，现有成员单位 121 个。2012 年推出了“百名志愿者讲北京——魅力北京，百场讲述”、“百家博物馆进社区”、“5 · 18 国际博物馆日”等活动，并筹办了首都博物馆联盟一级内刊——《博物馆苑地》，为联盟成员搭建信息交流的平台。北京市各博物馆的展览和服务水平也在稳步提升，推出了一系列特色展览，如首都博物馆“假如这样——真假文物对比展”、“北京的胡同四合院展”，北京艺术博物馆“时空穿越——红山文化出土玉器精品展”等。利用中华民族传统节日举办了丰富多彩的展览和活动，如：春节期间，以“文化大拜年”为主题举办了 70 余项民俗传统特色文化展览和活动，接待观众 103 万人次；清明节期间，京城八家名人故居纪念馆举办“清明时节缅怀名人走进故居”系列文化活动，接待观众 49 万人次；端午节期间，共有近 30 家博物馆新推出 50 余项展览和文化活动，接待观众约 40 万人次。此外，各个博物馆广泛开展文化讲座、未成年人教育、送展览进社区等公益活动，深受广大中小学生和普通百姓的喜爱。

2012 年，天津市的博物馆以丰富馆藏资源为依托，为广大人民群众提供了丰富多彩的公益展览，这些展览各具特色，充分体现了不同博物馆的优势，比较有代表性的包括：天津美术馆的“中国当代美术名家捐赠展”、周恩来邓颖超纪念馆的“魅力 · 智慧——美国人眼中的周恩来”和“回顾历史　追忆伟人——周恩来邓颖超遗物特展”、平津战役纪念馆的“战火中的莫斯科”、“踏寻雷锋足迹”、“前辈的身影——老一辈无产阶级革命家精神展”等。在举办馆内展览的同时，还将水平较高、影响较大的展览送进校园、送进社区，甚至走出天津，拉近文博工作与社会公众的距离，扩大文博工作的影响力。“魅力·智慧——美国人眼中的周恩来”赴港展出反响强烈，人民网、央视网、中新社及香港主流新闻媒体《大公报》、《文汇报》、凤凰卫视等均对展览进行了深度报道。

上海市博物馆不断丰富公共文化服务内容。3月，上海市文物局开展了“上海市博物馆免费开放最佳做法”评选工作，共6家博物馆9个项目获奖。4月，上海市文物局开展了“2011年度全市博物馆陈列展览精品”评选活动，4个项目获精品奖，6个项目获优秀奖。为集中展示上海的博物馆文化资源的内涵与特色，为社会公众提供较为全面的博物馆参观服务信息，上海市文物局经过精心策划，制作完成《文化上海·博物馆导览图》，方便广大市民与游客快速检索和了解全市博物馆资源及特色，合理安排参观计划，节约出行成本，并由此激发持续参观博物馆的热情，有效提高博物馆社会服务率。①

陕西省举办“文物惠民：百万青少年走进博物馆”系列活动，面向全省大中专院校和中小学校学生，以多种形式普及博物馆知识，全面提高青少年的文化素养。在做好常规展览的基础上，为宣传陕西、提升陕西知名度，2012年完成“微笑彩俑——汉景帝的地下王国展”等出省展览11个。陕西数字博物馆正式上线运行，这是我国首座省级文物行政管理机构创建、依托全省馆藏文物数据库信息和集观赏性、知识性、互动性为一体的大型综合数字博物馆，受到社会各界的广泛欢迎和好评。

湖南省2012年免费开放博物馆、纪念馆共推出临时展览328个。调查问卷显示，全省观众对博物馆、纪念馆免费开放工作的满意度达到90%以上。湖南省博物馆组织开展以“畅想未来博物馆”为主题的系列活动，全方位展现博物馆在反映城市文化进步、加强社会教育、改善民众生活、促进社会发展方面发挥的作用与取得的成果。

四川博物院组织志愿者和小小讲解员向市民宣传文物法规和2012年博物馆日活动主题内容，并举办大专院校学生文化创意产品设计大赛和“流动博物馆到石棉”活动；广汉三星堆博物馆针对不同年龄层次的学生群体，举办公益讲座和有奖知识问答，针对小学生开展主题班会，全方位加强普及宣传教育，提高广大民众的保护意识。

此外，其他省（区、市）的博物馆也利用各自丰富的文物资源，积极探

① 参见《国际博物馆日上海开展各项系列宣传活动》，东方网，2012年5月17日。

索，不断创新宣传展示手段和方法，丰富展览内容，提高服务质量，通过举办丰富多彩的展览和活动，不仅诠释了文物的重要价值和当地的历史文化内涵，也丰富了人民群众的文化生活，有效提高了文物工作在公共文化服务方面的能力和水平。

社会力量参与文物保护的有益探索

甘肃肩水金关遗址出土《劳边使者过界中费》册复原图　　杨小亮供图

社会力量是文物工作不可或缺的重要主体，但长期以来，由于保护意识淡薄、法规制度不健全等多方面的原因，社会力量在文物工作中的应有作用没有得到有效发挥。近年来，民众的文化需求渐趋高涨，保护意识和参与热情都有大幅提高，已经涌现出一股不容忽视的参与力量，在文物保护中发挥着越来越重要的作用。与此同时，各级政府在引导和支持社会力量参与文物保护利用方面采取了一些切实有效措施，政府主导，全社会广泛参与的文物保护格局正在逐步形成。

一、各级政府加大支持引导力度

近年来，随着文化遗产在社会生活中地位的凸显，党和政府对文化遗产事业的重视程度不断提高，在一些重要文件中反复强调动员更多社会力量参与文化遗产保护的重要性和必要性。2005 年国务院《关于加强文化遗产保护的通知》指出："到 2015 年，基本形成较为完善的文化遗产保护体系，具有历史、文化和科学价值的文化遗产得到全面有效保护；保护文化遗产深入人心，成为全社会的自觉行动。""要充分发挥有关学术机构、大专院校、企事业单位、社会团体等各方面的作用，共同开展文化遗产保护工作。"李长春同志在 2010 年文化遗产日发表的《保护发展文化遗产　建设共有精神家园》一文中指出："加强领导、形成合力，努力营造全社会参与保护、发展文化遗产事业的良好环境。文化遗产事业作为文化建设的重要组成部分，是全社会的共同事业，必须充分调动各方面的积极性，努力形成文化遗产保护的强大合力和长效机制。"

2009 年，文化部发布《文物认定管理暂行办法》（中华人民共和国文化部令第 46 号）从法律层面上明确了公众在文物认定方面的基本权利。《办法》规定，公民、法人和其他组织，以及所有权人可以书面要求对不可移动文物进行定级，而且有关文物行政部门应当通过听证会等形式听取公众意见并予以答复。对文物认定和定级决定不服的，可以依法申请行政复议。2010 年，国家文物局印发《关于进一步发挥文化遗产保护志愿者作用的意见》（文物政发［2010］28 号），对文化遗产保护志愿者给予了充分肯定和高度评价，并对新形势下各级政府在组织、鼓励、尊重和服务文化遗产保护志愿者等方面提出了明确要求，具有较强的可操作性。这个文件的出台具有里程碑式的重要意义，它使得文化遗产保护志愿者第一次在法律意义上得到承认，对于众多长期默默为文化遗产保护付出努力与心血的志愿者来说无疑是最好的肯定、鼓舞与支持。正是由于上述政策的引导，社会力量参与文物工作的力量逐步释放。

（一）加大民办博物馆扶持力度

民办博物馆是社会力量参与文物保护和公共文化服务的一项积极成果。近年来民办博物馆取得长足发展，但在运营过程中不同程度存在着管理、资金、人才等各种各样的问题。为促进民办博物馆的发展，各地相继出台了一些政策予以扶持和规范。

2011 年，西安市文物局等十二个部门联合制定印发《关于促进民办博物馆发展的实施办法（暂行）》。《实施办法》规定，新建和利用已有建筑改建的民办博物馆，对其中用于展览、修复、库房、科研、设备间、办公室等区域的建筑面积，可以政府股权投入的方式，按每平方米 500 元和 200 元的标准给予一次性补助。每个博物馆新建或改建项目补助最高金额分别不超过 300 万元和 100 万元。民办博物馆将分为大、中、小三个级别，并根据博物馆提供社会服务等要素，给予不同标准的补助。此外，对民办和行业博物馆组织的利用自有藏品赴市外进行展览和引入展品在自有馆内举办的展览活动，分别按照赴境外、市外展览和引进展览的临展类型，分为大、中、小型三个等级，分别给予 10 万元、5 万元、2 万元的一次性补助。经审核批准设立的民办博物馆，依法拥有的藏品、资产、受赠财产享有法人财产所有权和处分权，并依法予以保护。并在各方面享有与国有博物馆同等的法律地位。民办博物馆建设需缴纳的城市基础设施配套费，按减免程序报市政府审定后予以减免；民办博物馆门票收入依法免征营业税；对符合非营利组织认定条件的民办博物馆，经财政、税务部门认定后，其符合非营利组织企业所得税免税收入范围内的有关收入依法免征企业所得税。[①] 截至 2012 年，西安市已有民办博物馆 33 座，关中民俗博物馆、大唐西市等一批民办博物馆成为新的亮点。

上海市文物局为进一步提升本市民办（社会力量举办）博物馆的专业水准，出台了《上海市民办（社会力量举办）博物馆扶持资金使用管理试行办法（修订）》，对三类博物馆通过项目形式予以分类资助。这三类博物馆分别是：（1）经市文化、文物行政部门业务审核，市社会团体登记管理机关登记

① 陈黎：《西安民办博物馆免营业税》，中国文化传媒网，2012 年 1 月 5 日。

的民办非企业性质的博物馆、纪念馆、美术馆、艺术馆等；（2）企业、事业单位、社会团体等社会力量举办的不具有独立法人资格的博物馆；（3）个人设立的收藏展示馆。扶持资金适用范围为：（1）为提升本市民办（社会力量举办）博物馆在藏品管理、学术研究、陈列展示、宣传教育、开放服务、人才培养等方面专业水准所实施的项目和开展的各类活动；（2）市文物局为提升本市民办（社会力量举办）博物馆的社会影响力和专业水平所开展的宣传推广、展览交流、人员培训、课题研究、调研咨询和评估等工作。市文物局设立扶持资金评审专家组，具体负责资助项目的评审工作，要求扶持资金专款专用。受资助项目完成后，受资助人需向市文物局上报结项报告，市文物局组织专家对已完成的资助项目进行检查、评估、验收。2012 年共有 50 个项目获得资助。[①] 这是对民办博物馆扶持的有益尝试，也是引导社会力量更好地参与文物保护的一个重要举措，值得推广借鉴。

（二）制定政策吸引社会资金进入文物保护领域

随着文物资源的不断丰富，单纯依靠国家财政资金已经远远不能满足保护需求，鼓励和引导社会资金投入文物保护是必不可少的途径。各地已经在探索政府与社会共同出资、共同保护的模式，鼓励个人购买、认领或租用古建筑，有的已经取得了初步成效。

江苏省苏州市是我国建筑遗产保护较为完好的城市之一。为保护古建筑，苏州市先后出台了一系列相关政策和规定，本着“不求所有，但求所在”的原则，公开出售未列入文物保护范围的 200 处控保建筑，为老房子找新主人，新主人也是古建筑的保护责任人。购买者需与市文物管理部门签订保护协议，文物部门将对古建筑实行长期、终生的监管，政府对易主后的古建筑保护仍将提供必要的帮助。

安徽省黄山市也出台了《皖南古民居认领保护办法》，规定海内外的社会团体、企事业单位、家庭及个人均可认领古村落或单幢古建筑，认领者将获得古民居的居住使用权，原文物建筑所有权不变。认领人只要提供保护资金，就可根据资金数额享受在修缮完好的古民居内生活与居住等权利，该权

---

① 资料来源：上海市文化广播影视管理局官网。《关于申请 2012 年度上海市民办（社会力量举办）博物馆扶持资金的通知》于 2012 年 8 月 17 日发布，《关于 2012 年度上海市民办（社会力量举办）博物馆扶持资金资助项目名单的公示》于 2012 年 11 月 1 日发布。

利还可转让给朋友与亲属享用。认领人对认领保护的古建筑不能破坏或改变建筑风貌与结构，不能私自增加建筑物或构筑物。

2010年，山西省曲沃县人大常委会出台《曲沃县古建筑认领保护暂行办法》，吸引企业家参与古建筑认领保护。明确规定，企业家认领的保护古建筑不得转让、抵押，不得作为企业资产经营。维修方案必须经文物主管部门批准方能进行，认领保护期间必须接受文物主管部门监管，认领期限不超过30年，认领期满，该古建筑的管理使用权无偿归还，亦可经双方同意，续订认领保护协议。到2012年，已有6处古建筑被民营企业家认领，投入上千万元，有效解决了维修资金和保护管理两大难题。

为规范开平碉楼认养工作，广东省开平市人民政府于2011年12月出台了《开平碉楼认养工作意见》。《意见》规范了碉楼认养的范围、方式、条件、年限、程序与资金使用，明确了认养者的权利和义务。该意见鼓励认养者在经业主同意，且符合相关法律法规的前提下，合理利用认养碉楼，但利用方案要依法按程序报批。此外，认养者还可以享受其他权利，包括：由开平市文物行政部门颁发《开平碉楼认养证》，并授予“开平碉楼保护使者”称号；在碉楼认养期间，享有其认养碉楼的设置标示牌权和免一定数量门票（套票）参观对外开放的世界遗产点自力村村落、马降龙村落群和立园的权利。认养期限5年，到期可续期认养。认养者在享受其权利的同时，也要履行其应尽的义务。① 截至2012年，已有21座碉楼已经按照《开平碉楼认养工作意见》确定认养者。开平市文物局与21座碉楼认养代表签订了认养协议，开平市人民政府为认养者颁发了荣誉证书。后续认养的碉楼名单将由开平市文物行政管理部门根据碉楼的现状，分期分批提供。开平市文物行政部门也在逐步完善认养办法，以得到更多的社会支持。

这种模式既能减轻政府负担，又能有效保护建筑遗产，同时还能提高公众对建筑遗产保护的关注度，不失为一种多赢的保护模式。

（三）发展壮大文物保护员队伍

文物保护员是很多省市已经在采用的一种弥补专业人员不足的重要方式，取得了不错的效果，有的省、市、县已经建立起了文物保护员（业余文保员、义务保护员）制度。如，浙江省宁波市鄞州区早在1976年就在全国首创

① 文宣：《广东：开平市首推32座碉楼期待社会认养》，《中国文物报》2011年12月23日。

建立了业余文保员制度。河北省有近三十个县区建立了较完善的文物义务保护员制度，而且运行顺畅、行之有效。① 山东省枣庄市加大资金投入，组建文物保护员队伍，并将补助经费纳入市级财政预算。山东省日照市为全市市级以上无专门管理机构的文物保护单位全部依法聘用了文物保护员，逐步走上了规范化管理的轨道。2012 年，甘肃省文物局出台《甘肃省文物保护员管理办法（试行)》，为更好地发挥文物保护员的作用提供了重要的制度保障，专业管理与群众管护相结合的管理体制更加完善。目前，甘肃省共有各级群众文物保护小组 1500 多个，文物保护员 10000 名。省财政和部分市县财政每年拨出专款，用于解决省级文物保护单位文物保护员的报酬。内蒙古自治区锡林郭勒盟文物局发动牧区干部、群众，组建了“马背文物保护队”这一群众性基层组织。“马背文物保护队”适合在内蒙古辽阔的草原地区进行巡查看护，既对保护文物有利、也对保护草原生态有利。2012 年全国田野文物安全保护工作会议上，对“马背文物保护队”的做法给予了表扬，建议将该做法在边疆地区进行推广，并建议进一步规范和壮大群众保护队伍。

大力发展文物保护员，可以将热爱文物事业、有志于为文物保护做出贡献的人员吸纳到文物保护的队伍中来，逐步构建起一个“接地气、察实情”的保护网络，及时掌握各地文物保护和管理状况，尽早发现问题所在，以便及时上报，及时处理，不仅可以加强安全防范能力，也可以提高各地文物工作的透明度、群众的参与度和满意度。

二、公众参与的积极性渐趋高涨

近年来在国家的倡导与支持下，一些社会组织、志愿者团队和个人积极参与文物保护，逐渐成为政府力量的有效补充。

（一）社会组织踊跃参与

“薪火相传——中国文化遗产保护年度杰出人物”评选活动受到社会各界广泛关注。该活动是由中国文物保护基金会发起并主办的一档大型评选活动，于每年的“文化遗产日”期间举办。从 2008 年开始，已经连续举办五届，先后表彰了包括 4 位国际友人、8 位外籍华人、全国 30 个省市自治区及港澳台在内，共计 133 位文保人士和 21 个文保团体。通过该项活动，不仅极

① 毛保中：《第三次全国文物普查河北省工作一点体会和建议》，《中国文物报》2011 年 12 月 2 日。

大地鼓舞了志愿者，也使得一大批在文化遗产领域做出突出贡献的个人和团队进入公众的视野，文化遗产保护志愿者的身份渐渐被公众认可，他们的声音也越来越有分量并得到政府采纳。

2012 年表彰的获奖人物来自社会各个阶层。有不忘家乡、资助修复维护祖国文化遗产的爱国华裔公益慈善家，也有常年驻守在荒芜沙漠中的文保基层工作者，还有以保护文化遗产为己任、为天职的主政领导，以及心系红色文物保护的普通农民。薪火相传评选活动带动了越来越多的人参与文化遗产保护，对增强全社会的文化遗产保护责任意识，启发民众对文化遗产保护的自觉性起到了积极的推动作用。

近年来，各地相继涌现出一批具有影响的文化遗产保护社会组织，如新乡市文物保护者协会、苏州古城拍摄记录志愿者协会等。新乡市文物保护者协会是河南省新乡市的一个文物保护社会组织，2007 年成立，目前已在长垣县、原阳县、卫辉市下设 3 个分会。协会会员的誓言是："爱我中华，传承文明，保护文物，咱们有责。"会员的住址覆盖新乡市所有的乡镇和农村，形成了一张保护网。会员有计划、有组织地对全市 500 多处文物保护单位进行巡视保护，集看、管、调查、研究、宣传为一体，对某些文保单位提出意见和建议，受到了各地文保部门的支持和好评。在第三次全国文物普查中，新发现保护古碑、石刻 30 多块，古墓 2 座，撰写各类文章近百篇，协会还大力宣传文物保护法规以及市文物局和协会组织开展的主要活动。2012 年，协会会长史继组自己出资，篆刻了 22 块内容包括新乡历史人物、地形地貌和重大事件的石碑，摆放在牧野区小朱庄小学内，不定时为孩子们讲解石碑内容，让孩子们从小了解新乡历史，树立文物保护的意识。该协会已经成为新乡市文物保护的重要补充力量，对新乡市的文物保护起到了积极作用。

（二）志愿者团队身体力行

天津建筑遗产保护志愿者团队是活跃在天津地区的影响力最大的民间文保团队，几年来有计划有组织地对天津现存老城区展开集中调研，为天津地区历史建筑遗产的记录和保护做了大量工作。他们提出的保护建议及规划，很多已被政府采纳，并落实到市政建设中去。该团队已经成为天津市民间文化遗产保护的中坚力量，他们提出的倡议、呼吁还多次获国家文物局、住建部、新华社及天津各级主管部门的批示和重视，皆给予高度评价。团队一直注重唤醒公众的文化遗产保护意识，努力建立平台。2012 年。凭借多年工作的积累和影响力，团队正式与天津人民广播电台、《每日新报》[①] 联合开设“温情邻友会”栏目，旨在“建立一座记录天津老百姓生活的博物馆”，宣传天津地域文化、宣传文化遗产保护惠及全民理念，听取来自百姓对老天津的记忆，形成了电台有声、报纸有文、网络互动，贴近生活、贴近城市、贴近历史的新平台。一年来，坚持每周在电台晚黄金时间（20：00～21：00）直播一小时，同时在报纸开设专栏，跟踪报道热点。每季度组织一次大型聚会，对特定历史区域的文化遗产价值进行宣传，征集居民口述史。据不完全统计，温情邻友会在2012年电台200档栏目的收听率已居前20位，直接参加文保活动的居民数千人。团队还持续组织开展志愿者对天津运河两岸文化遗产的考察活动，并及时呼吁保护；建立了由专家学者、新闻媒体、企业和志愿者一起参与的工业遗产保护平台；支持天津师范大学博物馆专业学生开展天津博物馆调查。由于团队出色的业绩和孜孜以求的精神，2012年，团队事迹再次被《人民日报》、《光明日报》等十余家主流媒体报道，获得业内外人士一致好评。

拾穗者民间文化工作群是湖北省襄阳市的一个文化遗产保护志愿者团队，他们以“回到田野，守望故乡”为宗旨，多年来一直致力于本土文化的记录、研究、保护和传播，一直为襄阳的文化遗产保护奔走、呼吁，成立八年来，成果越来越显著，也逐渐赢得越来越多的社会支持和认同。2012年6～7月，“草根七年行——拾穗者保护文化遗产成果展”在襄阳市博物馆展出。此次展览是襄阳市博物馆首次为民间团队举办文保成果展，前来参观的市民络绎不绝，引起较大反响。“漳纸工坊——漳河源自然生态与文化遗产保护”是拾穗者近年来实施的一个重点项目，于2011年启动，2012年取得重要进展。漳河源头的陈家造纸作坊，是一个隐秘的所在，那里古老的造纸术被专家誉为“活化石”。历经300多年的发展，造纸作坊已经由盛而衰，这一珍贵的传统工艺可谓岌岌可危。为保护和弘扬古老造纸工艺，拾穗者不遗余力地为纸民提供各种帮助。他们通过帮助纸民外出参加培训、寻求社会赞助、组织漳纸工坊手工纸研习营等多种途径为造纸工艺的改良和纸民的生存出谋划策。他们从关注民生入手，修建过河索桥，为纸民和旅行者解决出行问题。2012年国庆节前，漳纸工坊试制出新的竹纸“漳纸一号”，试验基本成功。许多书法家试用了新纸，对纸的质量给予肯定。为了使漳纸工坊得到更好的保护和传承，拾穗者希望有关部门尽快将其列入文物保护单位并给予一定的

① 《每日新报》系天津地区发行量最大的都市早报。

资金支持。2012 年 9 月开始，拾穗者利用周末开展“樊城历史街区文献档案”项目，全面收集樊城老城区的街巷、会馆、码头、店铺资料，记录历史文化名城的历史印迹。正是由于他们的不懈努力和鼎力相助，襄阳市越来越多的人文古迹和民间工艺得到保护和传承，彰显出独特的文化魅力；正是由于他们的拍摄记录和研究考证，襄阳的历史文化为更多的人所熟知，越来越多的人对襄阳的历史文化产生敬意。

（三）宝鸡农民自觉护宝

2012 年 3 月 20 日、4 月 14 日和 6 月 22 日，陕西省宝鸡市渭滨区石鼓镇石嘴头村群众在修建宅基取土时发现文物主动保护、及时报告。特别是 6 月 26 日，徐海军等 4 名村民发现文物后立即保护现场并及时报告，保护了大批青铜器。随后考古发掘出土各类文物 200 件余组，出土的青铜器体形较大，时代特征明显。尤其是西周铜禁是新中国成立后的首次发现，也是经过考古科学发掘手段获得的唯一一件，在全国引起了巨大反响。2012 年 7 月，励小捷局长看望发现保护文物的石嘴头村民徐海军，对徐海军等村民保护国家文物的行为表示感谢，对其高尚精神品德给予赞赏。2012 年 8 月，时任陕西省委书记赵乐际到宝鸡现场视察出土文物，对群众自觉保护文物的行为给予充分肯定；时任省长赵正永在省文物局的专题报告中批示：“要认真总结，大力宣传群众保护文物的做法。”陕西省文物局局长赵荣说，这些群众自觉保护文物的模范行为，体现了他们诚信明礼、爱国守法的高尚品德，这同他们保护的国宝级文物具有同等的价值。宝鸡农民的护宝精神，恰恰也是陕西精神的最好体现。

在文物保护领域，政府责任固然重要，公民责任亦不可少。目前的社会力量参与还主要是公众的自发行为，规模还不够大，形式还不够多，制度还不是很健全，管理还有待加强。政府应该转变角色，变“演员”为“导演”，通过完善相关法律法规，健全相关制度，确保社会力量可以依法参与文物保护，并逐步向制度化方向发展。公众也需要转变角色，变“观众”为“演员”，不再袖手旁观，而应尽自己所能身体力行。总之，社会力量参与的发展和完善是一个循序渐进的过程，需要长期的引导、支持、鼓励和规范，倘若制度健全、措施得力，定能获得长足发展，产生良好效果。

（本篇执笔人：刘爱河、于冰、黄元）

哈尔滨索菲亚教堂南立面维修设计图　颜华供图

中 篇

问题与对策

聚焦

看表面——文物工作的长期困扰

- 如何处理文物保护与经济发展的关系
- 如何处理文物保护与文物利用的关系
- 如何提高自身能力，适应文物事业发展

究本质——顾内不顾外，重“硬”不重“软”

- 事业发展 = 硬实力 + 软实力
- 软实力 = 外部影响力 + 内功
  = 宏观体制 + 法规标准 + 机构队伍 + 基础工作
- 外不顺内则乱，软不实硬则虚

问深层——责权利失衡，文物工作制度困惑

- 政府——责任不落实，法人违法的根源
- 文物部门——责权不配套，文物保护执法难、文物保护基础弱的根源
- 文物所在地民众——利益无保障，群众不理解、不配合的根源
- 社会力量与公众——参与无渠道，参与不主动与不规范的根源

谋改革——关键在于政府职能转变，理顺责权利关系

- 精政府——承担公共服务职责，提高宏观管理水平
- 强基层——文物行业的发展动力和创新源泉在基层
- 活社会——发挥社会和市场公平竞争的生命力与创造力

文物工作面临新形势

柬埔寨吴哥古迹茶胶寺周边遗址考古调查　　余建立摄

在总结工作成绩的同时，还应对工作中的问题加以分析和思考。在文物工作中，一些问题正在得到解决，一些问题已经引起重视并着手开展深入调研，还有些问题常年困扰文物工作者，却一直没有得到有效解决。

我们尝试剥茧抽丝般由表及里，层层剖析追问根源，再从深层根源回归实际工作，提出解决文物工作现实问题的优先行动。

首先我们来审视文物工作所处的国内外宏观形势以及面临的机遇与挑战。

2012 年的国际局势，以欧洲为中心的金融危机加剧使全球经济复苏步履维艰，中国等新兴经济体虽然经济增速放缓但仍保持领先增长势头，国际力量对比持续发生深刻变化。正如《“十二五”国家文物博物馆事业发展的形势分析》报告①中预测：中国在国际事务中的身份将发生重大转变，从国际事务的被领导者转变为领导者，从国际规则的被动接受者转变为规则的参与制定者，从国际舆论的挨打者转变为竞争者，从西方文化的接受者转变为多元文化的创新者。在新的世界格局中，中国国家实力增强的基本路径将是硬实力先上升，软实力提升随其后；经济崛起在先，文化复兴随后，然后逐步增强中华文化的亲和力、吸引力和影响力。

2012 年的国内形势，社会经济发展和文化建设继续向现代化转型。2012 年，中国人均 GDP 达到 6100 美元，② 已进入中等收入国家行列。城镇化率达到 52.57%，文化、体育和娱乐业固定资产投资 4299 亿元，比上年增长 36.2%，在全国 19 个行业中增长率位居第三位，③ 在文化、休闲强劲消费需求推动下呈现超常发展态势。

---

① 中国文化遗产研究院和清华大学国情研究中心联合承担国家文物局委托“文物博物馆事业‘十二五’发展规划预研究”子课题之一“‘十二五’国家文物博物馆事业发展的形势分析”，课题报告摘要收录于国家文物局政策法规司、中国文化遗产研究院编《文物博物馆事业发展“十二五”规划研究资料汇编》（内部资料），国家文物局编，2012 年。

② 据国家统计局《2012 年国民经济和社会发展统计公报》，2012 年中国国内生产总值（GDP）为 519322 亿元，年末全国大陆总人口为 135404 万人。按 2012 年末人民币兑美元汇率中间价 6.2855 测算，2012 年我国人均 GDP 达 6100 美元。

③ 据国家统计局《2012 年国民经济和社会发展统计公报》，2012 年分行业固定资产投资增长率前三位分别为金融业（46.2%）、租赁和商务服务业（37.4%）、文化、体育和娱乐业（36.2%）。

影响文物事业发展的不仅是文化建设方面。2012年召开的中国共产党第十八次全国代表大会对中国的经济社会政治生活，包括文物事业，带来深刻变化。改革创新，成为十八大唱响的最坚定主旋律，党中央将“抓住重要战略机遇期，在全面建设小康社会进程中推进实践创新、理论创新、制度创新，强调坚持以人为本、全面协调可持续发展，提出构建社会主义和谐社会、加快生态文明建设，形成中国特色社会主义事业总体布局”，建设“五位一体”的“社会主义市场经济、社会主义民主政治、社会主义先进文化、社会主义和谐社会、社会主义生态文明，促进人的全面发展，逐步实现全体人民共同富裕，建设富强民主文明和谐的社会主义现代化国家”。①

文物资源的特点与属性，文物工作的性质和任务，决定着文物事业将在实现经济社会全面协调持续发展、人的全面发展的崭新总体布局中发挥不可或缺、不可替代、不可估量的重要作用。

一、文物资源是国家可持续发展战略基础资源

一个国家的发展道路和方向，在很大程度上是由其资源禀赋所决定的。中国有着独特的自然资源、社会资源和文化资源，在人类发展史上走出了一条多元与一统、创新与继承、开放与融合的文明之路。文物资源兼具物质属性与精神属性，不仅仅是单纯的文化资源，而是烙印着中华民族历史足迹与精神记忆的自然资源、社会资源与文化资源之集合，是形成现实国家国土空间布局和区域个性的历史基础，也应该是决定未来我国国民经济与社会发展方向和质量的重要因素。

文物资源分布广泛、形态丰富、区域差异巨大，并与当代环境相互融合。《文物保护法》明确规定了古遗址、古墓葬、古建筑、石窟寺、石刻、壁画、近代现代重要史迹及代表性建筑等不可移动文物，历史上各时代的重要实物、艺术品、文献、手稿、图书资料等可移动文物，以及历史文化名城（街区、村镇）受国家保护；在近年文物普查、研究和保护中日益受到关注的水下文物、工程遗产、农业遗产、水利遗产、工业遗产、乡土建筑、文化线路、文化景观等新型物质文化遗产，作为“反映历史上各时代、各民族社会制度、

① 胡锦涛：《坚定不移沿着中国特色社会主义道路前进，为全面建成小康社会而奋斗——中国共产党第十八次全国代表大会报告》，2012年11月8日。本节中未加注明的引用文字均摘自此报告。

社会生产、社会生活的代表性实物”[①] 也同样受到国家保护。文物资源与社会发展、人民生活的联系日益紧密，文物资源的保护与利用，是文化建设的重要内容，更应在国家的社会经济发展全局中充分发挥其优势和特色。

二、“五位一体”建设对文物工作提出新要求

文物工作既应贡献于“五位一体”的全面建设，同时又应获得“五位一体”建设宏观政策的支持，这为文物事业的发展提供了新机遇和新挑战。文物事业“与维护国家主权、捍卫领土完整密不可分，与维护民族团结、实现祖国统一密不可分，与推动科学发展、促进社会和谐密不可分，与增强综合国力、提高国民素质密不可分”,[②] 能够、也应当在经济建设、政治建设、社会建设、文化建设和生态文明建设中发挥相应的作用，从而通过文物资源保护与管理，将中华民族优秀历史文化传统全面融入经济社会的方方面面，并且通过在经济社会发展中综合谋划文物资源的保护与管理，真正实现中华文脉的永续传承，真正做到“全面协调可持续”地深入贯彻落实科学发展观，真正实现“人的全面发展”。

（一）文化建设

在文化建设中，文物资源蕴含着构成人类各个群体特性的独特性和多样化，是文化多样性的源泉。文化多样性不仅是文化创新的基础，更是人类社会富有活力的基础，就像生物多样性对于自然界，文化多样性对人类社会同样必不可少。从这个意义上讲，文化多样性是人类的共同遗产，应当从当代人和子孙后代的利益考虑予以承认和肯定。保护文化多样性，使具有不同传统与历史的个人和群体得以平等表达、参与、交流、相处，有助于增强社会凝聚力、社会活力和维护和平。[③] 文化的发展和繁荣不可能一蹴而就，不可能依赖运动式的拔苗助长。发挥人们身边文物资源的作用，在保护文物真实、完整价值的同时加以适度展示和传播，以深厚、原真、平实的历史文化净化虚浮与奢华，是文化建设中的重要精神源泉。

同样重要的是，在“文化产业成为国民经济支柱性产业”的目标中，文

---

① 《中华人民共和国文物保护法》第二条第（五）款。

② 单霁翔：《深入学习贯彻十七届六中全会精神　不断开拓文化遗产事业繁荣发展新局面》，2011 年在全国文物局长会议上的讲话，2011 年 12 月 28 日。

③ UNESCO，UNESCO Universal Declaration on Cultural Diversity，2001.

物资源具有不可回避的现实和潜在作用。需要针对文物资源的特点，结合文物工作的规律，明确文物资源开发利用的权限、范围，加快完善文物资源管理体制和文化生产经营机制，区分文物资源在公共文化事业体系和文化市场体系中的地位。

（二）生态文明建设

在生态文明建设中，文物也是不可或缺的重要力量。历史环境记录人类生存发展进程中与自然环境的相互影响，是生态文明的珍贵历史记忆。“天蓝、地绿、水净”的美丽地方可遍天涯，而“家园”必须是拥有亲情和记忆的唯一的灵魂寄托之所。在生态文明建设中对国土空间开发格局的优化，不能割弃文物资源的保护，而应当视文物为生态文明建设的有机组成部分，为子孙后代留下美丽的精神家园。在保护和保存文物资源的同时，还不应忽视文物资源再利用对循环经济、资源节约的贡献。国际上已有若干国家制定税收等优惠政策鼓励严格标准下的历史建筑再利用，减少建材需求对矿物资源的掠夺和建筑垃圾的产生。同样，历史环境的修复将贡献于“重大生态修复工程”的实施，中华民族拥有“天人合一”的传统自然观，选择典型地区进行区域性历史环境修复，不仅可以借鉴古人智慧，开展荒漠化、石漠化、水土流失综合治理，而且可以提高自然生态系统和环境保护的自然历史文化综合效益。

（三）社会建设

在社会建设中，历史文化传统与文化遗产的保护，是建设和谐社会、保障公众享受文化建设成果的重要内容，也是加强社会认同、凝聚社会联系的重要渠道。另一方面，在新的社会管理制度设计中应当包含文物保护作为基本内容。文物资源分布于社会各阶层、各民族，保护文物资源既是公共利益的保障，也是社会公民的法定义务。以往以行政管控为主的社会管理方式已经很难有效协调日益多元化的社会利益诉求，今后将需要更多地发挥社会力量（非政府组织）在管理社会事务、反映利益诉求、协调利益矛盾、促进社会和谐稳定中的作用。尤其对于文物保护这样以公益为主的非经济领域，社会力量将成为政府以外最主要的生力军，同时通过全社会广泛参与文物保护事业，将更好地实现建设和谐、幸福社会的目标。

（四）经济建设

在经济建设中，把握地方自然资源与历史文化资源禀赋的综合特质，将有助于转变资本原始积累方式，将资源的掠夺性开发转变为保护型开发模式。

深度挖掘地方资源的特色价值，培育富有地方特色的战略性新兴产业和服务业，提高历史知识、文化和品牌在经济增长与财富积累中的比重，发挥遗产资源对经济发展内涵、质量和效益的长远贡献。在国家实施的区域发展总体战略中，“革命老区、民族地区、边疆地区、贫困地区”等地区是扶持政策的重点。这些地区，也正是文物资源较为富集、保存状况较为良好的地区，应将文物资源在这些地区中的资源比较优势突显出来，将文物资源的保护及与其相适应的利用纳入区域发展总体战略中，在政策的顶层设计中考虑文物资源的特殊贡献。

（五）政治建设

在政治建设中，深化行政体制改革是重要内容。深入推进政企分开、政资分开、政事分开、政社分开，建设职能科学、结构优化、廉洁高效、人民满意的服务型政府是行政体制改革的目标。文物事业属传统的公益事业范畴，政府在文物事业中历来并将继续占据主导地位，政府职能转变将深刻影响文物事业管理方式。要实现从文物系统的文物保护向全社会参与的文物保护事业跨越发展，不仅需要各级文物行政部门转变政府职能，更需要在政府职能转变的顶层设计中，强化各级政府提供基本公共服务职责中的文物保护职责，同时建立健全国有文物产权管理体制。还要充分理解十八大报告中关于“人民主体地位”的论述，把政府在文物事业中的主导地位和人民在文物事业中的主体地位有机结合起来，从而真正实现文物管理体制改革的重大突破。

文物资源是国家发展的基础战略资源，文物工作是“五位一体”的社会经济全面协调可持续发展的重要贡献力量。同时，文物工作也亟须获得经济社会发展综合政策的支持与保障，建立相辅相成的互促共赢关系。然而，文物工作中长期存在的一些问题却制约着这种良性关系的形成和巩固。

西藏大昭寺壁画修复方法研讨　　中国文化遗产研究院供图

问题与思考

2012年，我国文物工作取得较好成绩。但由于文物事业历史欠账较多、基础较为薄弱，工作中还存在很多不足。面对文物保护与城乡建设之间长期存在的矛盾，我们的执法能力还不适应；面对文物工作领域不断扩大、工作任务日益繁重的新形势，我们的工作方式还不适应；面对人民群众精神文化需求日益增长、对文物的社会关注度越来越高的新情况，我们的宏观管理还不适应；面对党和国家对文物保护利用、传承发展的新要求，我们的人才队伍建设还不适应。①

这些问题和不足，既有各国文化遗产保护工作普遍面临的问题，例如保护与发展的矛盾如何正确处理；也有中国文物工作特有的问题，例如由计划经济体制向社会主义市场经济体制转型时期引发的文物管理体制矛盾；还有在中国特别突出的问题，例如中国正在经历举世罕见的高速城镇化进程，给文物保护和利用带来的“猝不及防”的严峻挑战。

面临如此复杂的形势，我们试图从各个角度进行分析，从宏观和微观、从外部和内部查找问题，在发展中辨识我们改进工作的方向和重点。

前面已经总结2012年全国人大常委会首次《中华人民共和国文物保护法》执法检查中各地所反映的问题，这些问题并非首次发现。自1980年《国务院关于加强历史文物保护工作的通知》起，通观30余年国家领导人讲话及国家文物局关于文物保护年度工作总结的官方文件，所反映的主要矛盾和问题可以归纳为三个主要矛盾和十个主要问题（表2－1）。

以上矛盾和问题长期存在，其产生有其外在和内在的根源和原因，两者之间相互作用，相互牵制，错综复杂。我们首先从文物系统自身的问题开始分析，然后探究更为深层的宏观体制问题。

一、管理薄弱——战略管理、利用管理、资源配置与管理方式

从文物工作自身看，为什么对于文物工作中长期存在的问题早有认识，

① 文化部副部长、国家文物局局长励小捷在贯彻全国文物工作会议精神座谈会上的讲话，2012年7月10日。

表2－1 文物工作中的主要矛盾和问题

<table>
<tr><th colspan="2">主要矛盾</th><th>文物工作中的主要问题</th></tr>
<tr><td rowspan="6">外在</td><td rowspan="2">文物保护与生产建设矛盾</td><td>城镇开发、基础设施建设等建设活动对文物造成严重破坏</td></tr>
<tr><td>居民、农民、企事业单位生产、生活不断蚕食文物</td></tr>
<tr><td rowspan="4">文物保护与利用矛盾</td><td>改变文物保护单位管理体制进行商业经营</td></tr>
<tr><td>对文物古迹进行掠夺式开发，毁真造假</td></tr>
<tr><td>盗掘、走私文物牟取暴利</td></tr>
<tr><td>文物市场混乱，非法文物交易猖獗</td></tr>
<tr><td rowspan="4">内在</td><td rowspan="4">文物事业发展需求与自身能力的矛盾</td><td>管理体制不顺，运行机制僵化，管理水平粗放</td></tr>
<tr><td>法律法规不完善，落实执行能力不足</td></tr>
<tr><td>基础工作薄弱，人才/经费不足，文物合理利用不足</td></tr>
<tr><td>宣传方式落后，社会和公众认知度低</td></tr>
</table>

却难以得到有效解决？关键在于管理上的缺位和错位。文物行政管理该管什么？怎么管？是管具体、管项目、管专业还是管宏观、管政策、管事业？文物工作方针中“加强管理”的内涵是什么？值得深入思考。

管理是通过确定目标并使他人以最佳方式实现目标。管理是一切人类组织都涉及的活动。但是当管理目标、管理对象、竞争环境、资源条件日益复杂多元、动态变化时，管理就需要技巧、科学和理念的支持。

从事业管理的角度分析，一个事业发展的两个重要支柱可以分为核心业务系统与支持系统（图2－1）。核心业务是事业的竞争优势所在，支持系统为核心业务提供发展资源与条件。核心业务体现行业的硬实力，支持系统体现行业的软实力。支持系统通过体制机制、政策标准、人力和资金政策、科技研发以及基础设施建设等手段，组织、协调、调动和规范事业与其他利益相关者的支持、配合与参与活动。支持系统建设相对完善，可以促进核心业务系统的健康发展；支持系统出现问题，不仅牵扯业务系统的精力并使之疲于应付来自方方面面的矛盾，无力专注专业发展，有时还会使核心业务难以适应外部环境变化和竞争而逐渐萎缩甚至被淘汰，逐渐缩小甚至丧失生存空间。

文物事业前进发展的历程，也是文物管理工作的环境复杂化、精细化的过程。从保护抢救到展示利用，从服务当代到传承后世，文物工作的目标日

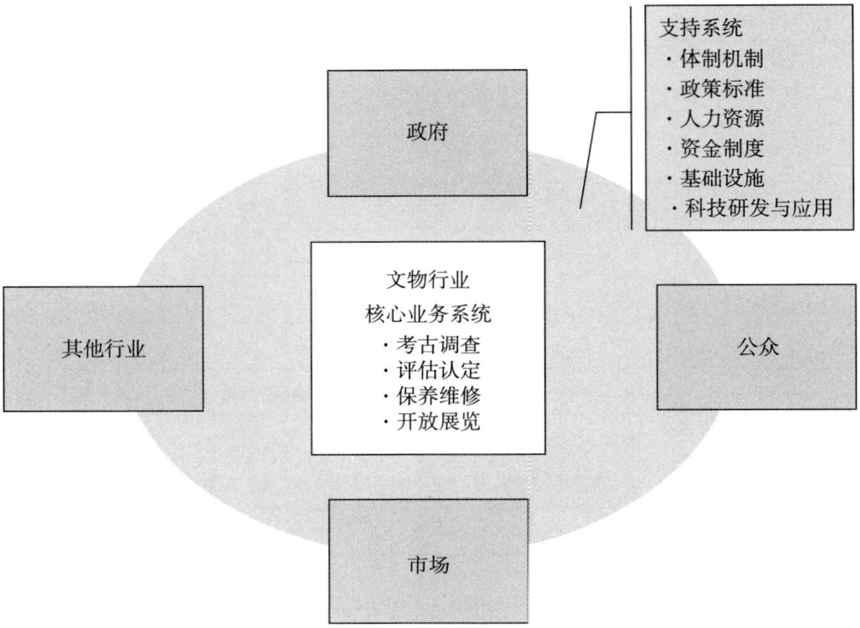

图2-1 文物行业核心业务系统与支持

益多元。特别是文物博物馆公共文化需求的迅猛增长，使文物工作从单向供给转为供需互动，文物管理工作的利益相关者日益广泛，文物工作的社会环境和资源条件日益复杂，文物工作的竞争压力日益增加。文物行业在关注传统核心业务——考古调查、评估认定、保养维修、开放展览等的同时，也需要越来越多地重视与外部环境关系和支持系统的建设，越来越多地重视与公众和参观者的关系，从注重自身硬实力的外延式发展，转向注重软实力的内涵式发展。

分析表2-1汇总的文物工作主要矛盾不难发现，主要问题不是发生在文物行业自身的核心业务方面，而恰恰发生在管理能力——支持系统的建设方面。这也正是事业管理需要加强的主要方面——决策、组织、协调、规范和激励。目前文物管理工作中的诸多问题，主要可归结为支持系统的严重短缺，即决策、组织、协调、监督、信息档案的管理工作未受应有重视，致使文物系统长期积累形成的专业核心优势难以正常发挥。

事业管理，往往涉及决策、计划、实施和控制。管理首先是决策，即在复杂环境中明确自身的目标。在明确的目标下，管理需要通过计划、组织、指挥、协调及控制等职能保证目标得以实现。管理对象包括人、财、物资和信息。其中人是核心，所有财、物的流转以及信息的传递、收集、记录和分析是靠人实现的；信息是基础，是决策、计划、组织、指挥、协调与控制等所有管理活动的记录，信息质量决定着管理质量。

目前文物管理工作存在的主要问题，即出现在文物战略决策和协调、文物利用管理、文物机构和人员建设，以及文物管理方式粗放和基础工作薄弱四个方面。这四个方面相互作用，相互影响（图2－2）。缺乏战略管理和政策研究，造成文物行业目标定位不明确，重文物保护管理，轻文物利用管理，政策措施不配套，难以组织协调全社会和各级政府的资源投入，因而地方各级文物机构队伍不健全，相关法规、信息档案和监督问效等基础管理工作开展乏力，反过来又会影响行业宏观决策的科学性和前瞻性，影响政策措施的制定与落实。

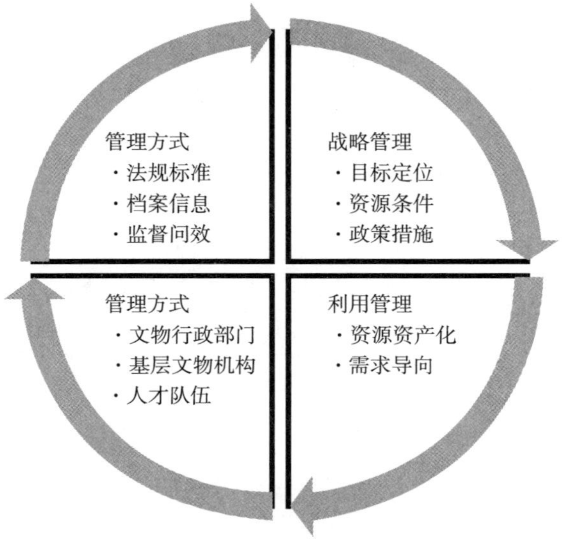

图2－2 文物管理工作主要问题相互作用

（一）战略管理和政策协调能力不足

战略管理，是立足于行业内的宏观事业管理。传统上，文博行业属于文化部门，与国民经济与社会发展主体活动联系较弱，主要通过行政手段和项目、经费审批手段管理文物系统和文物行业内部业务。随着文物保护任务和文物利用需求的快速增长，文物保护主动提出“顺应经济社会发展客观要求，服务于经济建设这个中心”[①] 的新目标，文物工作所处的环境越来越复杂，传统的管理模式已经不能适应新阶段文物事业的管理需求，首先是战略管理的需求。

战略管理是政府宏观决策的重要职能。战略管理是在宏观环境错综复杂的环境中，综合内部和外部的各种复杂要素，提供宏观决策的分析和思考方法（表 2－2），与传统业务管理有着明显差异。在全世界范围内，新公共管理思想推动着各国政府的行政职能转型，呈现出政府公共政策化和公共管理社会化的主流趋势，[②] 这在我国政府的施政纲领中也有所体现（见“宏观体制改革的主要影响”一节分析）。从西方公共行政改革的实践看，政府将公共管理职能放权于准自治、半自治和自治的公共管理机构，才有可能部分甚至完全从日常公共管理中解脱出来，致力于公共政策的制定及监督执行，从“水手”的角色转换为“舵手”的角色。

表 2－2 战略管理与业务管理区别

	战略管理	业务管理
管理环境	环境复杂/不确定	环境单纯/条件确定
管理对象	系统外部/系统内部	系统内部
管理目标	确定目标及调配资源	制订计划、设立项目
管理内容	重大决策	具体业务
任务划分	围绕目标，从问题出发 设置综合任务	按学科专业划分管理职能
管理影响	长期	短期
管理手段	法律法规标准规范制度建设 协调、沟通、合作	上下级行政关系

① 国家文物局：《国家文物事业“十一五”发展规划》第三章“指导思想”部分，2006 年。

② 张康之：《论政府的非管理化——关于“新公共管理”的趋势预测》，教学与研究，2000 年第 7 期。

决策是政府的主要职能。通过决策，政府作为公共事业的组织者确定战略目标、配套资源和组织落实的过程，将政府、社会、市场各方面力量纳入总体战略，加强利益各方的沟通与合作，共同实现战略目标。

文物工作与一切机关、组织和个人相关，文物管理环境和管理影响因素十分复杂，文物工作管理需要全面协调相关利益群体、配置社会资源、制定高层综合性政策，加强决策谋划和战略管理。在这方面，文物管理工作还缺乏对文物行业在国家总体战略布局中的认识，缺乏对各级政府、社会、市场的有效协调，高层决策话语权不够，资源调配整合能力不强，亟待重视和改进。

缺乏战略管理，使文物保护与文物利用管理的协调能力差，政策的约束力不强、影响力小。如大遗址、历史文化名城名镇名村这样历史悠久、文物密集、价值重大、影响综合的活态区域型文物，如文物旅游、文物流通这样迅速增长的社会需求，仅依靠文物部门自身加强管理已很难解决复杂尖锐的目标冲突，需要从城镇化、国土利用、生态保护、产业布局、文化安全、产权制度等“五位一体”全面协调可持续的国家发展格局中寻找对策。

缺乏战略管理，致使文物行业在面对复杂多变的外部环境时，疲于应付，缺乏系统性、连续性和预见性。这正是缺乏战略定位、长期发展目标和形势评估的表现。加强宏观战略管理，关注国际、国内宏观形势和政策，关注相关行业的动态发展，关注公众和消费者的需求特点和变化，有助于采取主动性、预防性和综合性行动，摆脱被动、抢救、应急、迎合局面，摆脱急功近利的心态，立足长远，科学谋划未来发展。

缺乏战略管理，也使文物行业的高层决策和规划目标与工作措施和资源条件不配套，使目标得不到有效贯彻和落实，无法变为整个行业的行动纲领。机构、人才、管理方式等方面，都是实现战略目标的必备条件。战略目标制定得再完美，但缺乏有力、可行的保障措施也无济于事。保障措施的到位和支持系统的建设，往往是决定战略目标的实现和事业成功的关键。然而，由于保障措施和支持系统看似不如核心业务系统那么“高精尖”，体现不出专业水平，经常得不到应有的重视，在各项规划、计划和报告中往往点到即止，很少有人深究其可行性和落实责任，也很难获得与核心业务同样的精力、人力、财力投入去推动其落实。

下面以《国家文物博物馆事业发展“十二五”规划》（“规划”）为例，从战略管理的视角略加分析（表2－3）。规划的编制体现了文物行政部门抓长远、重宏观、转向目标管理的努力，以及对基础工作和能力建设紧迫性与重要性的清醒认识，因而将其置于事业发展的首要战略，具有较强的前瞻性和针对性。

表 2－3　国家文物博物馆事业发展“十二五”规划点评

项目	内容	点评
发展战略	基础优先	强调了基础工作和能力建设的紧迫性与重要性，将其置于事业发展的首要战略。但以内部工作为主，在外部关系和宏观政策支撑上，重视不够
	能力先行	
	科技支撑	
	示范引领	
约束指标	世界文化遗产和 150 处重要大遗址的保护规划编制启动率达到 100%	约束性指标体现政府在涉及公共利益领域提出的考核硬指标，是政府向社会做出的承诺。 部分指标强调立项数量和硬件建设，对实施质量和运行质量未提出要求；未明确约束指标的分解、统计、监测和公布方法，社会难以进行客观监督
	第一至六批全国重点文物保护单位的重大文物险情排除率达到 100%	
	每个地市级以上中心城市拥有 1 个功能健全的博物馆；每个少数民族的文化遗产和民族文化都能通过博物馆的形式得到全面保护、展示和研究	
	国有博物馆一级文物的建账建档率达到 100%	
	文物博物馆一级风险单位的防火、防盗设施达标率达到 100%	
保障措施	政策保障	保障措施部分考虑较为全面。但过于笼统，对约束性指标和预期性指标实现所需的相关政策、法规、机构队伍、科学技术和经费需求未做分析和测算，也未明确对应的落实部门和时间表
	法制保障	
	体制机制保障	
	人才保障	
	科技保障	
	经费保障	

问题是在部分发展指标设定上仍以硬件建设和立项数量为主，而未对体现运行质量、实施质量等能力建设以及公共服务、社会贡献等社会效益方面指标提出要求。特别是约束指标未明确相应的分解、统计、监测和公布方法，很难让社会进行客观监督。

在保障措施方面也过于简单和笼统，对规划实施所需的相关政策、法规、机构队伍、科学技术和经费保障没有分析和测算，也没有明确各项保障措施的责任部门和落实计划。同时，整个规划过于侧重系统内部的工作安排，对如何协调国家其他相关领域的“十二五”规划没有涉及。这样在规划实施中，很可能因为与其他领域的目标冲突，或因为保障措施的不配套、不到位，使规划战略目标无法得到真正落实，也很容易将责任推托到外部体制原因或自身基础薄弱这些看似“虚”和“软”的因素上，使之成为工作问题的借口，而永远得不到应有的重视。

（二）文物利用管理严重薄弱

文物利用是文物工作两大根本任务之一。文物利用不仅仅是文物保护工作的延伸，它要求文物工作者实现身份转变，对文物管理提出重大挑战。

1. 文物利用的特点

文物利用，即发挥文物“服务于当前的实用功能”。[①] 充分发挥文物的科学研究功能、社会实用功能和审美功能，[②] 早已是政府和专业人士之共识。[③] 以文物为核心的旅游、休闲、创意、收藏等消费需求随着收入水平的提高和科学技术的发展也在不断升级。然而，由于文物利用在本质上涉及当代公众权益与后代公众权益权衡的深层问题，在国际社会存在着激烈的争论。

在我国，文物利用问题更为复杂、矛盾更为尖锐，因处置不当而造成的文物损失也更为严重。随着我国经济高速发展进入中等收入国家，而文物利

---

① 国际古迹遗址理事会中国国家委员会：《关于〈中国文物古迹保护准则〉若干重要问题的阐述》，第4.1款，2002年。

② 国际古迹遗址理事会中国国家委员会：《关于〈中国文物古迹保护准则〉若干重要问题的阐述》，第4.2款，2002年。其中社会实用的功能指文物古迹可以成为以下场所：“1. 重大事件和重要人物的纪念场所；2. 历史、艺术、科学等知识的教育场所；3. 以历史文化为主题的观光场所；4. 为身心健康活动的休闲场所；5. 传统的民俗和延续的宗教场所。”审美的功能指：“1. 通过文物古迹特有的艺术环境的熏陶，培育公众高尚的情感和兴致；2. 通过对文物古迹的欣赏、分析，提高公众的艺术鉴赏水平；3. 通过对文物古迹的观摩、领悟，丰富艺术家创作的题材和技法。”

③ 1961年国务院颁布的《文物保护管理暂行条例》、1982年《中华人民共和国文物保护法》、1987年《国务院关于进一步加强文物工作的通知》等法规和官方文件均鼓励发挥文物在教育、科学研究、提高文化素养、参观游览、发展旅游事业、促进国际交流方面的积极作用。

用管理却长期未纳入文物工作的重点，严重滞后于快速变化的经济社会形势。如果说文物利用是文物工作的两大根本任务之一，那么正确认识文物利用工作的性质，意味着文物工作必须进入全新阶段。因为，文物利用工作的整个工作环节与单纯的文物保护既有共性，又有着本质性的差别（表2－4）。

表2－4 文物保护与文物利用的主要区别

方面	文物保护	文物利用
目标	以物为本	以物为本基础上的以人为本
对象	文物内在价值	文物当代功能
驱动力	供给驱动	需求驱动
性质	公益性	公益性 实用性
利益取向	长期	长期与短期
范围	无条件全面保护	有条件部分利用
基本原则	真实性/完整性	真实性/完整性 功能性/观赏性 财务可行性
相关利益群体	政府 文物行政管理部门 文物保护专业人士 文物所在地居民 社会力量 当代公众与后代公众	政府 文物行政管理部门 文物保护专业人士 当地居民 社会力量 产业群体 当代消费群体
竞争程度	垄断	有条件竞争
资金来源	以财政资金为主	社会资金 财政资金
业务模式	公共部门管理 项目制（技术服务协议）	公共部门自营 公共部门购买服务 特许经营权转让 合营、出租、承包

续表

方面	文物保护	文物利用
投入形式	预算管理 财政拨款	政府财政补助、公共服务购买 国有资本（国有文物产权、现金、土地） 企业股本（现金、设施） 社会募股（上市公司） 基金（国有、社会、企业、混合）
收入分配	预算管理 上缴财政	上缴财政 收益分配
相关学科	历史学 考古学/人类学 博物馆学 文物保护技术	文物相关学科 管理学、社会学、经济学 市场营销 传播/媒体
报告制度	内部业务总结	向社会公开报告社会效益与经济效益

文物利用工作在目标、原则、范围、内容、模式、资金运作、竞争环境和学科支撑等等方面，有着更为复杂的要求。其复杂性，在于必须在协调多元利益诉求和调动各方社会资源的博弈中坚持文物的公益属性，因而对文物管理工作提出更为严峻的挑战。

面对复杂的文物利用形势，文物管理工作应实现三大根本转变，即从以物为本向（以物为基础的）以人为本转变，从文物价值管理向（以文物价值为基础的）文物资产管理转变，从供给导向的文物展示工程建设向需求导向的文物服务体系建设转变。

2. 树立以人为本的文物工作目标

文物是公共资源，文物事业是公益事业。推动文物利用工作的正常开展，不仅不会动摇这一根本性质，而且有助于深化对文物公益属性的认识。

文物的公益属性在于代际公平责任。无论文物产权如何，它蕴含的历史艺术科学价值和精神情感寄托是全民族和公众的共同财富，关系到当代和后世公众的共同利益。利用文物首先应当确保全体公众的共同利益不受损害，文物的所有者、占有者、使用者、管理者和消费者，都应当承担对全体当代公众和后世公众的文物保护责任，在其行为受到一定限制的同时，也应当受到相应的褒奖和补偿。文物的公益属性，还在于公众是文物真正的主人。保证公众更加深入、更加全面和更为充分地享用文物，是当代公众和后世公众的权利。保护和利用文物的目标和受益者都是公众，以人为本是正确处理文物保护、利用和传承关系的核心理念，是文物工作的根本目标。近年来，政府各级领导已日益强调文物工作应“以人为本，服务群众”、[①] 文物价值应“为当代所共享，为后代所传承”。[②] 这一理念，应进一步体现在文物保护法规的最高立法精神[③]中，落实到各级文物行政部门的工作职责中。[④]

3. 建立文物产权管理制度是加强文物利用管理的关键

文物利用不仅涉及文物价值管理，还涉及文物实物管理，不仅涉及投入管理，还涉及效益管理。文物的资产管理问题不可回避。文物属于文化财产，[⑤] 是现代国际社会受到特殊保护的人类财富。专业化的文物保护活动，应该建立在清晰、健全的产权制度基础之上。而在我国，国有文物和集体文物产权管理制度缺失。总体而言，新中国成立以来形成了以生产资料全民所有、以行政计划管理替代资产管理的产权制度，改革开放后在建立社会主义市场经济体制过程中，各类经营性国有资产，如国有企业资产和国有可开发自然资源（如土地、矿产资源）随之引入市场机制，而文物这类公益性资源的产权管理却处于原有计划体制与现有市场机制的真空区中，面临着保护困境和利用难题。

文物利用其实是将文物资源资产化的过程，即通过资本投入和运营成本

---

① 李长春：《保护发展文化遗产　建设共有精神家园》，《人民日报》2010 年 6 月 12 日，第 5 版。

② 励小捷：《保护与利用：文化遗产事业永恒的主题——在 2013 年中国文化遗产保护无锡论坛上的讲话》，2013 年 4 月 10 日。

③ 目前《中华人民共和国文物保护法》的立法目标为：“加强对文物的保护，继承中华民族优秀的历史文化遗产，促进科学研究工作，进行爱国主义和革命传统教育，建设社会主义精神文明和物质文明。”对当代公众和后代公众普遍享用文物的权利未予明确。

④ 例如，在国家文物局的职责中，没有明确文物利用和公众服务方面的职责。

⑤ 联合国教科文组织的一系列公约，如《武装冲突下保护文化财产公约》（1954）、《关于禁止和防止非法进出口文化财产和非法转让其所有权方法的公约》（1970），以及日本《文化财保护法》（1950），台湾地区《文化资产保存法》（1982），意大利《文化与景观遗产法典》（2004，该法分为文化财产和景观资产两大主要部分——作者注），等等，均是建立在文物产权基础上的保护和利用制度。

投入，形成文物产品或文物服务，在创造社会效益的同时也创造着经济效益。无论是建设博物馆展示文物藏品，还是开放文物保护单位接待参观，都是将文物资源的内在功能转化为可以带来现实社会效益和经济效益的资产。文物产权管理制度，是在文物价值认定和保护的基础上，明确和落实文物所有权、占有权、使用权、收益权和处置权的相应主体身份、权利内容、责任要求和程序规范的制度。我们看到，我国现有文物利用的种种矛盾焦点恰恰源于文物产权管理制度缺失，特别是国有文物产权管理制度的真空所引起的种种“擅自改变文物保护单位管理体制”[①] 现象，源于国有文物利用资产化过程中各个环节引进社会资金、运用市场机制、采取企业模式等所引发的争论，而并不在于是否应该发挥文物作用满足当代需求的问题。

我国现行的国有财产管理体制中，国有文物产权管理制度几乎为空白。目前我国的国有资产管理范畴以自然资源、[②] 国家机关和事业单位资产，以及国有企业资产管理为主。其中土地所有权和使用权的登记管理与其上附着的不可移动文物所有权信息基本脱节，国家机构、事业单位和国有企业的资产管理的范围也仅包括新置资产，其占有、使用和保管的国有文物（包括历史建筑、设施、遗址等不可移动文物和藏品、古籍等可移动文物）并不反映在其产权登记证书或固定资产报表中。文物资产作为最为珍贵而特殊的国有资产，既无法定产权登记制度，也未明确监管责任机关，连家底都难以摸清，遑论有效保护和合理利用！在国有文物经营活动中，将国有文物转让给企业作为资产经营等直接或间接违法现象并不鲜见，更有大量地方政府以管委会的形式开发文物景区，或将文物划归旅游、宗教、园林等部门经营，或将文物参观收费业务（而不是文物本身）委托企业经营等现象，使国有文物利用几乎处于监管的盲区，一方面国有文物所有权地区化、部门化、单位化，文物景区门票持续垄断性暴涨饱受质疑，另一方面有的地方政府积极投入巨额资金打造假文物、破坏真文物，却在文物日常养护巡视和公共服务教育方面捉襟见肘。文物资源的商业滥用和公共服务不足，其中原因很多，但与相关国有文物产权制度不健全有直接关系。确立国有文物的产权制度，是落实相应责任人公共服务职责的法律基础，是坚持文物利用公益性方向的法律基础，

---

① 文化部、国家文物局：《关于禁止擅自改变文物保护单位管理体制的通知》（文物发［2001］24 号），2001 年。

② 自然资源主要包括土地资源、矿产资源、水资源、森林资源等。

也是规范和激励社会力量参与文物利用工作的法律基础。

文物产权管理制度的缺失，一方面使国有文物和集体所有文物遭受随意处置而大量破坏和流失；另一方面，社会力量参与文物利用的权利得不到法律保障或是鼓励政策的支持，文物利用因缺乏资金和技术投入而长期处于低劣水平。回避这些问题而“因噎废食”，造成文物利用管理处于“政策真空”，如同在开放的道路上行驶，却不设置交通信号灯和道路指示牌，其混乱状况可想而知，其结果就是创新改革者饱受非议不敢提速，而利欲熏心者恣意妄为横冲直撞，最终造成文物的损失或者损毁。因而，在国家加速完善现代产权宏观管理体制的进程中，必须重视文物产权这一特殊类型产权管理制度的建立，确保社会公共利益受到有效保护，确保文物利用走上健康发展的轨道。

4. 确立需求导向的文物利用管理体系是提升文物利用效益的关键

文物利用的需求导向，首先应保障在不损害文物价值的前提下满足当代公众的享用需求，保证代内公平。传统的文物工作对象是文物，文物工作者习惯于以管理者的身份和专家的身份单方面决定文物的用途。以人为本的文物利用，或许对文物工作者的身份提出了根本性的挑战。应该承认并且尊重公众对文物天然的享用权力，而且应该认识到并且尊重公众具有自主选择的能力。这种权力不因不同人群的收入水平、教育背景、职业身份等条件差异而受到区别对待。

文物利用的需求导向，涉及文物利用管理的决策和评价机制。不同人群的知识背景、兴趣偏好、情感欲望、收入水平不同，会选择不同的文物产品，以实际行动表达着对文物产品的喜好，对文物服务质量的评判。这实际上会改变文物利用管理的整个决策和评价机制。例如，各类文物展示旅游宣传教育的项目，诸如国家考古遗址公园和博物馆建设，到底应该以各级政府的意志为主导，还是应该以公众需求为主导？现在仍有很多项目从立项，到定位策划，从资金筹集和运营管理，对文物自身展示条件和藏品特点的利用适用性和运营可行性考虑少，对出政绩、出形象、争取国家经费的考虑多，部分项目建成后观众稀少，持续运营出现问题。

文物利用的需求导向并不意味着简单迎合。建立需求导向的文物利用管理体系，有助于促进文物利用的可持续性。只有开展深入细致的文物利用需求分析，认识不同用户群对历史教育、文物旅游、文物休闲、文物收藏等文物利用需求，认识文物利用区别于自然风景旅游、文化休闲、现代收藏、健身娱乐等其他文化消费的特点，提供富有自身特色的文物利用产品和服务，才能建立树立良好的品牌形象，才能避免简单迎合少数人的低级趣味，找到真正符合文物自身价值和特点的使用方式和目标用户，实现文物保护与文物利用的相互促进。

文物利用的需求导向，是延长文物利用产业链、营建文物利用服务体系的基础。建立需求导向的文物利用管理体系，结合深入细致的文物利用需求分析，才能针对多元、多层的文物利用细分用户群，提供丰富多样的文物利用产品和服务，培育和调动全社会各行各业参与文物利用事业的主动性、创造性和高效性，延长和扩展文物利用的产业链和生长空间，形成健全、活跃的文物利用社会服务体系和市场产业体系。

5. 建立完善的文物利用管理体系，需要配套的政策支持

建立文物产权管理和需求导向的文物利用管理体系，不仅需要转变工作理念，完善法律法规制度，更需要人才和经费等配套政策的支持。长期以来形成的以文物保护专业工作为主的文物行业人才队伍结构和经费支出结构，已经不能适应新的文物利用管理体系建设的需求，甚至成为制约文物利用有效管理的重要因素。

目前文物行业人才队伍结构和激励机制，需要围绕文物利用管理转型的要求进行调整。传统的文物行业人才队伍，知识背景以考古、历史等文物基础研究以及自然科学、工程技术等文物本体保护学科为主，在宏观管理上缺乏文物利用管理所需的复合型管理、法律等方面的人才，在专业工作上缺乏社会学、经营管理、策划营销、传播教育等方面的人才。激励机制是人力资源管理最重要的手段。传统文物行业的文物人才评价指标乃至文物专业机构的评价指标以身份等级、学术成果、硬件设施为主，对管理水平、展示效果、观众满意程度、成本效益等与文物利用后续环节相关方面重视和考核不足，使文物工作者缺乏应有的动力积极主动地面向社会、面向公众去学习适应和积极开展文物利用工作。

目前文物经费制度中，特别是中央财政文物经费制度，也应进一步重视根据文物利用管理的需求特点进行调整。文物利用涉及的文物资源资产化过程环节多、产业链长，专业技术成本和人力成本投入高，运营回收周期长，而其全部收益因包含社会效益等非市场因素而难以测算。从世界各国的实践经验来看，政府资金的全程支持是保证和引导文物保护和利用可持续发展的主渠道。

然而目前的中央财政资金在文物利用方面补助性投入远远低于文物保护方面的补助，即使在有限的文物利用展示投入中，也仍侧重于文物展示工程硬件设施的初期投入，对文物利用管理关键的产权制度建设、文物利用运营整个周期的投入，以及适应需求导向的能力建设投入严重不足。放眼国际以及国内其他公益性行业，公共政府财政经费的投入方向已经日益多元化，更加注重对公益性行业全产业链各个环节的资金支持，以提高资金使用效益，全方位引导和激励公益性目标的实现，如美国国会设立“土地和水域保护基金”专门用于征收土地以“满足当代和未来的户外休闲需求，满足美国人民的需要”①，我国中央财政专项经费也主要用于地方公益生态林看护的劳务购买②。然而在文物行业，目前除文物本体保护展示工程可以获得来自中央财政的补助外，基本完全依赖地方政府财政资金征收文物（土地），开展文物利用运营技术服务、文物利用活动组织、文物利用市场研究等，使一些经济欠发达而文物资源丰富地区的文物利用事业和产业难以得到健康培育，只能过度攫取文物资源追求政绩或短期商业利益。有些专项经费的设置则诱导一些地方政府重文物利用硬件建设，轻文物利用服务和运营效率，而对于中央财政一般性转移支付经费中，哪些文物利用内容应纳入政府公共服务范畴以及相关服务质量要求也缺乏相关政策建议。

“十一五”以来中央财政设立大遗址保护专项经费，在注重大遗址本体抢救保护的同时，特别强调大遗址的展示利用，已投入数十亿元重点支持大遗址的保护展示利用设施建设，极大地推动了部分地方大遗址区域环境整治和公众认知。但迅速增长的大遗址保护展示经费也一定程度诱发各地考古遗址公园建设的“大跃进”，不管遗址本身是否具备观赏性，不管区域内是否已有类似性质的公园，不管遗址所在区域是否偏远，也不管遗址展示特点和要求，纷纷争取上项目、建大馆，唯恐不能从庞大的中央经费中分得一杯羹，使有些考古遗址公园因高额投入带来巨额运营成本负担，

---

① 1965 年，美国颁布《土地和水域保护基金法案》（Land and Water Cnservation Fund Act，LWCF Act），LWCF 成为美国国家公园管理局（NPS）等联邦机构为有效保障文物管理和公众休闲利益而征收土地和水域产权的主要资金来源。自美国金融危机以来，虽然 NPS 预算每年减少，但用于国家公园内外历史古迹土地征收的 LWCF 拨款却持续上升，以支持美国总统发起的“美国的美妙户外”计划（America's Great Outdoors Initiative）。http：//www. nps. gov。

② 参见财政部：《中央财政森林生态效益补偿基金管理办法》（财农［2007］7 号）。

从而或不能提供正常游客服务，或不得不引进商业合作模式维持后期运营，使遗址历史风貌受到损害，对考古遗址公园的品牌形象树立产生了负面影响。这与相关经费设计尚未摆脱文物抢救保护窠臼、尚不适应文物利用需求不无关系。如何通过中央文物工作经费的设计，在投入方向上可以向前延伸至文物产权征收，向后可以延伸至公共服务购买，引导和培育多元化、均衡、健康的大遗址综合利用链条，需要借鉴其他国家和其他行业的经验进行深入思考。

推动文物利用适度、规范、健康的发展，是一项系统工程，既离不开国家体制改革的顶层设计，也离不开文物行政管理的职能转变；既离不开社会公众的支持参与监督，也离不开文物工作者的敬业开放服务。文物管理工作应该做好充分准备，着手实施理念、制度、政策等方面的重大转变。

（三）资源分配倒置，机构建设和人才队伍不匹配

1. 地方文物行政机构建设严重失衡

中国是文物大国，不仅数量巨大，分布环境和保护利用情况也十分复杂，文物行政管理和专业工作任务繁重而艰巨。然而，由于种种原因，作为各级政府负责文物工作的主管部门，文物行政部门的机构建设尚不健全，在历次机构改革中常被作为调减单位，编制人员极不稳定。

根据全国人大常委会关于《中华人民共和国文物保护法》实施情况报告和国家文物局2012年组织的文物博物馆人才队伍建设重点调研，全国县级及县级以上政府设立专门文物行政部门（包括单设或挂牌的文物行政部门，见表2－5）仅有四分之一左右，全国文物行政管理人员平均每县不足3人。

由上表可见，文物行政机构建置的残缺，特别是在广大基层地区的空白、缺位现象已经到了极为严重的程度，国家文物政策法规、文物行政管理、文物执法安全、文物保护宣传教育工作很难在广大基层地区得到有效贯彻、落实和执行，文物破坏恣意妄为、屡禁不止，国家文物政策法治的权威性以及文物的安全受到极大挑战和威胁。

文物是关乎民族历史和子孙后代发展权利的公共资源，文物保护是政府公共职责中的必然构成部分。文物行政机构建设成为我国政府公共服务体系建设的短板，亟须引起中央政府的高度重视。文物行政机构非但不能继续成为精简政府机构的牺牲品，而且需要大力予以加强和完善。

表 2－5　全国各地区文物行政部门建设情况①

	省级		地市		县		合计	
	数量	百分比	数量	百分比	数量	百分比	数量	百分比
全国地区总数	31		333		2853		3217	
单设文物局	18	58.1%	78	23.4%	249	8.7%	345	10.7%
文物与文/广/新/旅等部门合署办公（挂文物局牌子）	13	41.9%	112	33.6%	365	12.8%	490	15.2%
无文物局，仅在文/广/新/旅等部门内设科（室）			121	36.3%	816	28.6%	937	29.1%
既无文物局又未在文/广/新/旅等部门内设文物科（室）			22	6.6%	1423	49.9%	1445	44.9%
其中：文物行政职责由文管所或博物馆代行			22	6.6%	1129	39.6%	1151	35.8%
文物行政职责无人问津					294	10.3%	294	9.1%

2. 基层文物保管机构任务重、条件差

文物保管机构是指文物系统内各级各类不可移动文物和可移动文物保管和收藏单位，主要包括各级文物保管所和博物馆。其中县（市/区）级文物保管机构情况较为复杂，有少量具有行政管理职能的文物局、文物保护管理委员会办公室，大部分是事业单位性质的文管所和博物馆，还有部分博物馆和文管所合二为一的机构，有些县（区、市）甚至由文化馆代管，没有设立专门文物保管机构。②

县市级及以下基层文物机构能力建设，关系着文物事业发展的根基。在我国现行的“属地管理、分级负责”文物保护体制中，县级文物保管机

① 根据国家文物局《关于文物博物馆人才队伍建设的调研报告》（2012 年，内部资料资料）整理。

② 本节中，部分资料参考国家文物局 2010 年委托中国文物报社开展的“县级文管所建设工程十二五规划调研”成果。

构承担着文物保护和管理的众多基础性、事务性工作。从机构数量上看，县级文物保管单位占全国文物机构总数的74.4%。从从业人员数量看，县级文物保管机构从业人员占全国文物机构从业人员的48.1%。从文物资源保管数量看，县级文物保管机构保管不可移动文物数量占全国不可移动文物总数的90%以上，[①] 保管藏品数量占全国总藏品数的19.9%（表2－6）。从文物保护管理职责看，由于目前绝大多数县（市/区）没有设置文物局，因此县级文物保管机构基本上承担起了县级文物行政事务管理、不可移动文物安全巡查、馆藏文物保护、文物保护宣传等诸多工作，是我国文物保护管理体制中最基础、最重要的主力军。文物工作的基本盘或者根本，在县而不在别处。

表2－6　各级文物机构基本情况统计[②]

	中央	省	地市	县	合计	县级比例
机构数量（个）	9	222	1083	4316	5630	76.70%
藏品数量（万件）	251	1317.0	726.7	569.4	2864.20	19.90%
不可移动文物数量（处）	2352	14128	77934	672308	766722	87.70%
从业人员数量（人）	2402	16031	30660	45499	94592	48.10%
其中：高级职称人数	410	1900	2081	1188	5579	21.30%
机构平均职工人数	267	72	28	11		
机构平均高级职称人数	45.6	8.6	1.9	0.3		

作为整个国家文物工作专业机构中最基层的单元，县级文物机构还承担着国家文物方针政策的转化和落实，也就是在对国家公共政策的正确认知、理解、接受、整合、协调基础上，要将中央和上级公共政策分解为各项具体

① 在表2－6的不可移动文物数量统计中，中央、省、市对应的不可移动文物数量为全国重点文物保护单位、省级文物保护单位数量和市县级文物保护单位数量（省和市县级文物保护单位数量来源：国家文物局《2010年全国文物业统计资料》），县对应的不可移动文物数量为全国第三次文物普查总数扣除上述各级文物保护单位数量。在实际工作中，很大部分各级文物保护单位是由县级文管所管理，因此县级文物机构保管的不可移动文物数量应高于表中87.8%的比例。仅按50%的比例保守估计县级文管所管理的各级文物保护单位数量，上述比例即将高达93.8%。

② 数据来源：根据国家文物局办公室编《文物业统计资料（2011年）》数据整理。

的政策，化为各种可供直接施行的措施和办法。可以说，县级文物保管机构的发展关系我国文物保护与管理水平的提高，关系文物事业建设的成败，关系中国文物事业未来的长远发展。

然而，我们面临的现实是，基层文物机构建设工作“积贫积弱”，极不均衡。这体现在现行《中华人民共和国文物保护法》中，未对文物机构的性质和职责加以明确，而仅在“不可移动文物”和“馆藏文物”中附带提及。另外，对于文管所和博物馆两大同等重要的文博机构存在着制度上的严重不均衡。在文物相关法规和规章中，已经形成了一系列博物馆管理制度，在文物管理所管理制度方面却几乎空白（表2－7）。

表2－7　文物机构相关法律法规

	文管所	博物馆
文物保护法	无统一概念，只在第三章“不可移动文物”中第十五条规定各地“应区别情况分别设置专门机构”负责管理各级文物保护单位，在第二十三条中规定“核定为文物保护单位的属于国家所有的纪念建筑物或者古建筑”，“可以建立博物馆、保管所或者辟为参观游览场所”	在第三章“不可移动文物”第二十三条中规定“核定为文物保护单位的属于国家所有的纪念建筑物或者古建筑”，“可以建立博物馆、保管所或者辟为参观游览场所” 在第四章“馆藏文物”中第三十六条明确提及博物馆作为“文物收藏单位”
行政法规	无	无
部门规章	无	《博物馆管理办法》
规范性文件	无	《全国博物馆评估办法》（试行） 《文物系统博物馆风险等级和安全防护级别的规定》 《博物馆评估暂行标准》
国家标准	无	《博物馆照明设计规范》 《博物馆讲解员资质划分》

文管所，特别是县级文管所，直接管理着全国70余万处不可移动文物中的绝大部分，其职责之重要没有任何机构可以替代，却在相关文物法律法规

中没有任何体现，这是令人震惊的。

相比之下，博物馆的机构管理制度已得到重视，颁布了若干部门规章、规范性文件和国家标准。但是应该引起注意的是，在目前的博物馆评估定级制度中，对硬件条件提出一定的门槛，对于博物馆这样的公益性公共机构而言，既无法体现国家公共服务建设均等化的目标，也不利于鼓励和扶持基层博物馆的工作。

在不尽完善的文物法规制度框架下，加之地方政府重视程度的不同、地区经济发展差异和文物资源的区域分布差异等各种因素的综合影响，各地县级文物机构建设呈现出很大的区域发展不平衡性。很多地区基层文物机构人员、经费、设施设备条件严重匮乏，文物工作开展举步维艰，文物保护职责难以有效履行。众多基层文物保管机构工作的艰辛在此难以详述，仅从表2－6的总体统计数字中就可看出，在文物资源保管职责划分上，大量可移动文物、特别是优质馆藏文物资源集中于中央和省级文物机构（近80%的县级文物保管机构仅拥有不到20%的文物藏品，平均文物藏品数量仅为中央和省级文物保管机构的5‰和2%），县级文物保管机构却因缺乏这些资源而难以充分发挥基层文物机构对地方文化和社会建设的积极作用。另一方面，县级文物保管机构却承担着绝大多数不可移动文物的保管责任，既有高级别文物保护单位，更多的是低级别的文物保护单位和文物点，文物保护的任务更为艰巨。面临繁重文物保护任务的同时，县级文物保管机构的人员队伍却严重薄弱，工作任务压力与相应基本条件严重失衡。

由于基层文物保管机构难以有效履行职能，大量重要的遗址、墓葬在城乡建设开发中被破坏，得不到及时科学清理和保护，一些地方古墓葬群盗掘猖獗，文物藏品保存条件简陋，藏品登记管理工作欠缺，被盗、自盗现象时有发生。受到严重影响的不仅仅是文物安全工作，作为文物专业的一线队伍，基层文物保管机构的业务工作并未得到各级文物主管部门的系统指导和考核，基层文物工作者常年疲于应付各种临时安排的任务，缺乏主动性和计划性，提供的数据资料信息很难保证质量，无法有效支撑文物保护的各方面管理和决策工作。

3. 人力资源管理机制僵化，人才队伍结构适应性不强

文物业长期存在专业人才极其匮乏，素质相对偏低，知识结构不合理的问题，在文物事业迅猛发展的形势下其矛盾尤显突出。文物事业经费快速增长、文物工作业务量急剧上升的强烈需求，却几乎无法刺激文物业人才队伍的供给产生反应性扩张和调整，说明文物业人力资源管理的机制已经严重僵

化。这既有传统事业单位人事管理体制积重难返的普遍原因，也有文物业在人力资源上缺乏战略管理的原因。人力资源管理不仅仅是人事部门的工作，需要从业务流程、财务、标准化等多方面政策进行综合规划和管理。目前文物专业人才队伍缺乏需求预测分析、人才合理配置方法、人才开发和激励政策等基础性研究。应该根据什么标准测算文物专业人才的需求？哪些专业人才属于公共服务体系内的基本保障？哪些人才可以通过市场激励机制吸引和管理？专业资质属于行政管理还是可以下放由社会团体管理？制定哪些文物专业定额和标准既可以保证文物专业活动的执业水准同时又可以反映文物专业人员的专业技能和经验投入？不能以科学的方法和可操作的政策措施回答这些问题，就很难解决人才队伍薄弱的矛盾。

目前文物业人才队伍的知识结构也不能完全适应新形势下文物工作的转型。文物行政部门的宏观管理职能转型、文物利用的产权管理和客户管理、社会参与和公众沟通，都对文物业人才队伍的知识结构提出多元化要求。目前特别缺乏文物宏观管理、法律、金融、文物鉴定、展览策划、社会教育、文化传播、信息技术等方面的复合型人才，以及文物保护与修复技师、考古技师等专业技术工人类型的人才。

（四）管理方式粗放，基础工作薄弱

管理方式体现着管理理念。在国际和国内公共管理领域，已展开广泛讨论和践行的问责制（accountability），在我国文物系统还处在萌芽状态。由于缺乏内部和外部的监督制约机构，使文物管理方式一直较为粗放，文物管理工作在制度化、规范化和目标导向方面，还不能适应新形势下文物工作发展的需要。

所谓问责，指受托人有义务向委托人报告、说明其受托职责的履行效果并承担的相应责任。公共管理领域内的问责制思想体现出行政职能的深刻转变，首先是公共管理者身份的转变，由传统的公众管理者身份，转变为受公众委托管理公共事务的问责对象；其次是公共事务管理机制的转变，即由具体事务管理转变为目标和结果监督控制，即在加强内部工作过程和工作结果监督控制的基础上，接受外部对工作过程和工作结果的监督控制；另外是对消耗资源的关注，既履行受托责任、实现既定目标所投入的人力成本和财务成本应具合理性，强调竞争机制的引进，提高公共管理效率，节约公共资源。

文物管理工作是典型的公共管理事业。随着市场经济体制的日渐完善，随着政府以转变职能为核心的改革的深化，随着我国公众文化需求的快速增长，随着文物事业与经济社会发展的日益融合，文物管理方式的改革势在必行。清晰界定和认真履行文物工作职责，合理调配和管理人力资源和财务资源，及时评估和公开报告工作绩效，加强与各级政府、社会和公众的沟通，都需要文物法律法规和标准化工作的健全，需要文物信息和档案建设的加强。应该承认，文物管理在这方面还没有做好充分准备。

1. 文物法律法规有待完善

文物法律法规和标准体系，是明确文物工作参与各个方面责任、权利、规则和规范的制度体系，是文物管理工作有序、高效开展的基础和保障。目前我国已经形成以《中华人民共和国文物保护法》为核心的文物保护法律体系。这些法律法规为文物工作提供了强大的法制保障，极大地促进了文物事业的发展。尽管如此，现行的法律法规体系还有诸多不足，需要逐步完善。

目前我国文化领域立法状况已相对落后，存在数量少、层级低和覆盖面窄的情况。[①] 其中文物领域的立法状况在文化领域中的数量和级别又更为薄弱，总量不及文化领域法规的9%（表2－8）。

表2－8　文物领域与文化领域法规比较

	文化领域	占国家总量%	文物领域[②]	占文化领域%
法律	5	2.0%	1	20.0%
行政法规	33	4.7%	4	12.1%
部门规章	119	1.8%	9	7.6%

《文物保护法》颁布实施30余年来，一方面为文物保护工作和文物事业发展提供了强有力的法制保障，另一方面也与经济社会发展和文物工作实践不相适应，主体表现在：

文物的概念和范畴需要进一步明晰，文物认定的标准和办法需要进一步完善。地方政府重视不够，法律责任难以落实。对不可移动文物保护的规定不够完善。不可移动文物修缮管理与实际情况不尽切合。文物利用缺乏制度规范。考古发掘管理制度需要调整。文物市场管理有待规范。文物安全制度尚不健全。法律责任轻，处罚力度弱。相关法律之间存在不衔接、不协调等问题。

① 2013年6月20日国家文物局召开《文物保护法》修订座谈会，董保华副局长通报中共中央宣传部长刘奇葆5月9日在部际联席会议上关于文化立法工作的讲话要点。

② 详见本书附录Ⅰ。

2. 文物标准体系亟待建立

文物保护标准化建设从2006年全国文物保护标准化技术委员会（SAC/TC289以下简称“文标委”）成立开始，短短的几年中，从无到有，迅速发展。迄今已有6项国家标准，47项行业标准发布实施，在文物博物馆行业规范管理和行业能力建设方面发挥着技术支撑和保障作用。但是，由于起步较晚、基础薄弱等原因，我国的文物保护行业标准化建设工作还比较滞后。

由于文物工作的特殊性，业内存在一些模糊认识，如普遍存在的关于文物的“唯一性”和标准的“统一性”的诸多观点，尤其是将文物的“唯一性”和标准的“统一性”对立起来。实际上每个文物个体是独特的、“唯一的”，而标准化是对我们现在和未来一段时间的文物活动要求“统一性”。标准化活动有自身的规律，从制订标准化规划与计划，到标准的制定、修订、贯彻执行、效果评估、信息反馈等活动是一个完整的过程。并且，这个过程不是一次就完结了，而是一个不断循环、螺旋式上升的运动过程。

文物标准化基础理论研究十分薄弱。文物标准化理论研究是以文物基础理论和文物学科建设为基础的，文物标准体系的依存主体是文物体系和文物活动体系。众所周知，文物学作为现代科学意义上的一个独立学科尚未最终形成。文物行业的复杂性以及文物知识体系的社会科学和自然科学交叉使得文物基础理论研究进展缓慢。并且，文物是一个开放体系，随着时间的推移，文物的种类会不断增加，围绕文物开展的文物活动体系也在不断增添新的内容。自文物保护标准化工作开展以来所进行的基础研究课题举步维艰。其中，文物术语课题研究发现文物领域的许多概念不够清晰或不够严谨，在术语的界定方面存在着同其他行业、学科交叉交融的情况，目前尚不能构成完整的概念体系。文物标准体系研究课题在2009年、2012年曾两次立项分别进行了有益的探索和尝试，由于文物学科建设滞后加大了难度，甚至对文物保护行业标准归口管理范围确定的“不可移动文物，可移动文物，文物调查与考古发掘，博物馆，文物保护、博物馆信息化及信息建设”等五个方面作为管理划分还是专业领域划分尚有争议，而且组织机构体系和文物活动体系相互交叉使文物行业的专业划分遇到相当的困难，最终形成目的明确、全面成套、层次适当、划分清楚的文物保护标准体系还有待时日。

文物标准体制机制问题导致文物标准推行不力。文物保护标准化工作由政府出资立项，“行政驱动，计划引导”，政府行政主管部门对文物标准化工作一管到底，难免出现不符合标准化自身科学规律的现象。标准制定过程不够开放，缺乏行业内的广泛协商和充分协调，以及多行业的广泛参与；存在回避不同意见现象；标准一经发布，编制等相关人员工作即告结束，不重视后期验证和应用反馈；标准实施手段单一，仅依靠政府行政权力强势推行。

3. 信息建设和文物建档工作尚需加强

文物行业存在高度信息不对称，决定它是一个具有极高专业技能和经验门槛的行业。文物保护行业长期以来培养和锻炼了一支事业心强、专业知识和经验丰富的行业队伍，积淀了深厚的文物保护专业知识和经验，成为文物行业的核心优势，是社会其他力量进入文物行业的主要门槛。

同样由于信息不对称，使得外界缺乏对文物行业的了解，在政策支持力度和社会参与积极性上受到一定影响。财政资金是文物保护的主要投入渠道，如果缺乏各地、各类文物损毁状况和风险程度数据，缺乏文物抢救与养护技术措施规范，缺乏文物修缮效果和安全评估体系，缺乏文物修缮与修复专业工作定额与资金概算规范，难以有效争取国家对文物保护专业机构人员编制和财政资金的更大支持。

也同样由于信息不对称，文物保护专业技术门槛较高，使文物行业自身竞争环境不足，依靠外力加强自身能力建设、提高自身活力的动力不足。此外，由于信息不对称，信息分散在参与每项文物工作的个人意识中，使行业内部的信息收集、整理与积累工作也难以推进，专家个人的经验难以行业化、科学化、标本化，后期调研工作资料重复收集的成本极高、效率极低，在不完全信息基础上决策质量大受影响。

无论从文物行业的特点，还是从当今公共管理问责制的趋势，无论是从改革开放后中国政府对决策科学化、民主化的强调，还是从信息时代对大数据管理的需求，都对文物行业的信息数据管理工作提出挑战。目前文物行业的信息档案工作尚缺乏统一的管理和汇总机构，[①] 缺乏统筹规划、协调和资金支持，缺乏完整、及时的汇总、整理、分析和报告。不同的部门和人员掌握着不同的资料和数据，规划、设计、立项、经费分配、经费使用和实施进展情况的资料数据分散在不同机构和不同部门，文物普查、四有档案、考古资料、维修工作、调研资料、科研资料和成果等各类、各方面的资料和数据

① 国外很多文物行政部委都下设专门的信息档案厅局，如意大利文化遗产与活动部即下设档案总司，在文化遗产与环境地方局还下设有档案管理处（见本书附录Ⅱ）。无论机构、职能如何调整变化，以前信息资料和工作成果都得以保存并供后人使用参考。

也分散在不同机构的不同部门和不同工作人员手中，资料信息开放共享和利用率低，经常向地方和基层单位反复调研和收集资料，行业基本情况难以全面、及时、准确掌握，决策反应迟缓、有效性低。

信息数据积累和分析，是管理的基础，是沟通和协调管理的决策、计划、组织、指挥、协调与控制等各个环节的基本元素。信息质量决定着管理质量。信息数据工作的薄弱，既是粗放式管理的必然结果，也是导致粗放式管理的关键原因之一。不从根本上改变信息数据工作积贫积弱状况，数据散乱与粗放式管理将恶性循环。

“有保护范围、有标志说明、有记录档案、有专门机构或专人管理”简称“四有”，是对文物保护单位实施保护管理的基本法律制度，也是我国文物保护的重要基础工作之一。截至2011年，我国已核定公布的各级文物保护单位共计11万余处。各省（区、市）在逐年推进“四有”工作，但由于重视程度不同，基础各异，目前各省、自治区直辖市“四有”工作进展不一，目前尚无全面统计数据。

文物保护单位“四有”档案建设不仅可以强化文物保护单位的管理工作，而且可以为保护维修方案的编制提供充分的资料和重要依据。但从目前的情况看，全国重点文物保护单位的“四有”现状还不容乐观，其他级别文物保护单位的建档工作更为滞后。造成这个现状，一方面是长期以来该项工作没有受到足够重视，另一方面是各地普遍存在着机构和人员匮乏现象，日常保护和管理任务已经非常繁重，因此，需要投入大量人力、物力、财力却“收效不明显”、不能充分体现政绩的基础工作只能搁置或者往后放。鉴此，必须首先从思想上高度重视，充分认识“四有”工作的基础性和重要性，下大决心花大力气来抓，而且要常抓不懈，将“四有”工作的好坏作为衡量文物工作成效的重要指标之一，将“四有”工作的好坏作为安排保护维修经费的重要参考依据。

可移动文物的调查建档工作也比较薄弱，2012年之前一直没有开展过全国性的普查工作，建账建档情况不详，希望通过第一次全国性普查使可移动文物的建账建档工作得到全面改善。

4. 科学管理、监督问效力度有待提高

虽然管理是所有组织和个人都会涉及的活动，但是有些组织和个人凭经验去管理，有些则是有意识地依照科学规律进行规范化管理。决策、计划、实施和控制是管理的一般流程。如果一个行业管理决策目标不清晰，计划措施不可行，实施落实无标准规范，监控评估无人问责，各行其道，则难以保障行业健康发展。

近年来，国家文物局越来越重视规划的制订，实施和评估，越来越重视重点工作的监督问效，已经初步形成以规划为纲，以落实为要的工作局面。2011 年，在《国务院关于加强文化遗产保护的通知》（2005 年）制定的 2015 年目标基础上，国家文物局制定公布了《文物博物馆事业发展“十二五”规划》（以下简称《规划》），加强了发展战略、发展指标、主要任务、重大工程和保障措施的制定。但由于行业整体基础工作的原因，在规划制定、指标设置和计划落实方面还需要进一步完善管理环节，提高管理效率。

前面分析过《规划》总体内容方面存在的问题，下面通过将《规划》与国家文物局 2012 年度重点工作计划及其实施情况对照分析（图 2－3），说明科学管理和监督问效工作的力度仍有待提高。

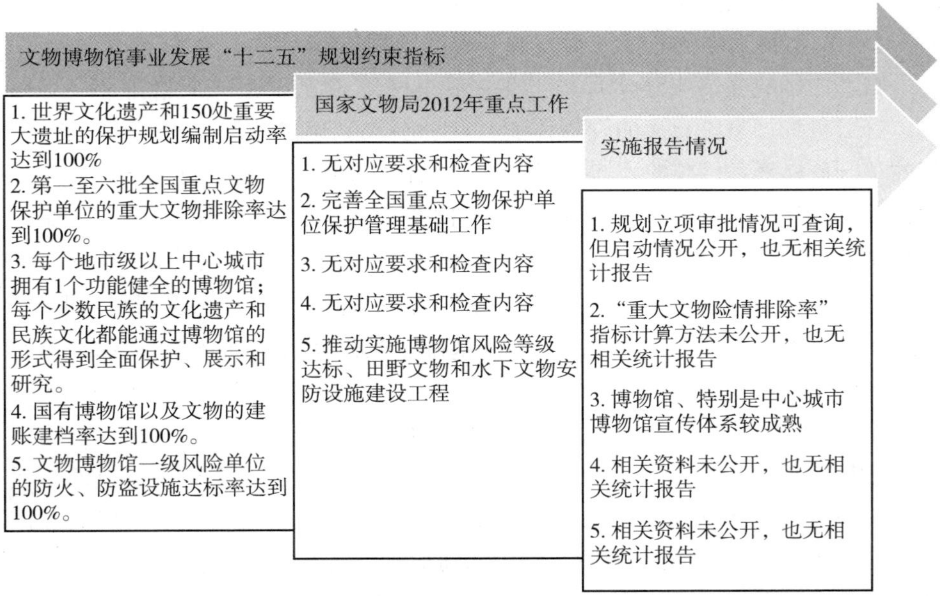

图 2－3　文物博物馆事业发展“十二五”规划实施报告情况

从目前情况看，规划、计划、实施、评估相互关联的管理体系尚未完善。应该说，在“十二五”规划中，国家文物局清楚认识到基础工作和能力建设的紧迫性与重要性，将其置于事业发展的首要战略。但在“十二五”规划的关键约束性指标设计上，战略思想的体现并不显著。完善法规标准建设、加强机构队伍、“四有”工作均等化等方面的工作并未得到强调。

而且，2012年度重点工作计划与“十二五”规划中“发展指标”的契合度也不太高，即使是“约束性发展指标”，在2012年的重点工作计划中也很少有明确的相关工作内容和考核指标，工作总结中也没有相关指标的统计数据。如“十二五”规划中提到的“世界文化遗产和150处重要大遗址的保护规划编制启动率”、“第一至六批全国重点文物保护单位的重大险情排除率”，目前都没有准确的统计数据，使监管无从抓起。

二、体制失衡——各级政府与文物部门的责权利关系

文物管理工作存在的主要问题，有其自身的内在原因。但几代文物工作者辛勤努力却深感文物保护的艰难，更主要是由外部宏观管理体制导致。文物资源分布广泛，文物工作管理体制涉及全社会各级政府和各行各业，因此，国家经济社会管理体制在很大程度上影响和制约着文物管理体制。

（一）文物工作的长期矛盾根源于宏观管理体制矛盾

自新中国成立以来逐步形成的生产资料公有制基础上的文物工作属地管理、分级负责、条块交叉的管理体制，在社会主义建设初期发挥了积极作用。但改革开放以来，传统的计划经济体制被社会主义市场经济体制所替代，社会主体与社会利益多元化，然而传统文物工作“权属—分级管理—条块”交叉管理体制仍然保持原有模糊不清的委托代理关系，在法律、法规、行政系统和政策设计缺乏明确授权和有效衔接的情况下，造成一系列的责权利不明确、不对等、不相称，若干内在的制度缺陷导致文物工作日益面临文物保护与经济发展的矛盾、文物保护与利用的矛盾以及文物保护工作基础薄弱的困境。

1. 现行文物管理体制的复杂责权利委托关系

权属管理——《中华人民共和国文物保护法》规定了文物所有权的性质包括国家所有、集体所有和私人所有。其中，国有文物包括中华人民共和国境内地下、内水和领海中遗存的一切文物；古文化遗址、古墓葬、石窟寺；除国家另有规定以外的国家指定保护的纪念建筑物、古建筑、石刻、壁画、近现代代表性建筑等不可移动文物；以及中国境内出土的文物（国家另有规定的除外）；国有文物收藏单位以及其他国家机关、部队和国有企业、事业组织等收藏、保管的文物；国家征集、购买的文物；公民、法人和其他组织捐赠给国家的文物；法律规定属于国家所有的其他文物。与此同时，文物所附属的土地、房屋权属管理又遵循独立的法规与管理体系，互不兼容与协调。

分级管理——《中华人民共和国文物保护法》规定，不可移动文物“根据它们的历史、艺术、科学价值，可以分别确定为全国重点文物保护单位，省级文物保护单位，市、县级文物保护单位不同级别的文物保护单位”，可移动文物“分为珍贵文物和一般文物；珍贵文物分为一级文物、二级文物、三级文物”。针对不同级别的文物设置了不同的管理权限。

属地管理——《中华人民共和国文物保护法》规定，地方各级人民政府负责本行政区域内的文物保护工作。县级以上地方人民政府承担文物保护工作的部门对本行政区域内的文物保护实施监督管理。

条块交叉——对于具体文物保护单位而言，特别是全国重点文物保护单位，在文物保护业务（文物行政审批、专项补助经费）上接受省文物主管部门和国家文物主管部门的管理（条的管理），同时在管理机构运行（机构日常运转经费、机构编制、领导任免等）又直接受到当地政府管辖，文物保护单位及其周边环境相关的建设规划、土地利用、产业结构、社区生活也直接受当地政府管辖。

如此“权属—分级—条块”交叉管理体制是极为复杂的“多客体—多主体—多层级”的管理体制，存在着极为复杂的“责—权—利”分配对应关系。在以责为中心的管理系统中，要求以责定权，以责定利。一旦“责—权—利”失去平衡或者失去监督，必然产生非常严重的矛盾和冲突，导致行为的扭曲、积极性的挫伤和权力的滥用。

2. 文物保护责任虚置与不当委托

《文物保护法》明确规定，文物“受国家保护”。代表国家行使文物保护责任的，理所当然是国务院和各级人民政府。但在“权属—分级—条块”交叉的管理体制下，各级政府文物保护的责任通过条条、块块、层层分解而虚置起来，相应的保障措施却并没有加以配套或对等分配。

文物保护责任虚置的表现之一，是中央政府通过综合决策保护文物的责任没有落实。《文物保护法》规定：“各级人民政府应当重视文物保护，正确处理经济建设、社会发展与文物保护的关系，确保文物安全。”（第九条）然而从中央政府到地方政府并未将文物保护责任以法规形式或行政措施落实到城乡规划、国土规划与利用、建设开发、人事财税等经济建设和社会发展决策部门，各级政府（或在各级地方政府支持下）的法人违法因而也成为破坏文物最为主要、最为严重的因素。

文物保护责任虚置的表现之二，是文物产权管理的空白。文物产权是界定文物保护和文物利用责任的法律基础。无论是为公共利益而强制执行的文物保护，还是为公众服务而开展的以民事关系为主的文物利用，都需要建立在清晰文物所有权为基础的行政关系或契约关系之上才能得到有效的执行、激励和监督。然而目前的文物产权管理，特别是国有文物和集体文物所有权，其占有权、使用权、收益权和处分权的权限、行使主体，确权程序、行使方式、监督机制，几乎没有任何法律法规进行明确的授权委托和规定。文物保护单位保护范围内的土地确权困难、国有文物所有权部门化、单位化、企业化现象普遍、国有文物资产家底不清、资产流失、过度开发破坏现象严重，与文物产权管理缺失不无关系。

文物保护责任转移不当的表现之一，是中央政府向地方政府转移过多的、目标相互冲突的责任或事权。属地管理将文物保护职责下放到地方政府，然而地方政府又是辖区经济发展的责任主体。我们经常批评地方政府不重视文物保护，却忽视了他们追逐经济利益背后的中央政策压力——政绩考核因素和中央财税体制因素。目前中国在行政垂直集权与财税分权体制下，财权层层向中央集中而事权层层向地方下放，地方政府特别是县乡政府履行基本职能面临巨大的财政压力，在地区竞争和政绩考核的驱动下，一是通过招商引资依靠扩大投资通过 GDP 增长以增加地方财政收入，二是通过“经营城市”征用农村集体土地和进行旧城改造拆迁，不断扩张城市规划，发展城市建筑业和房地产业，大搞“土地财政”。[①] 地方政府这种“公司化”的“攫取”型经济发展方式与社会公平和文物保护目标根本对立，不仅无法履行法律要求的基本文物保护职责，甚至成为破坏文物、法人违法的主要力量。

文物保护责任转移不当的表现之二，是中央政府向地方政府转移文物保护责任却未转移相应的财力。在属地管理原则下，文物保护的责任从中央政府转移给文物所在地地方政府，然而承担文物保护责任所需的配置财政资源、机构设置和人力资源的权力却并未相应转移给地方政府，或未以其他形式给予对等补偿。特别是对于文物资源特别丰富的地区，地方政府不仅需要承担文物保护所需的管理机构运行成本、日常保养维护成本、执法监察成本，还

① Chunli Shen, Jing Jin, Heng-fu Zou, Fiscal Decentralization in China: History, Impact, Challenges and Next Steps, *World Bank Research Group*, 2006；孔善广：《分税制后地方政府财事权非对称性及约束激励机制变化研究》，《经济社会体制比较》2007 年第 1 期；吴群，李永乐：《财政分权、地方政府竞争与土地财政》，《财贸经济》2010 年第 7 期等。

要承担因文物保护限制土地开发、生产活动的经济发展机会成本，中央政府仅给予部分本体保护维修的专项补助经费。事权与财力的不对等体制必然导致地方政府文物保护责任无法履行或没有积极性履行，导致地方政府尽量压缩文物保护管理机构和人员以减少投入，造成基层文物机构和队伍建设长期积贫积弱，另一方面引导地方政府热衷于申请中央经费而大修文物，“忽视性破坏”叠加“保护性破坏”加倍侵蚀着我们珍贵而脆弱的文物遗产。

文物保护责任转移不当的表现之三，是中央政府在代表公共利益要求“一切机关、组织和个人都有依法保护文物的义务”的同时，却未通过公共资源的二次分配机制制定相应的配套激励和补偿制度。作为文物所有、占有、使用者的组织和个人为全体公众和后代的公共利益保护文物，其生产和生活可能因受到限制而蒙受经济损失，中央政府应制定奖励和补偿政策予以弥补，才有可能调动文物保管使用者的积极性，依靠行政命令和道德训诫其实是在为自己规避责任找借口，难以服人也难以奏效。同样，鼓励和动员社会力量投入文物保护，也需要制定配套的责、权、利对等的监督和激励机制，形成社会参与和文物保护的良性互动。

文物保护责任转移不当的表现之四，是各级文物部门被授权行使文物保护责任的同时，却未形成相应的有效执行机制。当地方政府面临强大的经济发展压力而不得不片面追求经济效益时，文物保护工作往往因为不能带来任何经济效益而缺乏有效的制约手段。在条块交叉的体制下，文物行政部门在国家宏观规划、建设、土地、财政等各项政策制定中几乎没有发言权，文物保护工作基本成为文物系统内部的业务审批工作。对于中央文物行政部门而言，只能依靠全国重点文物保护单位保护范围内的行政审批手段控制地方政府的经济建设、土地开发行为，不仅对于违法行为的处置最高金额只有区区50万元，而且对于更大范围的文物破坏几乎毫无约束机制；而除少量文物保护专项经费投入文物本体保护和近年才开始的展示工程外，对地方政府承担的文物保护成本没有任何补偿，也毫无激励机制。从地方文物行政部门而言，虽然业务上接受上级文物行政部门的管理，但人事关系、工作经费全部由政府管理，完全受制于地方政府，对地方政府可能做出的破坏文物决策“不服从就换人”，毫无制约能力。

文物保护责任转移不当的表现之五，是中央文物部门与地方文物机构的责任承担与资源分配不均等。在分级管理和属地管理的体制下，文物行政审批权和资源分配权集中在中央和省级文物行政部门，而日常管理的庞大职责却集中在县级及以下文物机构，造成严重的资源配置倒挂，基础工作长期薄弱不堪。前面统计显示，县级及以下基层文物机构管理着超过90%的不可移动文物，而他们的平均职工人数分别只有地市、省、中央级文物部门平均职工数的37%、14%和4%，他们平均拥有的高级职称人数分别只有地级市、省、中央级文物部门的14%、3%和0.6%。中央和省级文物部门不仅拥有绝对的人员优势，其优质文物资源的占有优势也十分明显。他们在机构数量上不足20%，却拥有80%以上的可移动文物。另一方面，在分级管理的体制下，国保单位保护范围内的各种建设活动均要由国务院文物行政部门审批，尤其在规模较大、开放式管理的遗址范围，甚至农民打一口井、学校围墙坍塌需要维修等众多日常生活行为均需上报至国家文物局，在管理效率低下的同时，制约了基层文物部门工作的适应性和主动性。

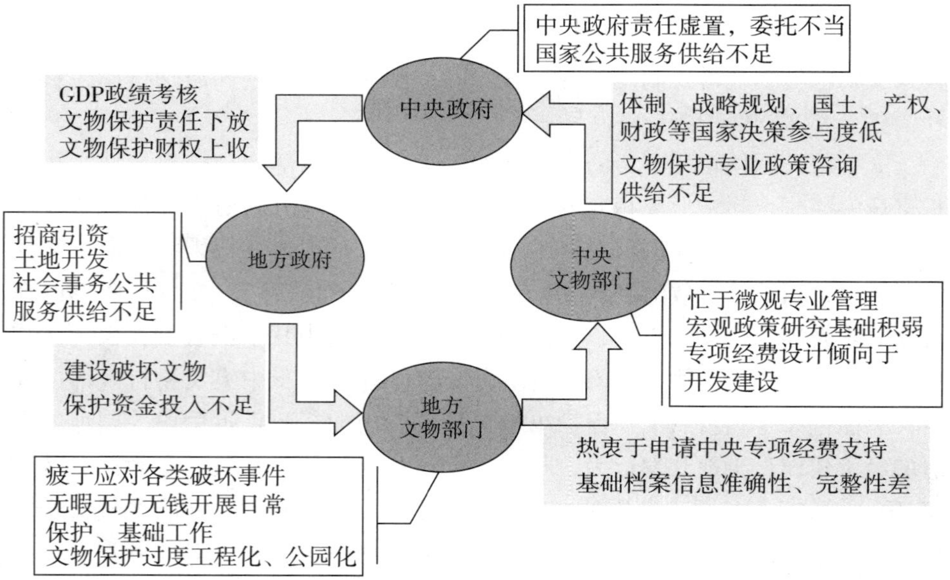

图2-4 当前文物管理体制问题相互牵制

在目前文物管理体制中，中央政府、地方政府、中央文物行政部门与地方文物机构之间的关系不够合理顺畅，所有这些矛盾相互牵制、盘根错节（图2-4），长期以来文物工作耳熟能详的问题可以说主要根源于这些管理体制导致的矛盾冲突。

针对这些体制问题，仅凭文物系统一己之力难以根本扭转。长期以来广大干部职工呕心沥血，专业领域成果累累，为保护文物勇于担当、无惧强权，不可谓不敬业、不可谓不壮烈；一系列中央和地方文物保护法规不断出台，中央财政对文物系统的投入也在近年呈几何速度增长，国家政策也不可谓不重视，然而文物保护与文物安全却面临着越来越多的深刻矛盾。

文物工作者亟须在宏观体制改革的新形势下，积极谋求文物事业的体制改革创新。近年来，特别是党的十八大召开之后，国家开始认识到经济发展高速增长与政治、文化、社会、生态保护事业发展严重落后所带来的问题，开始“以更大的政治勇气和智慧”走向“全面协调可持续发展”的改革深水区，谋划全面和系统的改革顶层设计。文物系统应敏锐认识这一战略机遇期将对文物工作管理方式带来的影响，不容坐等，必须积极主动地参与重大决策的制定，为文物保护工作“赢得主动，赢得优势，赢得未来”。

（二）宏观体制改革的主要影响

在新的体制改革趋势之下，文物保护管理体制必将面临重大转型。体制改革的总体趋势，将以政府机构职能转变为突破口，重点将向地方、向社会、向市场放权。即使是以公益事业为主体的文物事业，也必将面临工作布局与职责格局的重塑。在权力更加分散、责任更加分化、参与主体更加多元化的文物事业新格局中，如何确保文物安全、有效维护文物资源的公益属性，如何在鼓励全社会参与文物保护的同时保持有序和规范，将对文物行政部门的管理提出新挑战。

因此，国家在行政体制改革、财税体制改革、社会管理体制改革和文化体制改革等诸方面的体制改革（表2－9），应引起高度重视，做好充分准备。

表2－9 体制改革主要方向

改革领域	改革主要相关方向
行政体制改革[①]	－加强政府公共服务职能，退出微观与具体事务管理 －明确中央和地方之间的公共服务职责划分，各级政府公共服务职责明确化、法定化、可问责 －中央政府负责公益性覆盖全国范围的公共服务供给，以城乡和区域基本公共服务均等化为重点，强化再分配职能 －各级地方政府主要负责各自辖区内的公共服务供给，重点关注辖区内居民的实际需求，强化公共服务的供给效率

续表

改革领域	改革主要相关方向
财税体制改革①	- 中央政府在向地方政府放权的同时下放相应的财权，使各级政府的事权与财力相匹配 - 改革转移支付制度，减少甚至逐步取消专项转移支付 - 加大一般性转移支付力度，保障县乡基层政府履行公共服务基本职责的财力，以提供公共服务、加强社会管理为主要职能 - 加大生态补偿等转移支付力度
社会管理体制改革①	- 在社会管理方式上，从行政管控转为向社会放权，加强社会自治能力和作用 - 加快社会组织“去行政化”改革，使公共服务与社会管理有机结合。科教文卫等领域的事业机构和工青妇等组织，将成为提供公共服务的重要主体 - 社会组织建立完善的法人治理结构，加强公益性、专业性、独立性 - 赋予社区更大的自治权，将人事、财务、管理权更多下放到社会，将社区打造为基层公共服务和社会管理的重要平台
文化体制改革②	- 创新文化管理体制。深化文化行政管理体制改革，加快政府职能转变，强化政策调节、市场监管、社会管理、公共服务职能，推动政企分开、政事分开，理顺政府和文化企事业单位关系 - 创新公共文化服务设施运行机制，吸纳有代表性的社会人士、专业人士、基层群众参与管理 - 健全现代文化市场体系。促进文化产品和要素在全国范围内合理流动。加强行业组织建设，健全中介机构 - 完善政策保障机制。保证公共财政对文化建设投入的增长幅度高于财政经常性收入增长幅度，提高文化支出占财政支出比例 - 推动中华文化走向世界。广泛参与世界文明对话，促进文化相互借鉴，共同维护文化多样性

① 行政体制改革、财税体制改革和社会管理体制改革内容均摘自《中共中央关于制定国民经济和社会发展第十二个五年规划的建议》，2010年10月18日中国共产党第十七届中央委员会第五次全体会议通过。

② 主要摘自《中共中央关于深化文化体制改革 推动社会主义文化大发展大繁荣若干重大问题的决定》，2011年10月18日中国共产党第十七届中央委员会第六次全体会议通过。

综上改革趋势，在国民经济与社会发展总体事业中，将形成政府、社会与市场三者更为均衡的力量（图2－5），将建设“职能科学、结构优化、廉洁高效”的政府，发展“政社分开、权责明确、依法自治的现代社会组织”，并“更大程度更广范围发挥市场在资源配置中的基础性作用”。

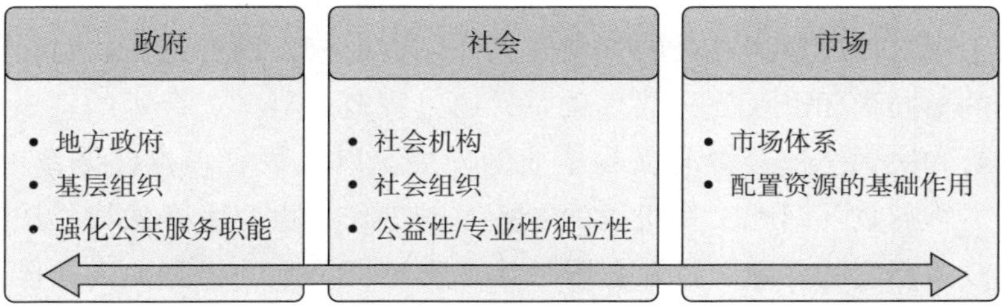

图2－5 政府—社会—市场新格局

在改革顶层设计与体制变革中，文物管理体制中的中央政府和地方政府的关系、文物行政部门与其他行政部门的关系以及文物部门与社会的关系等也将发生重大变化。

三、对策与建议——深化文物管理体制改革，重视宏观决策

（一）继续深化文物管理体制改革

党的十八大报告对2020年实现全面建成小康社会宏伟目标提出新的要求。文物事业不仅应在“五位一体”全面建设小康社会中努力发挥其独特的作用，也必须抓住全面建设小康社会进程中各方面工作的战略转型时机，拿出改革创新、自我革命的决心和勇气，正确对待文物工作在宏观经济社会发展形势下所面临的关键转型阶段，理顺长期制约文物事业发展的管理体制，建立科学合理的责权利相称的文物保护管理体制，促进文物事业健康可持续发展，恪尽文物保护和传承职守。

1. 坚持文物公益事业属性，抓、放并举

文物资源丰富，分布广泛，与社会发展、人民生活的联系日益紧密。从文物保护的社会责任，到文物产权的资产责任，文物工作涉及全社会各行各业的方方面面。文物保护与文物利用，应该、也必须动员各级政府以及全社会参与，才有可能真正确保文物安全，也才能在此基础上合理发挥文物资源在“五位一体”建设中的全面作用。

在下篇对杭州社会力量参与文物保护的案例分析中，将探讨社会力量的

概念、范畴和作用，可见其在当前文物保护中尚不清晰，人们的认识也不尽相同。从文物事业的现状与保护要求出发，目前特别需要强调社会力量包括文物系统以外的所有力量，包括各级政府，文物部门以外的其他政府部门，以及其他公共机构、社会组织、企业和个人。

改革文物管理体制，需要调整以文物专业管理为核心的管理模式，确立以文物管理责任体系为核心的管理模式，以责定权，以责定利，明确区分不同主体的不同责任以及委托代理关系，通过规范、科学、合理的责—权—利纽带动员和协调全社会参与文物事业的发展。以文物管理责任体系为核心，离不开文物行政部门和文物机构的专业基础工作，也离不开法律、法规、标准化和政策制度的保障以及社会服务体系和市场体系的保障。责任体系、专业体系、支持体系构成文物保护事业的三大支柱体系（表2－11）。

表2－11　文物保护事业体系

	责任体系	专业体系
行政管理	政府 ◇ 将文物保护纳入经济社会发展宏观政策 ◇ 协调政府各部门文物保护政策	文物行政部门 ◇ 为宏观决策提出专业意见 ◇ 文物保护法规、规划、标准制定与监督执行
资产管理	国有文物保管机构 集体文物保管者 个人文物所有者 ◇ 保证文物产权/价值合法安全	文物行政机构 ◇ 文物资源资产登记监管 文物保护专业机构 ◇ 文物调查/评估/专业规划/修复/养护/研究/培训咨询服务
支持体系		
法律法规标准		
行政政策	◇规划/土地/财税/人事政策	
社会网络	◇社区管理/交流/宣传/咨询/研究/培训/监督/志愿服务	
市场体系	◇文物附属设施/衍生产品经营 ◇文物衍生产品研发/旅游休闲/营销/金融/传播服务	

理顺文物管理体制，建立新型文物事业体系，关键在于文物行政职能的转变。文物保护政府职能的转变应注意“抓”和“放”并举。“抓”是坚持

文物资源的公共属性，强化政府在文物保护宏观政策上的统筹与执行监督，坚守公共服务职责；“放”是在建立健全文物保护利用责任体系的前提下，推动文物保护与利用公共服务的社会化，规范和激励社会力量与市场机制在文物保护与利用中发挥更为活跃、高效的作用。

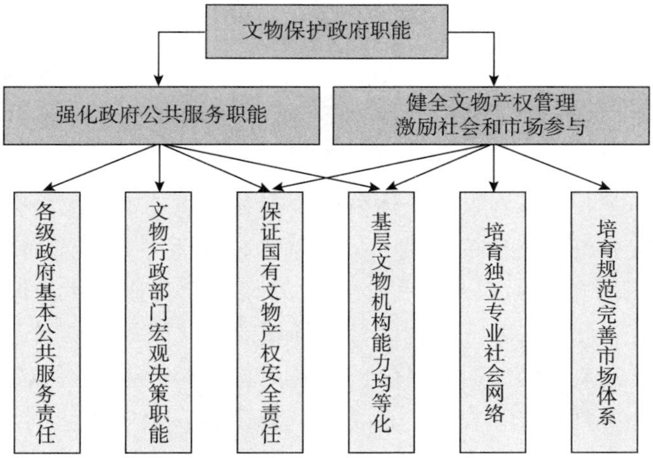

图 2－6　文物工作中政府职能转变主要举措

政府职能转变绝不意味着简单的放权。当前文物保护与经济建设和人民群众生产生活的矛盾、文物保护与文物利用的矛盾，恰恰在于政府公共服务职能的缺位，亟须通过政府职能转变予以充分加强。政府公共服务职能的加强，将涉及几个层面的举措：各级政府基本公共服务职责，文物行政部门宏观决策职能，基层文物机构能力建设，以及文物产权管理体系的建立和健全（图 2－6）。没有政府公共服务职责的明确和落实，简单强调向地方、向社会、向市场放权和分权，将对文物资源安全造成不可控制的威胁，是对子孙后代精神文化发展权益的极端不负责任。

下面分别从强化政府公共服务职能、扶持基层文物机构能力建设、培育社会和市场体系等三个方面加以论述。

2. 抓——强化政府公共服务职能

文物管理体制中最根本的问题，是管理责任虚置、缺位和错位导致的一系列矛盾和冲突，这正是政府公共职能提供不足的表现。强化政府公共服务职能的重点工作，一是落实虚置和弥补缺位，明确、强化和细化各级政府和文物系统以外的其他政府部门文物保护公共服务职能；二是纠正错位，即强化中央和省级文物行政部门的宏观决策、统筹谋划职能，着力战略管理、法规与标准的制定和监督职能，将微观管理放权于地方、放权于社会。

（1）强化政府公共服务职责，将文物保护纳入基本公共服务体系

在过去很长时期，在政绩考核与财税体制等宏观政策驱使下，各级政府单纯追求 GDP 增长，忽视社会事业发展，弱化公共服务职能，带来经济发展与社会发展“一腿长、一腿短”，导致一些重大民生问题、生态环境保护问题、文物古迹保护问题长期处于矛盾冲突困境。因此，着力推进政府职能转变，强化政府公共服务职责，是解决文物工作中错综复杂社会矛盾的根本途径。

基本公共服务“旨在保障全体公民生存和发展基本需求的公共服务。享有基本公共服务属于公民的权利，提供基本公共服务是政府的职责”。基本公共服务“一般包括保障基本民生需求的教育、就业、社会保障、医疗卫生、计划生育、住房保障、文化体育等领域的公共服务，广义上还包括与人民生活环境紧密关联的交通、通信、公用设施、环境保护等领域的公共服务，以及保障安全需要的公共安全、消费安全和国防安全等领域的公共服务”。[①] 因此，公共服务具有两个方面的含义，一是为维护公共利益、保障社会公正而行使强制权与监察权，二是为大众提供社会福利，扩大无排他性、无竞争性的均等服务范围。

享有真实、完整的文物资源是全体当代公民和后代公民发展的基本权力，文物保护的基本公共服务职责不仅仅是向当代公众提供更多的展示或免费参观条件，更重要的职责是为后代公众维护文物资源的存在和安全。因此，文物保护的公共服务体系应该更加强调各级政府在宏观决策中，如区域规划制定、区域发展战略决策、公共财政补偿机制等方面强化文物保护的职责，建立文物资源安全监测、评估、考核、预警、应急的综合体系。[②] 对此，无论是《国家文物博物馆事业发展“十二五”规划》，还是《国家基本公共服务体系“十二五”规划》，都有重大缺失，亟须补充完善。

强化政府公共服务职责，需要将文物保护与国有文物资产管理的职责纳入各级政府部门的行政职能之中，加以明确和落实。文化建设或文化资源管

---

① 《国家基本公共服务体系“十二五”规划》（国发［2012］29 号），2012 年 7 月 11 日。

② 《国家环境保护“十二五”规划》（国发［2011］42 号），2011 年 12 月 15 日。

理在国际上许多国家已经成为各行各业政府部门[①]乃至企业职责构成的重要组成部分，并设立专业部门和专业人员管理本部门、本行业的历史文化事务。文化建设不再只是文化行政部门或文物行政部门的职责，历史和文化已经成为各行各业可持续发展的基础性软实力，也成为不可回避的社会责任。

（2）强化文物主管部门宏观决策职能，着力加强战略谋划和法规与标准制定与监督落实

文物保护责任体系长期难以落实，既有国家宏观体制的原因，也有文物主管部门宏观管理职能较弱的原因。近年来国家已经着手启动一些重大综合性战略决策，如主体功能区规划和生态补偿机制，文物主管部门并未积极主动参与决策过程；文物主管部门长期规定地方政府“不许做什么”，却迟迟没有回答“可以做什么”和“怎么做”。

建立全社会参与文物保护和以需求为导向的文物利用管理体系，意味着文物行政部门的身份转变，意味着更多地向地方、向社会、向市场放权，将赋予各级人民政府、文物资源保管和所有机构及个人更明确的文物保护职责，鼓励社会力量、市场力量共同促进文物事业的发展，这种形势也迫切要求文物主管部门，特别是中央和省级文物主管部门，强化宏观管理、严格事后监督，为文物保护有序、高效、活跃发展提供制度保障，避免“一抓就死，一放就乱”的老戏重演。

加强对多元主体文物保护事业的统筹协调，强化对工作目标的管理和绩效问责，其重要基础就是法规和标准的制定。法规和标准，是依法行政的依据，是工作考核评估的依据，也是专业发展水平和质量的体现。面临利益主体与利益诉求日益多元化的社会，文物保护的法规和标准应该覆盖更加广泛的领域，运用更丰富的管理和激励机制，以法律法规的形式明确社会各方的权利和义务，以行政规章的形式细化政府和政府部门的职责，做到法定化、明确化、可问责，以标准规范的形式指导各个主体在文物保护、利用和管理各环节工作中的行为，做到科学化、可操作、可考核。

---

① 如美国联邦政府的军队、水利、农业、土地管理等各部门都按照美国《国家历史保护法》第106条的规定颁布本部门的历史资源管理规章、标准和实施手册，成立专门机构负责本部门各项工作中涉及历史资源的调查、登记、维护、展示工作以及与联邦历史文物顾问委员会、各州历史文物保护办公室的对口协调工作。

（3）加强基层文物机构建设，特别注重基层文物工作均等化

基层文物机构是文物事业发展创新的真正动力来源。在宏观体制改革和政府职能转变的大趋势下，更多文物保护和利用的具体工作将放权于地方、社会和市场，基层文物机构直接接触和管理着众多文物，直接面对广大文物保护社会参与各个群体，是文物保护和利用宏观政策和标准规范执行和监管层面的"神经末梢"，它们对文物保护政策、技术、服务的效果评判最为切合实际，对文物保护政策调整、技术研发和服务产品设计的需求最为敏感。建立以需求为导向的管理模式，必须建立一支庞大的、主动积极、充满活力、技能过硬的基层文物机构，支撑文物事业的可持续发展。

因此，作为政府职能转变的重要配套措施，加强基层文物机构能力建设刻不容缓。为保证基层文物机构真正强壮起来、充满活力，需要相应经费、人事等保障政策给予支持，增加基层文物保管机构开展文物日常养护、巡查工作经费，同时尽快开展基层文物保管机构工作职责标准规范的制定，在地方可支配的一般性转移经费增长之后，作为上级文物主管部门加强监督和考核的依据。

中央和省级文物主管部门在制定基层文物机构的扶持政策时，应特别注重加强"雪中送炭"，而不仅仅是"锦上添花"，注重基层基本文物工作均等化建设。中央和省级文物主管部门的主要职责是再分配职能，负责覆盖全国范围的基本文物保护公共服务供给，通过倾斜政策确保文物保护公共服务均等化，对基层文物保管机构的工作职责、工作程序和工作质量提出基本标准规范，确保文物保护基础工作达标，鼓励基层基础工作做得扎实、做出特色，注重能力建设且避免引导基层文物保管机构单纯追求规模、追求形象。

3. 放——完善社会参与的规范和激励机制

强化政府公共服务职责，建立国有文物资产的产权管理制度，以及建立以需求为导向、完善社会参与和市场机制是解决文物保护和利用矛盾相辅相成的两个方面，前者是明确保护与利用界限的前提和基础，是依法保护和利用文物的根基；后者是实现文物保护与利用可持续协调发展的生存环境和营养来源，是文物利用运营模式转型和升级的必要条件。

鼓励社会公众和企业参与文物保护和利用，需要通过税收优惠、特许经营、要素市场流转、技术援助等措施，引导和吸引不同利益群体积极参与遗产资源保护，并以此为杠杆鼓励各级地方政府以更为具体的政策措施——如

地方法律、城乡综合发展规划、公共服务购买、金融优惠政策等形式调动全社会保护遗产资源的积极性。

与文物利用相关的事业和产业，是专业化要求很高的服务领域，需要培育系统化、精细化的社会和市场支撑体系。文物是不可再生的特殊资源，从文物资源到文物利用必须尊重文物价值和文物工作规律，经过严格、精细的保护、修复、展示、设施开发、营销和体验服务等各方面投入，专业性强、成本高且周期长。因此，形成成熟的文物第三产业需要培育系统化、专业化的社会组织和市场体系，提供研发、策划、营销、评估、培训、展会、金融、传播等全方位的产品和服务，才有可能形成可持续保护利用的运营模式，依靠品牌、依靠专业、依靠文化内涵服务于公众并获得效益，摆脱目前文物利用中基本以依赖地方政府为主的地产开发和围墙收费等初级模式，扭转这些模式所必然带来的追求短期经济效益、过度商业化的局面。

（二）重视宏观决策，研究宏观决策

前面分析了影响文物事业发展的文物行业主要内在问题和宏观体制等主要外在问题。内在问题主要体现在管理工作的四个方面——战略决策和协调管理、文物利用管理、机构和人员等资源配置管理，以及管理粗放和基础工作薄弱（图2－3），这些因素之间相互作用、相互制约。外在问题主要体现在四方责、权、利的不对等——中央政府、地方政府、中央文物部门和地方文物部门之间的责权利错位与冲突（图2－4），这些因素之间也相互牵制、恶性循环。同时，内在问题与外在问题之间也是相互影响，互为因果，导致文物工作中长期存在的问题发展得日益棘手和复杂，得不到有效解决。

打破这样环环相扣的问题链条，关键的突破口在于国家文物行政部门转变职能，从微观的业务管理中脱身出来，全力加强战略谋划和宏观指导。而战略谋划和宏观指导，也和文物保护规划、工程勘察设计方案、文物修复一样，需要专业力量的支撑。

1. 促进文物行业政策研究，支撑决策

目前文物政策研究不系统、不深入，研究成果分散。文物政策在国家宏观决策中的缺位和边缘化现象是不争的事实，这与文物政策研究的缺乏不无关系。文物资源是事关国家命脉的战略资源，文物工作是涉及各级政府和全社会的宏伟事业，仅就前面指出的基层文物机构极为残缺的严峻现实而言，就需要从中央政府与地方政府的职责划分、公共服务体系、人事制度和事业单位改革、地方政府财政来源等方面加以研究提出政策建议，仅靠文物部门内部解决，多年的事实证明已不可行。我们已经看到，国家文物局认识到这个问题的严重性并着手组织专项调研，基本摸清现状[①]，然而要结合文物工作的特点向国家高层决策机构提出切实可行的政策建议，不能仅停留在内部的调研报告，尚需进行深入的政策研究，为宏观决策部门提供可行的政策建议。

总体来看，目前的文物政策研究尚未系统化和制度化，更多是在危机来临才匆忙组织调研。尽管很难完整统计文物政策研究相关学术成果的数量，但从中国知网（CNKI）文献检索结果来看，以“文物　政策　研究”为检索词进行查询，主题检索结果仅有1篇文献，全文检索结果仅有3篇文献，与其他教科文卫和环境保护领域相关研究成果比较差距在数百倍甚至数千倍（表2－12），可以间接说明文物政策研究处于极为薄弱的状况。

表2－12　中国知网文物政策研究文献检索统计（单位：篇）

检索词	全文检索	主题检索
文物　政策　研究	3	1
文化　政策　研究	745	43
环境　政策　研究	1445	221
卫生　政策　研究	3455	288
教育　政策　研究	4695	489

再通过中国知网检索文献统计数据初步分析文物保护研究的重点方向。[②]检索文献的学科分类结果颇出人意料。在以“文物保护”为检索词的文献学科分类结果中，高居榜首的竟是“旅游”学科，其文献数量（13055篇）占据该类文献总数的45％。

在以“文化遗产保护”为检索词的文献学科分类结果中，高居榜首的是“文化”（以非物质文化遗产为主），再加上“音乐舞蹈”、“戏剧电影与电视艺术”、“美术书法雕塑与摄影”等明显的文化类学科，非物质文化遗产的科研成果已占据文献总数的57％。

① 2012年9～10月，国家文物局组织开展了文物博物馆人才队伍建设专题调研，并完成《关于文物博物馆人才队伍建设的调研报告》。

② 本节以下内容引自于冰：《文化遗产研究业态分析》，《中国文物报》2011年12月30日，第6版。

为进行横向比较，再以检索词“环境保护”的结果，比较分析文化遗产研究的数量、水平和内容等方面的业态。

从文献数量比较（图2－7），在20世纪80年代之前，环境保护与文物保护方面的文献数量水平相当。之后前者相关学术成果大幅超前增长，尤其进入21世纪后呈几何倍数增长。文化遗产保护方面的文献起步更晚，到20世纪80年代才出现，到2005年后突然超过文物保护而快速增长。

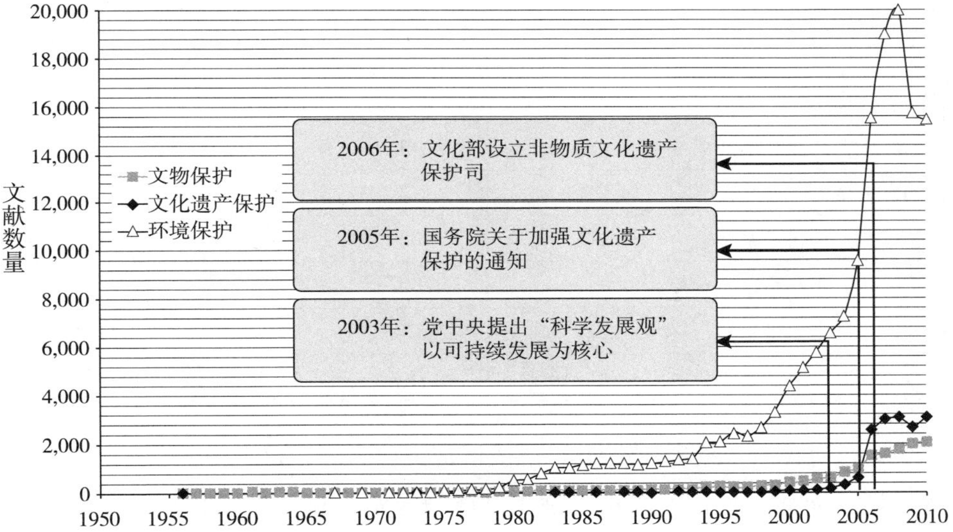

图2－7　文物保护等检索词文献数量比较

探究其现象背后的原因，不难发现政策与制度因素对学术发展乃至一个行业的推动作用。以环境友好、可持续发展为基础的“科学发展观”在21世纪初成为我国国策，使环境保护理念渗透到社会、经济各个方面。2005年颁发的《国务院关于加强文化遗产保护的通知》，正式将非物质文化遗产纳入文化遗产保护范畴，文化部随即成立非物质文化遗产保护司。非物质文化遗产保护从此成为文化遗产保护领域中的后起之秀。

通过对文献受资助重大项目指标进行分析，我们发现：相对于环境保护，文物保护与文化遗产保护相关文献中受国家重大项目支持的文献数量及占文献总量的百分比都严重偏低（表2－13）。而且，以人文社会科学为基础学科的文物保护科研成果，受资助最多的国家项目是以工程技术为主的国家自然科学基金和国家科技支撑计划。

表 2-13 中国知网受资助项目文献数量统计比较

研究资助来源排名前 10 位	检索词	检索词	检索词
	环境保护	文物保护	文化遗产保护
国家自然科学基金	2483	110	79
国家社会科学基金	796	19	150
国家重点基础研究发展计划 -973 计划	479	7	-
国家科技支撑计划	419	66	20
国家高技术研究发展计划 -863 计划	333	6	-
国家科技攻关计划	251	21	-
中国科学院知识创新工程基金	243	-	-
高等学校博士学科点专项科研基金	117	6	10
中国博士后科学基金	102	-	-
跨世纪优秀人才培养计划	100	-	-
文献总数	266740	29226	21948
受资助项目文献数量所占百分比	2.0%	0.8%	1.2%

通过对检索文献排序前 60 位的关键词进行分析，我们又发现：在以“文物保护”为检索词的文献中，排序靠前的文献以技术为主，例如“石质文物”、“修复”、“加固”等。另外可以看到旅游的重要影响，例如“旅游开发”、“旅游”、“旅游资源”、“旅游业”等大量相关关键词。以“开发”、“利用”为关键词也排在前 20 位以内。

相比之下，以“环境保护”为检索词的文献中，“可持续发展”的理念研究高居前位。问题与对策受到关注，如“对策”、“环境污染”、“污染”、“问题”、“环境问题”等；这在“文物保护”和“文化遗产保护”文献中仅偶有涉及。管理及社会参与方面的研究在环境保护中占有重要位置，如“环境影响评价”、“公众参与”、“环境管理”、“环境教育”、“指标体系”、“管理”、“评价”、“环境权”、“环境税”、“环境会计”、“生态补偿”等，涉及社会、经济、公众各个层面；而诸如“管理”或“教育”这样重要的研究内容，在“文物保护”、“文化遗产保护”排名前 60 位中竟然没有踪影。

这些可以称之为触目惊心的数据，从侧面反映出文物政策研究的基础十分薄弱，相关研究成果的公开发表程度又不高，使社会上独立研究机构很难开展后继的分析研究，文物政策研究的整体水平自然就难以提高。

根据研究成果去初步判断文物行业的业态，我们不得不承认文物行业仍处于技术保护为主的阶段，伴以畸形发展的旅游与开发热潮，具有较为严重的工具主义与功利主义倾向，自我迷失兼自我缺失。而环境行业已经从关注技术向关注顶层设计转型，注重从理念和宏观政策的战略层面谋划行业的发展。

缺乏文物政策研究的反例并不鲜见，下面从关系文物工作发展的经费和队伍两方面的关键政策举例。第一个案例是文物工作在《全国主体功能区规划》中的失语。2010 年，国务院经过数年酝酿与设计通过《全国主体功能区规划》，以实现生态保护与经济社会可持续协调发展的重大综合性举措。国土功能区划通过与国家财政政策的结合，在《国家重点生态区转移支付办法》的政策支持下，以中央财政补偿禁止建设区和限制建设区政府改善受到影响的当地社会发展和居民生活。仅 2011 年生态功能区的转移支付就达到 300 亿元左右[①]，是 2005～2012 年七年间全国大遗址保护专项经费总和的 6 倍！令人遗憾的是，那些历史和考古价值极高但展示旅游吸引力差的大遗址区域，却在《规划》中毫无体现。而且，大遗址保护专项经费主要支持大遗址的环境整治和展示设施建设，使一些地方政府只能通过想方设法地开发、包装遗址招商引资实现经济发展，造成对遗址原貌的严重破坏。《全国主体功能区规划》政策的“没文化”，除应看到国家有关部门的工作失误外，“与文物系统有意无意‘袖手’有关”。文物部门不仅没有坚持进行行政沟通，也无法向国家发改委递交大遗址的详细数据（如土地面积、土地利用情况、区域内的人口数量和结构、区域内的经济社会发展状况），这就使得相关部门对这方的反映重视不够。[②]

第二个案例是对基层文物保护队伍的支持政策严重缺失。从经费政策来说，历来中央财政支付的文物保护补助经费只能用于补助全国重点文物保护

① 刘世绵：《中国文化遗产事业发展报告（2012）》，社会科学文献出版社，2012 年，第 408 页。根据书中资料，2011 年，全国重点生态功能区涉及的 451 个县全部纳入中央财政转移支付补助范围（属于一般性转移支付，而不是专项转移支付，对资金用途没有规定）。只有少数获得补助的县域内拥有世界文化遗产和大遗址，而且也基本未考虑将补助资金用于文化遗产方面的工作。

② 刘世绵：《中国文化遗产事业发展报告（2012）》，社会科学文献出版社，2012 年，第 412 页。

单位的工程支出、技术保护支出、考古发掘和报告出版等项目支出内容，[①] 对各类文物的日常管理、养护和展陈工作坚持属地管理，由文物所在地政府承担相应经费。前面的宏观体制分析和基层文物管理机构现状已经表明，基层地方政府，特别是县乡政府财政收入大部分处于吃饭财政状况，基层文物管理机构工作条件十分艰苦，无力担负起大量文物的日常保管任务，文物基础工作长期积贫积弱，人员队伍仅十余万。作为对照，我们来看拥有 137 万在岗职工队伍[②]的林业系统，不仅有《中央财政森林生态效益补偿基金管理办法》，[③] 中央财政资金 95% 以上可以用于国有、集体和个人用于重点公益林管护的劳务补助支出和经济补偿，还有一系列惠林强林的国家经营补助政策、社会保险补助政策、政策性社会性支出补助政策等政策体系以及森林公安机关等执法队伍。由此给我们的启发是，如果不能透彻阐释文物工作的特殊需求，则很难获得财政、人事、法律等综合政策的有效支持。

造成目前文物政策研究的原因在于缺乏统筹规划，力量分散。文物政策研究基础差、成果少，与文物政策研究太“软”、尚未得到足够的重视有一定关系。虽然政策研究作为软科学在党中央、国务院和许多部委都作为决策咨询的重要来源而受到高度重视，但在文物系统仍处于边缘地位，从研究规划和机构建设都少有过问。

文物政策研究目前缺乏统筹规划。下面来分析国家文物局的重点课题内容。[④] 在 2001 至 2011 年间，国家文物局重点课题立项 181 个，[⑤] 根据研究方

---

① 财政部、国家文物局：《国家重点文物保护专项补助经费使用管理办法》（财教［2001］351 号）。2013 年财政部、国家文物局再次修订印发《国家重点文物保护专项补助资金管理办法》（财教［2013］116 号），补助资金支出内容有较大变化，但仍以项目支出为主。

② 根据国家林业局《2011 年中国林业发展报告摘要》数据计算。载 http://www.forestry.gov.cn。

③ 财政部、国家林业局：《中央财政森林生态效益补偿基金管理办法》（财农［2009］381 号）。

④ 国家文物局重点课题主要由国家文物局根据工作和业务需要进行选题，面向社会选择课题承担机构。国家文物局重点课题不同于自主申报的一般文物保护科技课题，不仅课题任务重要，而且经费额度大，基本可以反映国家文物行政部门的工作重点。另外还有一些政策研究方面的任务可能以财政预算划拨的方式安排，相关资料较难查询，因此分析可能并不全面。例如从 2008 年起国家文物局委托国务院发展研究中心定期编制《文化遗产事业发展报告》，对文物行业的重点问题和热点问题从管理学、经济学的视角进行深入分析，提出政策建议，已经产生了较好的效果。

⑤ 相关资料由国家文物局课题管理办公室提供。

向分为专业技术研究[①]、科技政策研究[②]和综合政策研究[③]三大类。其中综合政策研究类课题为33项，仅占总数的18.2%。

表2-14 2001~2011年国家文物局重点课题分类统计

研究内容	课题数量	占总数%
专业技术研究	95	52.5%
科技政策研究	53	29.3%
综合政策研究	33	18.2%
合　计	181	100.0%

虽然国家文物局每年都会设立数个综合政策研究类的重点课题，但选题相对比较分散，缺乏一定的系统性和连续性。文物政策研究应建立在文物保护科学、工程和技术以及管理、法律等多学科交叉合作的基础上，特别需要统筹组织和协调，但其职能在国家文物主管部门层面分属不同的司处，往往难以有效落实。

在《国家文物事业发展"十二五"规划》的保障措施中的首位就是政策保障，提出"加强文物政策制定的计划性、合法性、科学性、可行性和操作性"，但在落实上还缺少必要的重视。作为文物行业发展重要支撑的研究工作专项规划——《国家文物保护科学和技术发展"十二五"规划》，其主要内容中就没有政策研究或软科学研究的内容（图2-8）。

在文物系统内，从上到下几乎没有文物政策研究的专门机构，这在其他行政部门已不多见。如文化部下属中国艺术研究院设有公共文化政策研究中心和文化发展战略研究中心，另在武汉大学设有国家文化财政政策研究基地；国家海洋局设有海洋发展战略研究所；环境保护部设有环境与经济政策研究中心；卫生系统建有卫生政策与管理研究中心。这些政策研究机构内一般都设有4~5个研究室，长期开展或组织开展行业内重大战略研究、决策咨询和

① 专业技术研究主要涉及历史研究、考古研究、保护技术研发等内容。

② 科技政策研究主要涉及科研规划、科研管理和标准化建设等内容。

③ 综合政策研究主要涉及行业规划、法规研究、文物保护与经济社会关系研究等内容。

国家文物保护科学和技术发展“十二五”规划

- 重大专项
  - 文物风险预控技术体系研究与示范
  - 中华文明探源工程及相关文物保护关键技术研究
  - 指南针计划—中国古代发明创造的价值挖掘与展示
  - 水下文化遗产保护关键技术研发
  - 文物保护传统工艺科学化研究
  - 文物保护修复专用装备研发
- 战略研究
  - 文物保护基础理论和学科建设
  - 文物保护技术路线图研究
  - 文物保护科技贡献率研究
- 文物保护关键技术提升计划
  - 可移动文物保护修复关键技术提升计划
  - 不可移动文物保护关键技术提升计划
  - 考古与出土现场应急保护关键技术提升计划
  - 博物馆技术提升计划
- 文物保护基础研究推进计划
  - 可移动文物劣化机理研究
  - 文物保护材料作用机制与保护效果评价研究
  - 不可移动文物结构稳定性评价方法研究

图 2－8　“十二五”文物科技专项规划主要内容

政策分析。

从事文物政策研究的机构相当分散，没有形成相对突出的研究团队。统计国家文物局 2001～2011 年重点科研课题的承担机构，其中综合政策研究类的 33 项课题，分别由 23 家行业内外研究机构、高等院校、地方文物行政部门、事业单位和企业承担，只有 6 家机构承担过 2 项以上的政策研究类重点课题，承担最多的一家机构也只承担过 4 项政策研究课题。

缺乏统筹研究规划，缺乏专门研究机构和队伍，很难开展长期的系统的文物政策研究，也不利于文物政策研究理论和方法的形成，不利于文物政策研究经验和数据资料的积累，无法有效支撑复杂环境下文物工作决策的长远性、前瞻性、灵活性和科学性。

2. 宏观决策需要远见，也需要谋略

文物保护事业发展的体制机构障碍，广大文物工作者早已深有体会。然而要改变文物保护体制与机制环境，将文物保护政策纳入国家经济社会制度的顶层设计，纳入政府公共服务体系，不能仅仅寄希望于国家和社会的重视，更需要文物行业立足于自身工作特点，从文物事业在“五位一体”总布局中的地位和作用入手，加强文物保护宏观政策研究，为高层决策提供全面客观的数据基础和系统坚实的理论基础。

政策研究又称政策科学或软科学研究，是多学科、跨部门的综合性研究活动，通过定性分析与定量分析相结合的现代科学与技术手段和方法，为促进经济、社会等复杂决策的专业化、科学化和民生化，提供“支持系统、咨询系统、评价系统和反馈系统”。① 政策研究的范围主要包括：与经济、社会、行业发展相关的战略研究，规划研究，具体政策研究，管理研究，体制改革研究，重大项目可行性论证，以及政策研究的基本理论和方法等。

政策科学研究上个世纪 50 年代起在西方、特别是美国迅速发展，数百家从事政策研究的咨询机构——即所谓“智库”在政府决策中扮演着举足轻重的角色。我国的政策科学兴起于改革开放年代，1986 年全国第一届中国软科学学术研讨会召开，时任国务院副总理万里在大会做总结报告，明确提出实现决策科学化和民主化的任务。随后，中央和国务院许多部委相继成立了政策研究的专门机构。

中国是文物资源大国，文物工作在新形势下呈现出保护利用和传承发展多重目标以及多元利益诉求和多方力量参与的复杂格局，这大大增加了文物决策工作的复杂性和困难性，如何在有限人力和财力条件下正确处理文物保护与经济发展、文物抢救保护与预防监测、国有文物安全与民间收藏权利、过度商业开发与社会力量参与等一系列矛盾问题，亟须建立长效的决策程序和制度，并且通过动态评价系统和反馈系统，使不完善的决策能够得到及时调整。尤其对于不可再生和不可替代的脆弱文物而言，决策稍有不慎，会差之毫厘失之千里，造成难以挽回的损失。

文物政策研究是“软”科学研究，它看似不如文物历史、考古等人文学科研究，或保护工程、修复技术、材料分析等自然科学和工程技术研究那么学术性强，那么实实在在。有些人“轻视‘软的’，看不见、摸不着的东西。他们不了解，在今天，特别是在未来，人类社会正在向知识和信息的社会发

---

① 万里：《决策民主化和科学化是政治体制改革的一个重要课题》，《人民日报》1986 年 8 月 15 日。

展。'软件'是'硬件'的先导，'软件'指导着'硬件'的发展。软科学研究的巨大价值，正是在于它通过知识和信息的综合，能够在很大程度上预见和再现各种宏观和微观的过程，使我们能在较小的范围内，以较低的代价，预测出事物的变化和发展"。① 文物事业的软实力建设需要文物政策科学研究的支撑。

文物政策科学研究是在文物行业开展多学科、跨部门的综合性研究，其范围主要包括：与文物事业发展相关的战略研究，中长期规划研究，具体文物政策研究，文物管理研究，文物体制改革研究，文物重大项目可行性论证，以及文物政策研究的基本理论和方法等。

文物资源的特性决定了文物政策研究的特殊性和复杂性。文物资源兼具物质属性与精神属性，因而文物工作政策研究涵盖文化、自然和经济等多个领域。换言之，单纯的文化政策不能解决文物工作所涉及的诸多土地利用、建设开发、维修抢救、文物安全等方面的需求，而国土规划、物权管理、经济发展、建设工程又往往忽视文物这一看似文化领域的需求。因此亟须开展文物政策研究，不仅为文物系统的决策提供支撑，同时为文物工作纳入国民经济和社会发展的综合决策提出专业建议。

文物政策研究，需要理论基础和方法论的支撑才能真正发挥决策咨询的科学作用。文物政策研究的理论体系，是在文物专业知识和文物管理工作相结合的基础上，符合文物资源特点和文物工作规律的独特理论体系。文物政策研究的方法，应运用文物学和政治学、管理学、社会学、系统论、数理统计、信息技术等多学科方法，既满足和适应文物决策和管理工作的需求，又保持一定的学术客观性和独立性。

文物政策研究在注重理论和方法论建设的同时，特别应该重视结合文物工作实践的经验性、实证性研究。只有长期对文物行业的政策和政策制定和执行过程进行大量的实证性研究，积累大量的经验性研究资料，才有可能帮助决策者清楚、系统地了解文物政策现象和过程，并为进一步的政策研究和论证提供扎实的基础，才有可能提出具有中国特色的文物政策重大理论。由于文物资源的特点和文物工作的特质，这项实证性研究工作和经验性研究资料的积累工作，只能也必须由文物行业自身来开展，其他行业或外部机构难

① 万里：《决策民主化和科学化是政治体制改革的一个重要课题》，《人民日报》1986年8月15日。

以替代。

3. 注重把握全局、加强宏观决策和监督指导

国家文物行政部门加强宏观决策和监督指导，向国家有关部委和地方政府提出文物工作的政策需求和专业建议，哪些职能必须抓，哪些职能可以放，才能将文物政策正确纳入国家宏观文化建设、生态文明建设、社会建设、经济建设和政治建设全面协调可持续发展战略，将文物安全保障纳入政府公共服务职责，在机构建设、人力、财力等方面统筹调配资源，才能切实扭转地方文物机构、人才队伍和工作条件羸弱不堪的局面，扶持壮大文物工作的根基。

国家文物行政部门加强宏观决策和监督指导，为地方文物部门提供更为健全、可操作的政策法规和标准指导，才能在当前体制改革中政府越来越多地压缩行政审批、越来越多地退出社会事务和市场运作的形势下，有效监管日益主体多元化和利益多元化的文物工作，在确保文物安全的同时激励社会力量参与文物保护和利用，才能从命令别人不能做什么，到指导别人可以做什么和怎么做，才能对地方文物部门的支持从点上的项目管理和经费分配转向面上的政策支持和业务指导，真正实现国家文物保护公共服务职能的均等化。

国家文物行政部门加强宏观决策和监督指导，从繁重的微观管理事务中解脱出来，才能集中精力转变管理方式，提高管理的科学化、精细化和全过程化，加强事前规划、事中监督和事后评估工作，加强档案建设和信息资料收集整理工作，为文物传承、行业发展、政策分析、决策咨询、科学研究保存不可替代的宝贵信息资源，为政策公开、社会监督、公众共享打下扎实基础。

（三）采取优先行动，做好顶层设计与试点探索

对于文物工作中的种种问题，国家文物局局长励小捷在2012年全国文物工作会议上明确指出：“我们必须以科学发展观为指导，围绕建设文化遗产强国的目标，按照党中央、国务院对文物工作的部署和要求，遵循文物工作的规律，在总体把握上更加注重更新观念，更加注重转变职能，更加注重制度设计，更加注重加强管理。”既要从日常工作入手，在执行层面探索改进管理的方式和途径，又要启动顶层设计，在宏观层面寻求与国家政策的主动衔接。

1. 加强文物政策研究，做好顶层设计

结合国际、国内宏观形势，密切跟踪国家已经启动的政府职能转型顶层设计、城镇化体系建设、土地制度改革、财政制度改革等密集的改革动态，借鉴国外文物工作经验和国内相关行业经验，组织开展综合性政策研究，主动参与国家宏观决策的顶层设计，为文物事业发展创造良好的政策环境，为《中华人民共和国文物保护法》修订及相关法规体系的完善打好基础。

追踪政府体制的职能转变、结合文物部门实际，在以下方面着力开展研究，并加快形成成果。

（1）中国文物事业发展的政府职能体系

详细研究并明确文物行政管理与业务管理的界限，与社会和市场的界限，文物行政管理与文物资产管理的职责，中央文物行政部门的职责，省级文物行政部门的职责，基层文物行政部门的职责，各级政府其他部门的职责，以及文物事业政府职能转变的现实途径等。

（2）中国文物工作评价指标体系

研究如何综合考核和评价文物工作在保护、利用、管理、传承等各个方面的好与坏，现阶段文物工作的主要目标，哪些关键指标可以综合体现文物事业的发展水平和质量效益，这些指标如何分解到各级政府部门和各级文物部门，这些指标如何与年度工作计划和年度工作统计资料、年度工作总结衔接，等等。

（3）社会参与文物事业的激励与规范机制

研究社会参与文物事业的特殊性，社会力量参与文物事业的领域范围，社会力量参与文物事业的主体资格要求，参与的渠道和方式，以及应优先制定哪些法规、财政、金融、产权、技术援助等政策加以规范和支持，等等。

2. 加强工作协同，探索管理方式的改进

在工作层面，应探索建立文物行政部门内部司处协调合作的管理机制，以问题为导向加强对重点工作，如大遗址保护、重大文物保护工程、博物馆免费开放等工作在法规落实、政策制定、规划编制、课题研究、经费安排、立项审批、实施监督、统计报告、结项验收的全过程一体化综合管理，使一件事情有始有终，试点建立可问责的管理流程。

重视发挥地方和基层文物工作的积极主动性和丰富创造力，加强文物专业机构和行业团体在社会参与方面的组织协调职能，加强对地方文物工作和社会参与文物工作经验的理论化总结与制度化推广，增强自下而上、需求导向的决策机制。

（本篇执笔人：于冰、刘爱河、何流）

甘肃省金塔县明代长城烽火台　　张依明摄

下　篇

专题探讨

聚焦

- 文物国家所有权的现实困境与探索
- 新规则下的申遗之路
- 扬帆起航的水下文化遗产保护
- 平安故宫工程，从基础抓起
- 建设中的西安博物馆之城
- 杭州的遗产大社区
- 百姓眼里的遗产

文物保护基础制度缺失

——国有不可移动文物产权管理现状调研

北京市东城区北总布胡同梁思成林徽因故居被拆除　　吕宗恕摄

在市场起决定性作用的社会，如何发挥政府作用，对当代中国政府是史所未有的全新挑战。文物工作依靠行政审批、行政处罚这些管理手段愈显苍白无力。文物产权是全社会参与文物保护和合理利用的法治基础。面对这个特殊而又陌生的话题，文物系统是如何认识的？又有哪些实践探索？

文物工作的两大职责，一是保护文物安全尽量减少自然与人为损毁，二是充分发挥文物作用让公众享用。

在长期的实践中，文物工作形成调查、评估、建档、规划、修复、展示、保存、养护等一套完整的专业流程与规范。文物保护与文物利用这两大使命，一旦脱离专业语境，就变得异常复杂和敏感，充斥着矛盾与冲突。文物工作并不是隐居象牙塔里自娱自乐的行业，它需随社会经济发展接受不断的促动与挑战，随之创新与变革。

一、文物产权问题的提出

文物工作在新形势下面临的挑战与矛盾，不是专业技术问题，是生产关系适应生产力发展、上层建筑适应经济基础的制度性问题。当代中国正在经历全面深化改革的历史阶段，在“市场在资源配置中起决定性作用”的前提下“更好发挥政府作用”是改革的“核心问题”。[①] 现行文物管理体制，仍是计划经济特点浓重的行政主导体制，主要依靠文物系统内部的行政认定、行政审批、行政处罚为主要管理手段，在新形势下管理效力越来越低，“上”无力协调各级政府及其他政府部门的决策行为，“外”无力适应社会利益群体的多元需求，法人违法成为文物保护的重灾区，文物利用则在管理真空中摇摆于“死”和“乱”两个极端。

在中国进入高速城镇化时期，文物保护形势严峻，文物破坏呈现高发频发阶段，历史文化街区成片消失，古迹遗址饱受侵蚀。2012 年，位于北京市

---

① 《中共中央关于全面深化改革若干重大问题的决定》，2013 年 11 月 12 日中国共产党第十八届中央委员会第三次全体会议通过。

东城区北总布胡同的梁思成和林徽因故居，在政府部门明令制止和社会各界人士的激烈抗议之后，遭到开发商彻底拆除。[①] 同年，“山东省聊城市、河北省邯郸市、湖北省随州市、安徽省寿县、河南省浚县、湖南省岳阳市、广西壮族自治区柳州市、云南省大理市，因保护工作不力，致使名城历史文化遗存遭到严重破坏，名城历史文化价值受到严重影响”，受到住房与城乡建设部和国家文物局通报批评。[②] 在世界文化遗产河南安阳殷墟遗址，位于保护区核心地带的小司空村、大司空村等村庄，“私搭乱建已呈蔓延之势，殷墟正遭受有史以来最大规模的破坏”。[③]

当前，促进文化大发展大繁荣已成为基本国策，文物利用管理却在很长历史阶段中未纳入文物工作的重点，相关理念与法规制度严重滞后于实践，存在着认识上的尖锐分歧和操作上的混乱失控。在文物利用的大旗之下，以“传承历史文化”、“开发利用旅游资源”、提升“文化软实力和城市竞争力”[④] 的名义，“拆真名城、建假古董”[⑤] 在中国大地盛行，名人故里争夺战硝烟四起，利用文物建筑兴建会所与民间收藏政策不明、争议不断。

文物工作中面临的矛盾，是社会经济结构发生根本性转变的阶段性矛盾，是文物管理制度不适应文物工作客观要求的形式表现，文物管理体制必须进行根本改革。其中产权制度作为法治社会的核心，是通过文物契约管理制度对文物行政管理制度的重要补充和完善。

文物是文化财产，是具有特殊历史属性的实物资产和财富。文物产权管理制度在文物客体与文物产权主体之间建立法定对应关系，细化文物产权所有权、有益物权、担保物权、占有权等各项权能，制定文物产权设定、变更、转让、终止等法定程序。文物产权管理制度的建立，有助于在文物历史属性与文物资产当代属性、文物资产产权主体之间建立

---

① 刘春瑞：《北京梁思成林徽因故居被拆可能复建》，《新京报》2012 年 1 月 27 日。

② 住房城乡建设部国家文物局：《关于对聊城等国家历史文化名城保护不力城市予以通报批评的通知》（建规［2012］193 号），2012 年 11 月 7 日。

③ 桂娟：《私搭乱建蔓延　河南殷墟遭有史以来最大规模破坏》，新华网 2014 年 2 月 26 日。

④ 大同市人民代表大会常务委员会：《关于大同古城保护和修复的决定》，2008 年 6 月 19 日。

⑤ 住房与城乡建设部副部长仇保兴在 2012 年 6 月召开的“纪念国家历史文化名城设立三十周年论坛”上发言，引自记者周琼媛：《多个城市耗巨资重建古城　百姓须世代还债》，《南方周末》2012 年 11 月 16 日。

明确法律关系，充分发挥产权强大的法律约束和激励机制，提升文物管理体制现代化水平。

我国文物产权管理的现状可以概括为：在研究方面十分零散，在实践中处于探索阶段，在制度上几乎为空白，特别是国有文物管理尚未纳入国有资产管理体系。

在现行法律法规中，《文物保护法》对文物所有权、特别是国有文物进行了界定，重点对国有文物的修缮、保养责任以及在使用、调拨、进出境、转让、抵押等行为中的限制进行了规定。其特点是只涉及文物所有权，对与所有权相关的系列产权权能——包括所有权、占有权、使用权、收益权——以及对应主体未予涉及；以限制性规定为主，对文物权属设立、变更、转让等日常程序没有相应规定和配套实施细则，文物产权管理法规体系缺失。

文物产权的相关研究较为零散。部分研究从《文物保护法》个别条款出发，以文物系统以外的法律专业研究为主，从文物国家所有权主体①、地下文物物权、国有文物用益物权②、私人文物所有权原始取得制度③等方面进行研究；部分研究主要关注文物资源旅游经营中的产权问题。④ 这些研究从不同侧面探讨文物产权管理中存在的问题，但与文物管理工作实践结合不足，尤其在系统性、实证性方面还有很多研究空间。

本研究以国有不可移动文物的产权管理现状调查为主，针对国有不可移动文物产权的特殊性，以相关文物产权管理工作实践为重点，采用现场调研与文献调研相结合的方法，对与文物产权相关的典型案例进行了初步归纳，全面系统的理论分析还有待进一步深化完善。

---

① 陈刚：《文物国家所有权研究》，华东政法学院 2006 年硕士论文，指导教师：李锡鹤；刘艳霞：《文物国家所有权问题研究》，中国社会科学院研究生院 2012 年硕士专业学位论文，指导教师：孙宪忠。

② 国家文物局委托课题“文物所有权问题研究”阶段性研究报告。

③ 刘红兵：《论文物保护法的物权规定及其完善》，山东大学 2008 年硕士论文，指导教师：董翠香。

④ 代表性成果可见郑玉歆、郑易生主编的《自然文化遗产管理——中外理论与实践》一书中的相关论文，如张晓的《遗产资源所有与占有：从出让景区开发经营权谈起》，彼德·福希斯的《所有权与国家公园的定价：澳大利亚的经验》等，社会科学文献出版社，2003 年；叶浪：《旅游资源经营权论》，四川大学博士 2004 年论文；许抄军等：《古村落民居保护与开发的产权分析》，《衡阳师范学院学报（社会科学）》，2003 年第 4 期，等等。

二、国有不可移动文物产权特殊性分析

根据《文物保护法》，我国不可移动文物主要包括（古代和近现代）遗址、墓葬、石窟寺及石刻，以及建筑与园林等四大类。其中“古文化遗址、古墓葬、石窟寺属于国家所有。国家指定保护的纪念建筑物、古建筑、石刻、壁画、近现代代表性建筑等不可移动文物，除国家另有规定的以外，属于国家所有”（第五条）。

《文物保护法》中之国有不可移动文物，作为特殊之物，与《物权法》中之物进行对比，既有其普遍性，也有其特殊性。

依据《物权法》，物权制度的基本目的、性质，在于“明确物的归属，发挥物的效用，保护权利人的物权”（第一条），规范“因物的归属和利用而产生的民事关系”（第二条）。《物权法》之物的范畴，“包括不动产和动产”，其物权“是指权利人依法对特定的物享有直接支配和排他的权利，包括所有权、用益物权和担保物权”（第二条）。

参照以上框架，国有不可移动文物作为普遍意义上之不动产，要得到法律的有效保护，发挥应有效用，同样需要建立普遍物权意义上的管理体系。

第一，建立以民事关系为基础的国有文物产权管理体系。这是文物法治工作的重要基础，是文物行政管理和刑事处罚的重要补充。

第二，作为民事关系管理的前提，首先应当明确国有文物的归属，即文物国家所有权的行使主体。

第三，建立国有文物不动产物权设立、变更、转让和消灭的法定程序，即国有文物不动产登记制度。

第四，细化国有文物产权的内容和相关规定，包括所有权、用益物权（经营权、使用权、地役权等）、担保物权（抵押权等）、占有等。

国有不可移动文物作为特殊意义上之不动产，其产权来源极为独特，与其他类型国有资产差别很大，因此需要针对国有文物的特点，制定专门国有文物管理制度，这将是完善我国国有资产管理体制的创新领域。

（一）文物产权来源的特殊性

文物作为具有历史、艺术、科学价值的特殊之物，具有实体存在与价值认定双重属性。文物产权来源的特殊性，源自于双重属性导致的复杂性、不确定性和不可预见性。一般来说，历史遗留至今的遗迹、遗物实物是既成客观存在，而文物价值发现与认定是主观认识和法定程序的结果，这使原有实

物产权（或无主产权）与经过认定的文物产权之间产生不一致，给文物产权归属认定带来特殊的复杂性。

文物发现可能在建设、生产、日常活动中偶然发现。如秦始皇兵马俑，就是由秦始皇陵东侧西杨村农民在打井时发现第一个兵马俑，之后才经过系统的考古工作，“在陵区之内发现各类陪葬墓、陪葬坑、建筑遗址等600余处，出土文物7万余件”。① 可以说是农民在此耕种生活在前，兵马俑等陪葬坑等重大文物发现在后。

另外还可能随着对于文物价值认识的不断深入，不断有新的文物被发现和认定。如随着文化线路、工业遗产、水利工程遗产等遗产门类的提出，第三次全国文物普查将诸如北京市门头沟区西山古道、明代修建并延续至今的贵州省安顺市鲍家屯水利工程、始建于民国时期的上海重型机器厂旧址等文物古迹列入重要文物发现，并给予登记。②

因此，文物在发现与认定之时的使用状况和产权状态十分复杂。部分文物流传有序，一直作为文物专门保护管理。如自溥仪迁出故宫之后，在1925年就成立了故宫博物院对故宫进行保护和管理，延续至今。部分文物在发现或认定之前按原有功能使用，如第五批全国重点文物保护单位党家村古建筑群，村民在此世代繁衍居住生活，延续至今。部分文物在发现或认定之时按其他功能使用，如第一批全国重点文物保护单位殷墟遗址一直被村庄和农田占压；第七批全国重点文物保护单位西安寰丘祭天遗址被围在陕西师范大学校区之内，作为学校教学用地使用。部分文物在发现或认定之时处于无主状态，如洛阳东周城墙遗址位于城市道路旁边。

总之，国有文物产权与其他国有资产产权在获取方式和获取范围上有所区别。通常来讲，产权来源主要途径包括先占、指定、投资、劳动和继承受赠等。③ 目前我国三大类国有资产④中，经营性国有资产和行政事业性国有资

① 刘庆柱：《秦始皇陵遗址公园建设的思索》，《群言》2003年第7期。

② 国家文物局：《第三次全国文物普查百大新发现》，文物出版社，2011年。

③ 罗能生：《产权的伦理维度》，人民出版社，2004年，第153～176页，转引自年志远：《物质资本产权与人力资本产权比较研究》，《吉林大学社会科学学报》2008年第6期。原分类为先占、特权、投资、劳动和受赠，本文有所调整。

④ 国有资产主要分为三大类：经营性国有资产，含国有金融资产；行政事业性国有资产，也称国有公用财产；资源性国有资产，主要指土地、矿藏、水流、森林等自然资源。

产产权主要来源为国家出资，土地等资源性国有资产的主要来源为在特定范围内（城市土地）由法律指定。

国有文物产权中，古文化遗址、墓葬和石窟寺，一经认定为不可移动文物，即归国家所有，产权来源属于法律指定。而且，“国有不可移动文物的所有权不因其所依附的土地所有权或者使用权的改变而改变”。

可以看出，国有文物产权来源与其他三类国有资产产权来源均不相同，其中即使都有法律指定途径，但针对交叉重叠在一起的空间资源却由不同法律规定了不同的所有权类型，存在法律冲突。因此，国有不可移动文物产权在产权客体界定、权利人主体归属、产权内容细化等方面存在特殊性。

（二）国有文物权利客体的界定

物权管理的基本要件是确定物的物理空间范围。对于不可移动文物而言，其产权客体范围的界定就是不可移动文物附着土地类（海域、陆地土地、山岭、草原、荒地、滩涂）以及土地上房屋类（建筑物及其他定着物、建筑物的固定附属设备）不动产的空间范围，其中涉及文物本体范围、文物载体范围、文物保护设施范围以及文物保护单位保护范围等几个不同概念。

1. 国有文物本体及其载体范围的确定

文物本体具有残缺不连续性和不确定性，因此在确定文物本体范围时除考虑已经发现或探明的包含遗迹、遗物等遗存范围外，还应考虑重要历史格局空间和可能的地下埋藏区。

对于遗址、墓葬、石窟寺类，文物本体与土地载体重叠。这几类不可移动文物的载体基本都是土地、山体等，本体与载体高度融合和重叠，成为不可分割的整体。例如长城，就是利用自然地势地貌而建，其中的山险、河险更是直接改造山崖、河流等天然物而构成防御设施。石窟寺如龙门石窟、云冈石窟、麦积山石窟就是直接在山体上开凿佛像，山体即是本体。

对于建筑类文物，其价值主要在于地面之上的建筑物和构筑物，但与其附着土地不可分割，而且有些地形地貌也构成文物建筑价值的一部分。如承德避暑山庄的选址与建设紧密结合周围的山川、河流和气候条件，载体在很大程度上影响着建筑本体的建设，本体的建设适应和彰显载体的特殊性。再如山西恒山悬空寺，修建在恒山金龙峡西侧翠屏峰的悬崖峭壁间，巧妙利用力学原理建造而成，悬空寺最突出的文物价值之一就是依山而建，山体与寺庙共同构成完整的悬空寺整体。

2. 国有文物本体与文物保护展示设施的区分

国有不可移动文物产权的界定还涉及文物防护和展示设施的产权界定问题。这些设施尽管不属于文物本体的构成，却以不可移动文物本体为核心建设，很难独立管理或运营。如河北燕下都遗址西城南垣防护棚、大明宫丹凤门复建保护设施等，就将文物本体完全包覆；或如在安阳殷墟遗址范围内建设的殷墟博物苑，大部分遗址被回填，上面建有基址复原展示设施、祭祀坑原址地表砂石标识展示设施等，与遗址本体共同构成保护展示空间。

文物保护展示设施出资主体可以多元化，为其产权划分带来复杂因素。国有文物保护展示设施既有国家财政投资，也有国有企业投入，也有社会资金。如燕下都遗址西城南垣防护棚、大明宫丹凤门遗址保护展示设施是由中央财政文物保护专项经费投资建设。西安大明宫遗址核心区内建设的国家考古遗址公园由国有企业西安曲江大明宫投资（集团）有限公司为主投资建设。西安大唐西市遗址上建设的遗址博物馆由西安大唐西市文化产业投资有限公司独立投资建设。

3. 国有文物产权范围与文物保护范围的区分

文物保护单位保护范围与文物产权客体界定既有一定联系，又有所区别，两者的目的、性质与作用不同。划定文物保护单位保护范围，是现行《文物保护法》中管理文物保护单位所在区域内建设活动和爆破等作业的主要方式，其管理对象是其范围内的非排他性特定活动，管理手段以禁止性规定与行政审批相结合。而不可移动文物产权客体范围则与产权主体形成一对一的排他性关系，在产权空间范围内权利人可以从事法律未禁止的一切活动。

（三）国有文物相关权利人的确定

确定国有文物相关权利人，可以从《物权法》中关于国家所有权相关权利人的一般规定出发，根据国有文物特点加以分析。

《物权法》对国家所有权相关权利人结合其相对应的国家所有权行使内容进行了分类规定。归纳起来，国家所有权权利人包括三个层次，一是国务院和地方人民政府，直接代表国家行使所有权（第四十五条、第六十八条），履行职责，享有权益；二是国家机关、国家事业单位和国有企业，根据法律规定对其直接支配或占有的国有财产享有不同程度的占有、使用、收益和处分权利（第五十三条、第五十四条、第六十八条）；三是国有财产管理、监督机构，依法对国有财产履行管理、监督职责（第五十七条）。

除所有权主体外，物权相关权利人还包括占有人。《物权法》规定："不动产或者动产被占有人占有的，权利人可以请求返还原物及其孳息，但应当支付善意占有人因维护该不动产或者动产支出的必要费用"（第二百四十三条）。

除与文物产权相关权利人外，还要考虑国有文物作为多用途资源所涉及的其他相关权利人，因此针对国有文物这类特殊国有资产，确定相关权利人应考虑以下几个方面：

1. 国有文物所有权多级权利人

从国有文物所有权主体的确定考虑，参照《物权法》相关规定，国有不可移动文物所有权主体可分为二级体系或三级体系。二级体系即参照行政事业性国有资产所有权体系，由法律直接规定国有文物经一定程序由特定国有行政事业单位享有占有、使用以及依照法律和国务院的有关规定收益的权利，并设立或指定特定政府主管部门履行辖区内所有国有文物资产管理、监督职责。三级体系即参照经营性国有资产所有权体系，由法律规定国有文物所有权由国务院或由国务院授权地方政府行使，再由国务院或地方政府经一定程序委托国有行政事业单位依照法律、行政法规以及委托合同对特定国有文物享有占有、使用、收益等权利，并设立或指定特定政府主管部门履行辖区内所有国有文物资产管理、监督职责。

2. 国有文物权利人非排他性

由于文物来源的特殊性，国有文物现实占有主体十分庞杂，所有权人与占有人之间的关系具有特殊复杂性。往往国有文物所有权人与国有文物所附着土地空间范围内其他用途权利人交混在一起，并不像行政事业性国有资产和经营性国有资产来源那样单一和明确，这为确定国有文物产权主体带来极大难度，也说明文物保护需处理的利益关系极为复杂。如汉长安城遗址位于西安市郊，遗址范围内包括西安市未央区、西咸新区、莲湖区等 3 个行政区 7 个街道办事处、55 个行政村以及大量的企事业单位。西安大慈恩寺，在公布为全国重点文物保护单位已经沿用千年，一直有僧侣在此居住和生活，并管理寺院，现在依然由其使用。如甘肃省金塔县芦草井长城位于沙枣园子自然保护区内，保护区土地由金塔县林业局管理，区内长城则由金塔县文物旅游局管理。

（四）国有文物权利内容的细分

国有文物具有特殊价值意义，国有文物所有权内容不同于其他类型国有资产产权职能，在管理上具有特殊性。文物保护的使命是传承，尤其对于国有文物而言，行使所有权的职责首先在于保护，其次才是发挥效用，特别是社会效益。

国有不可移动文物的权利内容，与国有不可移动文物权利人相对应，不同身份的国有不可移动文物权利人其履行职责与享有权利不同。参照《物权法》，结合国有不可移动文物特点，其权利内容包括所有权（占有、使用、收益、处分权利）、用益物权（建设用地使用权等）、担保物权等。

1. 国有不可移动文物所有权内容

国有文物所有权中的占有、使用和处分权受到严格限制。文物属于公共资源，文物保护的主要职责是“真实、全面地保存并延续文物的历史信息及全部历史、艺术和科学价值”。[①] 因此文物保护以社会效益为主，往往难以取得经济效益或不应以取得经济效益为主要目标，存在“正外部性”，这也是国际通行指定重要文物属于国家所有或政府所有、并由政府履行保护、监管职责的理论基础。因此，需要明确界定国有行政事业机构对国有文物占有、使用和处分的权利及责任范围，对其占有、使用和处分行为做出严格规定，同时明确国有文物监管部门的职责和规程。

2. 国有不可移动文物所有权内容登记

不可移动文物国家所有权属于法定权利，根据《物权法》规定：“不动产物权的设立、变更、转让和消灭，经依法登记，发生效力”（第九条）。不可移动文物与土地不可分割，理论而言国有不可移动文物所有权确权登记即等同于其附着土地所有权确权。但在实际执行中相关登记内容有两点特殊性需要考虑，一是不可移动文物所有权登记与文物使用、占有权登记的关系，是分别登记还是通过后者登记体现前者权利；二是不可移动文物所有权或使

① 国际古迹遗址理事会中国国家委员会：《中国文物古迹保护准则》，第 2 条，2002 年。

用权与土地使用权登记的关系。在我国现行二元土地所有权制度下，国有不可移动文物所有权登记是否自动视为其所附土地使用权确权登记（对于集体土地则自动划拨为国有土地后取得土地使用权），还是以土地使用权确权登记替代不可移动文物所有权或使用权登记，这一问题涉及文物所有权与土地所有权关系的根本问题，在现实工作中也是十分困惑的问题，这在后面的案例中有所体现。

3. 在国有文物所有权上设立用益物权

经营管理混乱是文物利用工作中长期存在的问题，其争论焦点不在于是否应当发挥文物的当代作用，而在于国有文物利用开发中经营权问题，其本质是国有文物产权管理真空导致的混乱。

在物权体系中，经营权是由所有权人在自己的不动产或者动产上设立的、授予他人在一定条件下享有的占有、使用、收益的用益物权，属于他益权。从产权管理的角度，国有文物经营权包括以下关键环节。

首先，国有文物经营权应当由国有文物所有权人设立并承担相应责任，不可由任何人任意设立。其次，国有文物经营权的转让必须遵循对等原则，进行资产评估，确定国有文物资产经营转让价值，避免无偿转让或低价转让。再者，所有权人与经营者签订转让合同，明确国有文物所有权人与经营权人双方责任、权利、收益分配和违约处罚规定。另外，经营权的设立、转让与实施应当纳入国有文物资产的政府监管部门监管职责，履行相关审核、审计、考核职责。以上各个环节目前均无管理规定，国有文物经营混乱不可避免。

以上分析说明，国有文物管理体系的建设十分专业和复杂，需要组织具有多学科知识和工作经验背景的团队开展大量深入细致的基础研究和调查。

三、国有不可移动文物产权管理实践中存在的主要问题

由于国有文物产权的特殊性，国有文物产权管理体制还处于文物管理工作和国有资产管理工作的交叉空白领域，对此我们在实地调研中深有体会。以往的调研工作，无论是文物法执行情况调研、“四有”工作调研，还是大遗址保护、文物保护工程实施情况等等，都可以找到明确的分管部门了解情况。而文物产权工作在调研中普遍遇到的是各级文物部门的茫然，甚至是不解。因此我们的调研通过各种方式收集资料，除专

门的实地调研外，还归纳了通过其他课题调研和媒体报道、文献资料了解到的情况，作为补充。

（一）国有文物产权管理意识淡薄、认识片面

我们在调研过程中发现，文物产权管理基本尚未纳入各级文物主管部门的职责范畴与工作议程。无论是各级政府、还是各级文物行政管理部门、文物保护专业人士，关注的焦点仍然侧重于文物本体保护工程和科技保护，侧重于项目的申报和经费申请，对与国有不可移动文物相关的产权问题，诸如土地管理制度、土地房屋登记确权认知程度较低，意识淡薄。各地文物保护管理人员对文物产权的认识综合归纳起来有以下几种形式：

（1）从来没考虑过国有不可移动文物的产权管理问题，认为《文物保护法》已经明确规定了哪些文物属于国家所有，不存在什么产权问题。

（2）产权管理是国家大事，是中央应该考虑的事情，跟文物部门没关系，文物管理部门只负责文物保护的具体工作。

（3）文物产权管理固然重要，但不可移动文物尤其是遗址类文物目前已经被城镇、乡村、企事业单位、道路、农田等占压，权属关系十分复杂，如果早期介入还有可能，现在全社会产权意识都加强了，再提文物产权管理难度太大，几乎是不可能的事情，只能维持现状。

（4）对于文物保护管理部门已经实际占有、使用和管理的不可移动文物，周围四邻大家都心知肚明，没有必要办理相关产权登记。

（5）文物产权管理就是要把所有国有文物确权到文物部门，由文物部门直接归口保护管理，既不现实，又是增加文物部门的责任和工作量，自找麻烦。

从2011年开始，中央部署在开展全国各地开展农村集体土地确权登记发证工作，[①] 对分布于广大农村地区的国有不可移动文物产权工作影响重大。然而在我们现场调研中发现，除个别地方外，从中央到地方大部门文物部门对此项工作一无所知，或者表示没有得到上级部门通知，无法开展文物土地确权工作。

（二）文物登记制度游离于不动产权登记制度

国有文物权属登记，是文物国家所有权设立的基本要件。我国现行不可

---

① 国土资源部、财政部、农业部：《关于加快推进农村集体土地确权登记发证工作的通知》（国土资发［2011］60号）。

移动文物登记制度和文物保护单位的四有档案建立制度性质均不同于不动产登记，完全游离于国家土地、房屋、草原、林地和海域和国有公用财产等不动产登记制度之外。

1. 文物登记与产权登记的区别

文物登记不具备产权登记的权利确认功能、权利公示功能和权属管理功能，缺乏法律效力和时间效力。以文物部门组织的第三次全国文物普查工作为例。2007 年至 2011 年开展的全国第三次文物普查工作，对于摸清不可移动文物家底非常重要。但是从“三普”登记内容看，包括文物名称、地址、坐标、类别、年代、面积、所有权、使用情况等。其中坐标仅为文物中心点一个坐标，以及地址和面积信息，没有不可移动文物准确的物理边界。“三普”调查登记中的所有权内容也没有明确是指文物所有权还是文物所附土地所有权。

2. 国有不可移动文物土地登记现状

由于文物登记与不动产登记互不相关，形成文物登记的信息孤岛。根据我们目前了解的情况，现有文物土地产权登记情况基本可分为五类，以后三类情况为主：

（1）文物保护用地的用途明确，土地产权登记明确一致，由文物部门管理使用，如北京故宫博物院、陕西西安秦始皇兵马俑博物院；

（2）文物保护用地的用途明确，文物产权登记明确，由其他政府部门、企、事业单位、集体或个人管理使用，如浙江省杭州雷峰塔遗址及其上新建的雷峰塔所占用土地的产权归属浙江省警卫局；

（3）文物所在地范围内土地或房屋产权登记明确，但未登记相关文物存在情况，因此产权人不了解登记范围内文物分布状况，文物部门也不掌握相关产权登记情况，如河南洛阳隋唐城遗址现存北城墙，现位于大唐宫陶瓷建材市场内，当地文物管理部门并不掌握其产权情况，课题组通过北城墙地理坐标到市国土局土地登记系统查询显示该地块产权单位为洛阳合成洗涤剂厂；

（4）由于历史遗留问题，文物所在地范围内土地或房屋产权权属情况复杂，缺少登记所需相关文件依据，存在事实产权人但未办理登记手续，如浙江省杭州胡雪岩故居已由杭州市政府出资腾迁原有住户，收归国有，由杭州市园林文物局凤凰山管理处管理，但一直未办理产权登记；

（5）文物所在地范围内土地或房屋无人主张权利，尚未办理登记，如河南洛阳东周王城现存东城墙，位于城区道路旁加油站附近，在市国土局土地登记系统内查询显示该地块目前尚未办理土地使用权证。

3. 文物登记与产权登记脱节引发文物保护困难的案例

文物产权登记与不动产统一登记之间缺乏有效信息互联，使文物保护存在巨大的信息不对称，需要承担高昂的执法成本和文物破坏风险。

案例一：洛阳市建设活动监管困境

河南省洛阳市内分布有二里头、东周王城、偃师商城、汉魏故城和隋唐洛阳城五大都城遗址和邙山古墓群等重要大遗址，涉及市区规划面积近五分之一。现代洛阳市为我国重要工业城市，文物保护与城市建设矛盾突出。粗略统计2001～2012年国家文物局涉及遗址保护的全部行政批文，12年间洛阳市相关行政批文总量占全国批文数量的十分之一以上，其中与建设活动相关的批文数量比例高达87.6%。在高密度的城市建设开发中，尽管洛阳市文物管理部门做出极大努力，在全国文物保护工作中起着探索、示范和引领作用，但是仍然难以有效监控城市建设活动对大遗址的破坏。目前洛河以北遗址分布区基本为现代城市建成区覆盖；洛河以南隋唐洛阳城遗址里坊区内，“农村住宅由过去的平房改建为四五层楼房，而深挖地基对遗址造成破坏”，原为农田的温柔坊与恭安坊两处遗址“现已被洛阳师范学院占据”，一幢幢高大的教学楼、图书馆、体育馆和教工学生宿舍楼在这里拔地而起。[①] 北城垣遗址是隋唐城遗址地面仅存的一段城墙，现处于一大型建材市场内，城墙脚下内外被密集的厂房和临时性建筑包围，城墙顶部建有厂房和民居，住户现在仍在城墙顶部居住、种菜。

案例二：重庆烈士陵园保护范围失效，文物被“合法”破坏

歌乐山烈士陵园是全国重点文物保护单位，但随着城市建设进程的加快，规划所确定的保护区内土地长期不能确权，没有进行产权登记的“隐疾”随之显现出来。

1999年，重庆市人民政府批准《歌乐山烈士陵园总体规划》，划定保护范围2.1平方公里，保护范围内交错分布着工厂、学校和村庄。鉴于陵园保

---

① 田毅等：《洛阳高尔夫球场侵蚀隋唐遗址　保护区半城市化》，《第一财经日报》2006年9月13日。

护区内用地情况复杂，四川外语学院及另外两个单位被破例允许“维持现状”，但不得再扩建任何新建工程。但2005年前后，烈士陵园主管部门发现，与其一墙之隔的四川外语学院违反规划规定，开始在保护范围修建新校区。此时他们才得知新校区扩建工程用地早在2004年就获得了重庆市政府的批准，学校从征地、规划、建设所有过程都是合法的，而相关审批过程文物部门全然不知。重庆市规划部门表示不清楚陵园保护范围，调查人员请勘测站技术人员将学校扩建工程土地划拨图与陵园保护范围认真比对后发现，划拨给新校区的48.12公顷土地中，30多公顷都在烈士陵园保护范围内。事实表明，不解决土地确权问题，烈士陵园就无法真正落实保护规划。然而，虽然《歌乐山烈士陵园总体规划》根据《文物保护法》由重庆市政府公布，但重庆市国土房管局并不承认其可作为陵园土地确权的合法依据。规划公布十余年中，陵园管理部门的土地确权申请在各政府部门之间踢皮球，仍未被受理。①

（三）国有文物产权管理体制不清

目前文物产权管理体制尚未建立，与文物行政管理混同，定位不清。根据《文物保护法》规定，国家文物行政管理部门的职责仅限于“主管全国文物保护工作”，但是这里的“主管”实际上仅仅是对具体业务工作的指导，或是一种“监管”，在涉及不可移动文物资源利用和管理方面，文物行政管理部门只有一项职权，即对国有不可移动文物用途变更的行政审批权。对于国有不可移动文物没有任何配套的权属设立、变更、转让和终止等产权权能管理制度，在实际工作中存在很多现实问题。

案例三：北京市关于长城等文物土地确权问题的请示

根据中央要求和北京市工作部署，北京市近年正在加紧推进农村土地确权登记发证工作。工作中涉及长城等文物的所有权归属问题，北京市文物局在2012年向国家文物局上报《关于长城等文物土地确权问题的请示》。② 根据请示所述，目前北京市“辖区内长城的使用管理情况十分复杂。既有由区县、政府下设管理委员会（事业单位）管理使用的，也有集体管理使用，也

① 刘天亮：《歌乐山烈士陵园陷用地争议：文物风貌已破坏》，《人民日报》2008年1月9日。

② 北京市文物局：《关于长城等文物土地确权问题的请示》（京文物［2012］588号）。

有股份制公司管理使用的，部分地区暂无管理使用单位，由区、县文物部门或村镇巡视管理，一些已开放的长城旅游景区存在村委会或企业出资整治环境、修缮的情况，现在仍有企业、村委会投资修缮整治，开放新的长城旅游景点”。基于以上情况，请示的主要问题包括：

1. 是否可以认为长城属国家所有，如是，国有长城的所有权和管理使用权，可否分开？

2. 如果长城所有权为国家所有，应该将所有权交给区、县文化委员会还是区、县政府？或者其他政府指定的管理机构？

3. 国土部门提出“尊重管理现状、分类处理”的建议，有明确管理权限的予以立宗并确权，暂时没有管理权限的立宗但暂不确权，无法明确的不予立宗，不予确权，是否可行？

国家文物局复函①称：“除国家另有规定的以外，长城属于国家所有”，“国有长城的所有权应交由属地的文物行政部门代为行使”，“北京市人民政府应当为本行政区域内的长城段落确定保护机构或保护人员”。其中第二、第三个意见显然属于文物主管部门单方意见，不具法律效力（这在下面案例中还有体现），而对于国有文物所有权和管理使用权是否可以分开这一关键问题，以及国有文物权属分类处理的建议，国家文物局没有明确答复。由此可以看出，文物产权管理问题已经成为十分迫切的现实问题，但现有文物保护相关法规尚存在很多制度上的空白，使文物主管部门束手无策。

（四）文物破坏的民事诉讼机制缺失

伴随着城市开发和城镇化进程的快速发展，不可移动文物遭受破坏和损毁的事件时有发生。近30年来消失的4万多处不可移动文物中，有一半以上毁于各类建设活动。有些地区在发展旅游产业时对文物过度利用，甚至为建设旅游景区而损坏文物。文物安全形势依然严峻。

《中华人民共和国文物保护法》对于损害文物的违法行为规定了行政处罚条款，同时第六十五条规定：“违反本法规定，造成文物灭失、损毁的，依法承担民事责任。”通过民事诉讼，一则可以要求责任人恢复文物原状或者为损害文物支付相应经济赔偿；二则法院判决有司法保障，更容易得到执行。相比行政处罚最高限额仅仅50万元、文物部门出具的行政处罚文书往往

① 国家文物局：《关于对长城等文物土地确权问题的复函》（办保函[2012] 512号）。

得不到执行来说，适用民事诉讼对惩治文物违法行为更有力度，无疑有利文物保护。

但是，在实践中，文物管理单位或者所有权人很少经由民事诉讼途径维护文物权益。究其原因，一是通过民事诉讼维权的意识不强，遇到损害文物案件，大多数是求助于公安或者行政执法机构；二是主张权利的主体资格不明确；三是缺乏文物损害评估程序和标准，主张权利时举证困难①。

案例四：福建省漳州市芗潮剧社旧址遭拆除，文物部门维权被驳回

漳州市芗潮剧社旧址是市县级文物保护单位，2001年年底，芗潮剧社旧址被开发商拆除，准备建设某小区第二期工程，由此引发了福建省首例文物管理部门状告开发商案。

漳州市文管办向当地法院提起诉讼，要求开发商赔偿因此而给国有文物所造成损失。漳州市中级法院于2003年8月做出终审裁定驳回其诉讼请求。法院审理认为，文物行政主管部门与房地产开发商两者之间的关系属行政法律关系。而且，法律没有规定文物行政部门可以提起相应的民事诉讼。②

四、国有不可移动文物产权管理工作中的实践探索

虽然国有文物产权管理制度尚未建立，但各地政府和文物行政管理部门在实际工作中，结合当地条件，为推进文物保护或利用工作采取了一些产权管理措施，在国有不可移动文物产权管理方面进行了有益探索。

各地在国有不可移动文物产权管理实践，采取了土地征收征用、土地登记确权、土地征转分离或租用、产权置换、引入社会参与等各种措施，解决文物保护与利用工作过程中面临的产权问题。目前阶段的文物产权工作仍表现出人治大于法治的特点，主要取决于个别官员或专业人员的重视，但其中也有一些经验值得借鉴。一是政府各相关主管部门的合作配合十分重要，特别是文物管理部门积极主动工作，将文物产权特殊情况与土地、房屋等管理部门充分沟通、共同协商，是在现行政策和体制框架内较好解决文物产权问题的有效方式。二是在财政资金中设置文物产权征收（征

---

① 参见励小捷委员提案：《关于利用民事诉讼惩治文物违法的提案》，国家文物局网站，2013年3月7日。

② 陈刚：《文物国家所有权研究》，华东政法学院2006年硕士毕业论文。

用）、置换、租用等经费内容，在提供文物保护抢救性工程项目经费的同时为文物保护预防性这类基础性工作提供资金支持，是文物保护专项经费制度改革的有益探索。本次调研希望通过对这些经验的总结，及时形成工作制度，为整体提高文物产权管理意识、建立健全文物产权管理体系拓展思路。

（一）主动开展国有文物产权相关征收与确权登记

由于文物产权来源特殊性的历史原因，也由于管理制度缺失等现实原因，有很多由国有行政事业单位占有、使用的国有不可移动文物交接文件资料丢失或不齐全，没有及时办理文物所有权登记或没有办理文物所有权登记。也有很多法律规定属于国家所有的不可移动文物在发现或认定时已由非国有企业、城市居民或农村集体、个人使用。一些地方政府和文物主管部门认识到文物产权登记确权和相关产权征收对国有文物保护的重要意义，主动开展了相关组织工作。

案例五：北京市开展国有文物腾退与土地确权等工作

北京市作为首都，政府、文化、经济功能集中，文物保护工作压力大，矛盾多，在文物产权方面开展了很多探索性工作，包括行政执法和社区参与等。

文物腾退执法工作。为加强文物建筑保护修缮，北京市文物局近年加大文物建筑腾退执法工作。早在2005年，北京市文物局针对大高玄殿等7处被不合理占用的文保单位，向17家产权或使用单位下发《责令限期改正通知书》，下令限期腾退整改。下发整改通知书强调文物使用人是保护文物的第一责任人，督促各占用单位依照法律的责任和义务，加大管理保护文物的力度，而不能总想着靠市政府解决所有问题。例如大高玄殿的产权方为故宫博物院，使用方则是另一家单位，腾退后的大高玄殿产权归故宫所有，故宫就应该想办法解决腾退补偿问题。① 对于逾期拒不整改的，北京市文物局还采取行政诉讼措施依法行政。②

文物土地确权工作。2012年，北京市昌平区在开展集体土地确权过程

① 张然：《北京文物占用调查　文物腾退之后将开放》，人民网，2005年11月28日。

② 王佳琳：《拈花寺整改没动静　北京文物局决定起诉》，《新京报》2011年11月11日。

中，解决了对国有不可移动文物明十三陵保护范围内的集体土地确权问题。由于历史原因，部分村集体已将明十三陵文物保护范围内的土地承包给村民进行耕种，在确权时十三陵特区办事处与村民集体双方争议很大，矛盾突出。经过多方不懈努力和沟通最终形成解决方案。根据各处文物古迹具体情况，明十三陵权属边界划定在围墙外 1～3 米处。在确权签字的同时，由十三陵特区办事处、十三陵镇政府与村集体签订一份三方协议。文物保护范围内有农作物种植的土地依然归农民使用，未来遇到征地补偿问题，墙外文物保护范围内的土地及地上物补偿均归村民所有。此方案经涉及的22 个村集体、十三陵特区办事处及镇政府讨论达成一致意见。该方案解决了 50 宗村集体所有权与明十三陵文物古迹的定界问题，推动了农村集体土地确权颁证工作顺利进行，更顺利解决了历史遗留的土地权属纠纷，完善了地籍管理工作。[1]

文物征收工作。粤东新馆位于北京市西城区，以“戊戌政变前公车上书议政之所”闻名，目前院内住着 100 多户居民，居住条件非常恶劣。2014 年，北京市政府启动粤东新馆征收程序，完成腾退后经保护和维修，将建立戊戌纪念馆。作为文物保护项目，粤东新馆的征收腾退以公益项目立项，征收过程将全程公示。这是《国有土地上房屋征收与补偿条例》（俗称新拆迁条例）[2] 实施以来，北京首个依据该条例以政府征收方式进行保护的文保单位。[3]

案例六：浙江省初步建立国有文物产权管理配套保障制度

浙江省位于经济发达的沿海地区，较为重视文物产权方面的工作，特别是注重法规制定及经费安排等保障制度的配套。

浙江省人民政府在 2006 年发布的《关于进一步加强文化遗产保护的意见》中，就鼓励“探索通过产权置换等方式进行古建筑保护的有效途径”。《杭州市文物保护管理若干规定》也对文物保护单位产权变革进行了规定，“文物保护单位的产权所有单位或者使用单位改变的，产权所有单位或者使

① 《昌平区创新思路、让利于民，攻克明十三陵文物保护与 22 个村集体所有权间权属争议问题》，北京市国土资源局昌平分局官网，2012 年 11 月 19 日。

② 《国有土地上房屋征收与补偿条例》，中华人民共和国国务院令第 590 号，2011 年 1 月 21 日。

③ 文静、聂辉：《粤东新馆将由政府征收保护》，《京华时报》2014 年 1 月 9 日。

用单位应当及时报告当地文物行政管理部门，并与文物行政管理部门重新签订《使用保护责任书》”。

为加大文物保护和抢救力度，浙江省1998年制定了《浙江省省级文物保护专项资金管理办法》，明确资金来源，指定专项资金责任缴款单位，规定专项资金除用于文物维修和保护外，还可用于重要文物征收。杭州市政府也不断加大文物保护经费投入，2005年起文物保护经费增至1.5亿，在全国市级城市中名列前茅，主要用于“搬迁安置费、历史建筑整治工程费、街区费用”[①] 等。

杭州市胡雪岩故居保护案例 胡雪岩故居经历数次战乱，到20世纪90年代，“里面挤着138家住户，一度还有过一座小工厂和一所学校”，“昔日江南第一宅已经面目全非”，“残存建筑不足原建筑的一半”。1999年开始，杭州市政府下决心搬迁故居里的住户，对故居进行抢救性修复，总投资近六千余万元，[②] 产权收归国有，[③] 并进行大规模修缮工程。2006年胡雪岩故居被公布为全国重点文物保护单位，并入第三批全国重点文物保护单位胡庆余堂。

余姚市河姆渡遗址保护案例 2000年左右，余姚市政府将河姆渡遗址核心区约50万平方米基本农田以租用方式作为遗址保护用地，迁走原用43户农民和3家企业，恢复生态。并征收6万平方米土地建设河姆渡遗址博物馆（包括田螺山遗址展示棚），土地使用权划归市财政局，由博物馆管理使用。由于较早解决土地问题，河姆渡遗址考古工作得以长期有序开展，周围生态景观优美，遗址得到有效保护。

案例七：山西省一些地市主动开展文物土地登记工作

2012年开始，太原市文物局组织对文物保护单位用地进行土地勘界和权属登记工作。此次文物土地确权工作在太原市人民政府的积极协调下，由太原市文物局提出动议，国土部门配合，以土地划拨的形式，按照土地使用权总补登记程序进行办理。目前，在太原市文物局直属的12处全国重点文物保护单位中，有11处启动了土地确权工作，其中窦大夫祠、多福寺、净因寺、

---

① 《杭州历史建筑保护遭遇三大难题》，《青年时报》2010年11月16日。

② 林楠等：《为子孙后代保护更多的历史文化凭证——胡雪岩故居修复内情揭秘》，新华网浙江频道，2002年10月31日。

③ 据了解，由于历史原因，相关文件不齐全，至今无法办理产权登记。

永祚寺、北齐墓群、大关帝庙、唱经楼、龙泉寺、国民师范旧址（省保）已经办理完土地证，土地使有权单位为各文物管理所（博物馆）；晋祠、天龙山石窟、龙山石窟正在办理。

2014年，永济市开展蒲津故城遗址土地确权工作。蒲州故城遗址位于永济市蒲州镇，由明城墙和唐城墙遗址两部分组成，面积6300余亩。新中国成立以后城墙陆续被拆除，城墙遗址大部分被农田、林地、果园、部队农场等占压，鼓楼变成了部队水塔，现已废弃，尚存部分设施一直未拆除。为解决遗址保护问题，蒲州故城文物保护管理处2012年成立后，陆续对遗址进行保护和环境整治。但由于未进行土地确权，故城保护工作阻力很大，为此，2014年，蒲州故城文物保护管理处主动向永济市政府申请土地确权，并由市政府组织协调土地局、蒲津镇政府，确定对明城墙两侧各30米、鼓楼、东城门、西城门遗址土地进行确权。测绘公司经完成前期勘测，四邻谈判已经完成，目前正在按程序办理手续。

案例八：重庆市制定城市开发建设中文物保护土地优惠政策

重庆直辖市是历史文化名城，又是中国西南地区经济中心和金融中心。近年重庆经济快速发展、城镇化步伐加快，为切实保护革命遗址、抗战遗址、大遗址和古建筑、三峡库区文物等各类文物，2012年重庆市发布《重庆市人民政府关于进一步加强文物工作的通知》（渝府发［2012］104号），制定了土地、城建、税费、水电气等方面的优惠政策作为保障。其中规定：“对城市开发建设中具有景观效果、实行原状保护的文物，文物建筑容积率不计入新建筑容积率；文物建筑占地面积不纳入绿地指标计算；对城市开发建设中保护下来的文物进行重新确权，所有权归国有，按‘谁出资，谁受益’的原则，给予出资方一定年限使用权。”

按照旧城改造和城市开发建设有关房屋拆迁条例规定，纳入开发片区和危改片区内确定房屋拆迁和招、拍、挂的地块，房屋产权均销号，需要保护的建筑遗产不再有产权身份证明。为保护这些建筑遗产，重庆市出台的政策规定必须对其重新进行房屋产权确认和登记，由文物行政部门认定后在房屋管理部门办理相关产权手续。①

① 吴婷、吴涛：《关于重庆海峡两岸建筑遗产再利用初探》，载国家文物局：《海峡两岸及港澳地区建筑遗产再利用研讨会论文集及案例汇编》，文物出版社，2013年。

（二）保护利用项目带动下的国有文物相关产权征收或土地租用

目前的文物土地产权或确权工作，主要是以文物保护展示项目实施的前期工作形式开展的。项目实施必须从办理建设用地使用权着手，倒逼文物部门解决文物土地产权问题。由于受到土地指标或经费用途或数额限制，遗址类文物土地使用权以租用为主，只有局部遗址核心区域进行了土地征收。

案例九：中央专项经费支持秦始皇陵土地征收

秦始皇陵兵马俑自20世纪70年代中期发现后，其保护工作即得到党中央和当地政府的高度重视。1984年，国家计委指出“秦陵在我国历史上具有特殊价值，对秦陵应给予特殊地位”，即拨专款920万元一次性统征已探明遗址土地484亩，从根本上解决对秦始皇陵文物核心区的人为破坏。① 1999年，国务院批准秦始皇陵遗址公园建设项目，“据称这是目前全国规模最大、投资最多、历史文化内涵极其丰富的国家文化重点建设项目。这个项目主要包括三个方面内容：1. 由政府出资，一次保护性统征秦始皇陵园（即外城）之内193.47公顷土地，将其中的企事业单位和居民整体搬迁。2. 对陵区实施绿化工程。利用国家相关政策，参照退耕还林、还草办法，将文物遗址区及周边地区3.2平方公里的范围进行绿化，从而改善秦始皇陵遗址所在地生态环境。3. 新建两座博物馆。上述3项总投资为5.2亿元”。秦始皇陵遗址风貌一直得到较好保护，与其土地产权问题得到较好解决不无关系。考古学家刘庆柱感叹：“秦始皇陵遗址公园建设的经验，政府统征遗址土地是最根本、最彻底的办法。”②

案例十：地方财政出资支持隋唐洛阳城考古遗址公园土地征用与租用

近年国家主导的大遗址保护行动极大促进地方政府对大遗址保护的综合支持，使一些长期被占压的遗址土地得到治理，为大遗址保护争取了空间，赢得了尊严。隋唐洛阳城遗址过去基本被现代洛阳城市占压，为配合隋唐洛阳城国家考古遗址公园建设，地方政府以各种方式投入二十几亿元资金，将位于城市中心的宫城遗址区（包括天堂、明堂、九洲池遗址等）和定鼎门遗址区域内企事业单位和居民搬迁，其中共征地518亩，由洛阳市文物管理局

① 摘自陕西省人民政府《秦陵博物院项目建议书》，2002年。
② 刘庆柱：《秦始皇陵遗址公园建设的思索》，《群言》2003年第7期。

于2010年办理土地使用权登记手续；另租用近4000亩土地用于遗址保护、展示和公共绿地。部分租用土地由市财政每年按每亩小麦、玉米产量各1000斤浮动价格支付租金，2013年支付租金240万元。

案例十一：集团运作筹集资金解决西安大明宫考古遗址公园土地征用

文物遗址范围内大量居民的存在对文物遗址安全造成重大隐患，然而将其迁出并完成文物土地产权征收需要巨额补偿费用，这是文物产权管理面临的主要矛盾。为解决大明宫遗址区域改造与保护需要的巨额资金，西安市复制了曲江集团模式，将遗址区域与其周围区域进行土地捆绑开发融资。大明宫遗址区保护改造规划面积为19.16平方公里，其中大明宫国家遗址公园为3.2平方公里，周边改造区域为12.76平方公里。曲江新区管委会下设西安曲江大明宫遗址区保护改造办公室，代行保护改造规划区域内政府职能，另注资成立西安曲江大明宫投资（集团）公司，承担大明宫遗址区保护改造的项目招商、投融资、基础设施建设、土地开发和经营管理工作。

整个大明宫遗址区改造项目在2007到2010年期间，通过曲江集团总投入资金120亿元，其中贷款规模超过60亿元，搬迁居民2.5万户，共约10万人。大明宫国家遗址公园3.2平方公里土地以绿地性质征用，遗址公园已于2010年10月1日建成开放。通过改造，基本解决了长期以来困扰大明宫遗址区居住环境差、交通状况差、治安状况恶劣、环境污染严重、生活服务设施短缺、经济发展失衡等问题。

案例十二：省政府协调下湖北熊家冢遗址土地的征转分离

湖北荆州境内有数十万座王室贵族及平民的大小墓葬，堪称楚文化的“地下文物宝库”。同时，荆州又是全国重要商品粮基地，受基本农田土地政策限制，变更土地性质管理程序非常严格。

荆州市在土地利用总体规划编制阶段，针对大遗址保护需要，对建设用地和基本农田保护区布局进行了调整，预留大遗址保护开发、建设用地6平方公里，对大遗址保护内非建设用地采取划定基本农田的做法，划定大遗址保护基本农田375平方公里。在转变土地用途时采取征转分离的方式。先行征收，将集体土地征为国用；再根据建设情况，需要转为建设用地的，办理农用地转用手续，不需转为建设用地的，仍保留农用地用途。

2010年启动熊家冢遗址博物馆建设，共征地731亩，其中荆州市649

亩，当阳市82亩。荆州市征收的649亩中，采取只办理征收不办理转用的约363亩，又征又转的约286亩。由于熊家冢遗址博物馆建设的土地征用涉及荆州、宜昌两市，通过省国土资源厅都难以办理，最终由湖北省委、省政府出面调整用地性质并强力督办才得以解决。所有征地费用均由荆州市政府承担。

（三）各地探索社会参与国有文物产权工作

我国大量的国有不可移动文物资源处于无人管护状态，需要大量资金进行保护，仅靠地方财政很难承担，因此各地也在探索引入社会资金参与文物保护的各种方式，其中必然涉及国有文物产权权属流转问题。

案例十三：北京出台鼓励个人购买四合院政策

为更好地保护北京的四合院文化，保护一些有文物价值的民居和名人故居，2004年4月，北京市国土房管局联合北京市地税局正式下发了《关于鼓励单位和个人购买北京旧城历史文化保护区四合院等房屋的试行规定》。按照新政策的规定，买方必须按照政府的房屋保护和修缮方案，承担起四合院的保护和修缮责任，同时对四合院的用途，也有可能受到某种程度的限制。

案例十四：山西临汾市曲沃县实施古建筑认领制度

2010年曲沃县人大常委会通过了《曲沃县古建筑认领保护暂行办法》，并公布施行。曲沃县对县级保护单位以下及其他历史建筑施行认定办法，这是对县内外公民和法人或其他合法组织按照一定程序，自愿认领本县一定数量的古建筑，并对其进行保护、管理、维修、使用和收益的行为。

根据规定，认领期限一次签约年限最多不超过30年，认领期间该建筑产权不变，实行产权与使用权、经营权分离，认领者不得转让、抵押，不得作为企业资产经营。认领期间的维修和维护经费由认领人出资。所有保护和利用行为必须报请文物行政主管部门审批后方可施行。

目前已经有六处完成了认定程序，并且已经进行了维修，包括：南林交龙泉寺、义城黄帝庙、桥山黄帝庙、神泉黄帝庙、童儿庙、西海龙王庙。如2012年2月15日，曲沃县工商联合会副主席冯才认领古建筑南林交龙泉寺，认领期限30年，并出资450万元对龙泉寺进行了维修，2012年完工。2013年被国务院公布为第七批全国重点文物保护单位。

案例十五：龙游县鸡鸣山民居苑对古建筑异地保护

1992 年，龙游县决定建设鸡鸣山民居苑，将县内部分缺乏就地保护条件的乡间明、清古建筑集中迁移保护。龙游县人民政府鼓励社会各界出资，结合产权人捐赠等方式，由县财政给予适当补偿收购古建筑产权，并将其迁建到民居苑进行保护。1992 年项目正式立项，占地 120 余亩，20 多年已搬迁复建宗祠、家庙、民居、戏台、亭阁等古建筑 45 幢，二期规划面积 255 亩正在建设中。1997 年鸡鸣山民居苑被公布为省级文物保护单位。

（四）总结与建议

通过以上实践案例的调研和分析，国有不可移动文物的产权工作并非遥不可及。我国地域广阔，文物类型复杂，现状各异，如果能针对这些不同情况，充分发挥主观能动性，因地制宜，依法合规地采取积极措施，事实证明在目前管理体制下能够在一定程度上解决产权问题。

当然，要真正从制度上加强国有文物产权管理，可以借鉴其他行业在产权和土地管理方面的经验，从以下几个方面着手开展国有文物产权管理体制的建设：

1. 国家文物局应发挥主导作用，加强国家宏观决策沟通与协调

国有文物产权管理体系是文物保护利用工作的基础性制度，应纳入国家文物行政管理部门主要工作职责。国有文物产权管理涉及中央政府职能、土地制度、财政制度等重大体制改革，需要国家文物行政主管部门从宏观战略出发，积极主动加强与中央其他相关行政主管部门协调与沟通，制定国有文物产权管理专项权属管理法规、专项土地制度、专项以及配套财政保障制度等，推动和指导各地国有文物产权管理工作的开展。

2. 积极组织开展全国不动产统一登记中的文物登记确权工作

目前，由中央统一部署、国土资源部牵头组织的全国不动产统一登记工作正在加紧推进，《不动产登记条例》即将颁布实施。这是推动国有文物产权工作的有利契机，如果错过将为以后文物产权管理造成更为复杂艰巨的局面。建议国家文物局尽快与国土资源部协商联合发布不动产统一登记中文物权属登记的实施细则，指导和解决各地文物确权中遇到的实际问题和困惑。

3. 开展国有文物资产分类研究，为国有文物权属管理打下基础

在国有资产管理体系中建立国有文物管理体系，需要针对国有文物权属特殊性，组织开展大量细致的专业研究工作，包括不同类型国有文物资产的范围、内容、评估方法、预算定额、管理流程等，为制定国有文物产权的登记、评估、保护、利用、转让等各项管理制度提供依据。

（本部分执笔人：于冰、李大伟）

国际视野下的世界文化遗产申报

——从中国申遗项目谈起

内蒙古自治区元上都遗址　张依萌摄

我国是世界上唯一连续十年申遗成功的国家，成功固然可喜，压力也不容小觑，面对国际申遗组织的新规则和日趋增长的申遗成本，中国的申遗工作何去何从？是否应该做出思路上的调整，值得深入思考。

1972 年，联合国教科文组织在巴黎通过了《保护世界文化和自然遗产公约》（以下简称“《世界遗产公约》”），旨在通过国际社会的相互援助，共同保护属于全人类的文化和自然遗产。我国的世界遗产工作虽然起步相对较晚，[①] 但近几十年来发展迅速，经历了先易后难的发展历程。截至 2012 年，我国已拥有世界遗产 43 项，其中文化遗产 30 项，文化和自然双遗产 4 项，世界遗产数量仅居意大利（47 项）及西班牙（44 项）之后，位列世界第三。随着国际申遗形势的变化，中国的申遗工作面临着更多的挑战，该如何应对，是摆在文物工作者面前一个值得深入思考的问题。

一、近年来中国的世界文化遗产申报历程

截至 2012 年，我国已连续 10 年成功申报世界文化遗产。[②] 而支撑申遗连年成功的，则是我国世界文化遗产工作整体水平的不断提高：如对于遗产类型与遗产价值的深入理解、《预备名单》的科学遴选、专家咨询制度的日渐完善，对已列入《世界遗产名录》（以下简称“《名录》”）的遗产地的合理保护等。

而在收获喜悦的时刻，我们更有必要回头看看申遗工作所走过的道路。本部分将回顾近年西湖与元上都两个申遗项目的申报历程，从而为今后的申遗工作总结有益的成功经验。

---

① 我国于 1985 年加入《世界遗产公约》。

② 到 2012 年，我国列入《世界遗产名录》的世界文化遗产分别是：明清皇家陵寝扩展项目（北京十三陵与南京明孝陵，2003 年）、高句丽王城、王陵及贵族墓葬，明清皇家陵寝扩展项目（盛京三陵）（2004 年）、澳门历史城区（2005 年）、殷墟（2006 年）、开平碉楼及村庄（2007 年）、福建土楼（2008 年）、五台山（2009 年）、登封“天地之中”历史建筑群（2010 年）、杭州西湖文化景观（2011 年）、元上都遗址（2012 年）。

（一）西湖与元上都申遗过程

杭州西湖文化景观和元上都遗址由于自身的突出普遍价值（以下简称“OUV”）和优秀的保护管理水平得到了国际古迹遗址理事会（以下简称“ICOMOS”）现场和书面评估专家的高度认可，均被建议直接列入《名录》，并在世界遗产委员会①年会的评议中得到委员国的一致认可。通过对这两处遗产申报过程的系统回顾，以期从中总结出可供今后申遗工作借鉴的经验。

1. 两处遗产申遗的基本情况

杭州西湖素以“上有天堂，下有苏杭”享誉全国，在深受中国传统美学思想影响的东南亚儒家文化圈内也声誉颇高，但对于文化背景差异较大的其他地区的专家和普通民众来说，体会西湖的美则要困难得多。如 ICOMOS 的资深世界遗产顾问，芬兰的尤嘎·尤基莱托（Jukka Jokilehto）教授在到访西湖后，得到的第一印象是，被中国人千百年来视作人间天堂的西湖，作为一个“湖”，在他的祖国芬兰，“有成百上千”。直到他经过数天深入考察之后，才给出了第二句评语：“但是，她被加入了文化的含义，变得与众不同。”如何用世界遗产的普世语言将西湖的美与价值向更多不能亲临现场的评估专家传达出来，的确是一个难题。

经过深入细致的研究，西湖申遗文本编制团队将西湖定位为“东方名湖”，并从西湖不计其数的名胜古迹中提取出承载申报遗产 OUV 的六大要素，包括自然山水、城湖关系、“两堤三岛”格局、西湖十景、代表性史迹与特色植被，并依据核心要素“西湖十景”的完整视域空间范围、结合可清晰辨认的地形划定了 4235.76 公顷的遗产区范围。而龙井茶园作为西湖三面云山中的特色植被以及西湖文化景观关联性的重要体现，与其所在茶村一起被列入申报范围。

元上都作为忽必烈的龙兴之地，是蒙元时期游牧和农耕两大文明体系冲撞和交融的二元文化的重要代表作，自明初废弃后一直未经扰动，较好地保存了下来。文本编制团队选择元上都城址、墓葬群及相关的自然和人文环境作为遗产的构成要素。而为了抵御外部压力，保持遗产的良好生态，更是借助草原地广人稀的特点，划定了 25131 公顷的遗产区和 150722 公顷的缓冲

---

① 该组织是联合国教科文组织内负责《世界遗产公约》实施的政府间委员会，每年召开一次会议，主要决定哪些遗产可以列入《名录》，并对已列入《名录》的世界遗产的保护工作进行监督指导。委员会成员由《世界遗产公约》的 21 个缔约国组成，每届任期六年（鼓励缔约国自愿将任期从六年缩到四年），每两年改选其中的三分之一。

区，使元上都遗址成为目前我国面积最大的单体世界文化遗产。

2. 两处遗产的评估过程

根据《实施〈世界遗产公约〉操作指南》（以下简称《操作指南》）的规定，世界文化遗产的申报由 ICOMOS 负责评估。ICOMOS 在接到申报文本后，会组织数位业内专家对遗产的价值进行匿名的书面评估，同时还会派遣专家对遗产地进行实地考察，对遗产的真实性完整性及管理规划、保护政策和游客管理等方面做出评估。在对书面评估和现场评估进行汇总的基础上，ICOMOS 的世界遗产评审小组（panel）会就遗产是否能够列入《名录》做出最终的推荐意见，并提交世界遗产委员会进行审议。在评估过程中，ICOMOS 可就相关问题与缔约国进行书面联络，要求缔约国提交相关补充材料。下面分别对两处遗产地的评估情况进行介绍。

（1）杭州西湖文化景观的评估

代表 ICOMOS 对西湖进行现场评估的是韩国首尔国立大学建筑学院城市保护规划专家朴素贤教授。朴教授之前虽未到过杭州，但久闻西湖十景以及白居易、苏东坡等文人雅士的大名，因而较好地从大尺度上把握和认可了西湖景观作为东方审美趣味典型代表的 OUV，以及其“三面云山一面城”的真实性和完整性。

但是这种认可丝毫没有让朴教授放低对西湖的考察力度，而是使她将重点放在了湖东城市发展对西湖景观造成的影响和压力，以及遗产的保护管理规划上。她不仅额外要求考察缓冲区的边界和城市建设状况，还数次详细询问保护规划中对缓冲区内建筑高度的具体控制要求。同时，朴教授还十分重视对遗产区内居民生活水平及其与遗产保护关系的考察，并专门提出要去考察遗产区内的种茶村庄。依靠西湖带来的大量游客以及龙井茶园的优美环境及产出的优质茶叶，当地村民享受着优越的生活条件，这使他们从心底里支持西湖景观的保护，对于传统民居面貌和制茶技艺的保护传承有着非常高的积极性。如专家访问的那户人家拥有两辆汽车、两个子女都在国外留学，主人在交谈中传递出来的对生活富足的满意和对遗产保护的朴素支持，都给专家留下了很深的印象，也进一步加强了其对西湖可持续保护的信心。

在西湖的书面评估过程中，依靠内容详尽、编写科学的申遗文本，以及 ICOMOS 中国国家委员会（即中国古迹遗址保护协会）在往来信件中不厌其烦地反复解释，ICOMOS 较好地认可了西湖的 OUV 及其作为“天人合一”理念影响下设计类景观的真实性与完整性。但是，ICOMOS 始终不认可将龙井茶园及相关茶村纳入申报范围，认为它们和遗产的价值无关。最后，经过充分协商，中方提出了修改方案，将遗产区边界缩至“西湖十景”的第一圈视线空间，将大部分的茶园和茶村都改划至缓冲区内，遗产区面积缩减为3323公顷。这一方案较好地平衡了遗产的价值保护要求及ICOMOS的意见，得到了ICOMOS的认可，因而推荐将其直接列入《名录》。

（2）元上都遗址的评估

负责对元上都遗址进行现场评估的是韩国建国大学科学院城市地理方面的专家崔在宪教授。崔教授对历史上的蒙元文化有很高的崇敬之情，对今天遗产地蒙古族人民的生活传统和非物质文化遗产也表现出浓厚的兴趣，并较好地认同了元上都遗址的突出见证价值和它对于蒙古族的关联性意义。

在对遗产本体进行细致考察的同时，崔教授还十分关注遗产对于当地民众的作用。当他在利益相关者座谈会上听到当地帐篷厂的老厂长绘声绘色地向他憧憬申遗成功后自己帐篷销量增加的情形，以及当地中学生用流利的英语向他介绍学校教育中对元上都遗址的重视和自己对遗产的珍惜和自豪时，深受感动。此外，由于元上都遗址地跨正蓝旗与多伦县，两地政府与文物主管部门的协调非常重要，崔教授也专门就此问题要求中方提交了补充材料。

ICOMOS在书面评估的过程中，主要就遗产区缓冲区内敖包的属性和保护状况、遗产要素的基础数据库、遗产的管理结构和风险防控等问题来信要求提供补充材料。由于遗产保护的基础工作和申遗前期的研究筹备工作均十分充分，对于遗产要素的选择、遗产区缓冲区的划分及遗产的管理构架等都进行过认真科学的考虑，待我方回信就相关问题予以进一步说明后即解决了ICOMOS的疑问，最后完全遵循我方提交的OUV标准与遗产区划，干净利落地将元上都遗址推荐直接列入《名录》。

3. 两处遗产列入《名录》后的情况

两处遗产在成功列入《名录》后，均没有躺在功劳簿上，而是以申遗成功为遗产保护的新起点，按照中国政府的庄严承诺，认真履行《世界遗产公约》，为我国的世界文化遗产工作树立了良好榜样。

在西湖申遗成功的当天，杭州市有关领导即在世界遗产委员会会场外第一时间向全世界做出了坚持“六个不”的承诺，[①] 在申遗成功一个月内就成

① 即坚持“还湖于民”目标不改变、门票不涨价、博物馆不收费、土地不出让、文物不破坏、公共资源不侵占六项承诺。

立了西湖世界文化遗产监测管理中心，负责西湖文化景观遗产监测工作的统筹、协调和指导，并出台了《杭州西湖文化景观保护管理条例》等法规，为我国的世界文化遗产保护树立起了新的典范和标杆。

而在元上都遗址申遗成功后，当地政府也借申遗的东风在元上都遗址设立了文物保护工作站，并加强了对遗产环境的治理与保护。正蓝旗、多伦县人民政府制订了元上都遗址监测、防沙、治沙工作方案，设立了环境保护监测站，开展围封转移、草蓄平衡等工作，进一步对元上都遗址保护区土地沙漠化现象进行治理。2012 年秋天，元上都遗址周边草场植被覆盖度较申遗前提高了 15%，牧草平均高度增加了 20 厘米，亩产鲜草量提高了 200 公斤，遗址周边草场沙漠化得到了有效控制，[①] 从而为逐步实现元上都遗址的可持续保护与发展奠定了坚实的基础。

（二）从西湖与元上都申遗得到的启示

纵观杭州西湖与元上都遗址申遗的全过程，我们可以得到以下一些有益的启示：

1. 对遗产价值的科学认定是申遗成功的前提

根据《操作指南》的规定，申报遗产的 OUV 是确定遗产申报要素、遗产区划及保护管理措施的基础。[②] 而在实际的评估过程中，不论是西湖的反复沟通，还是元上都的顺利过关，都和评估机构及其专家对遗产价值的认定密切相关。可以说，对申报遗产价值的科学认定和清晰阐述是申遗工作成功的基石。

而在具体的评估过程中，由于文化背景、思维方式等方面的差异，评估机构对我国遗产价值的判断与中方自己的认识会有差别。在一些情况下，国际上的新认识有助于我们更清晰和更深入地理解遗产价值，并促进其保护。但在另一些情况中，这种价值认定的偏差则会对遗产价值的充分挖掘与保护造成不利影响。如西湖景观虽然被顺利列入《名录》，但 ICOMOS 和世界遗产委员会并未接受其作为东亚山水美学景观典范（即标准四）的价值论述，

---

① 相关数据由正蓝旗文物局提供。

② 如《操作指南》第 100 条规定：“依据标准（i）至（vi）申报的遗产（即文化遗产），划定的边界需要包括所有有形的能够直接体现遗产的突出普遍价值的区域和特征，以及在将来的研究中有可能加深这种理解的区域。”第 112 条规定：“有效管理包括对申报遗产保护、保存和展示的短、中、长期措施。规划管理采取整体综合的方式对指导遗产长期发展至关重要，也可确保其突出普遍价值的所有方面得以维持。”

而认为它反映了从印度传入中国的佛教思想（标准二）。这一表述无疑反映出评估机构未能在东方传统审美意识的语境中达到对西湖价值的充分认识，可谓是西湖申遗成功唯一美中不足的地方。而价值认定上的偏差，不可避免地会对西湖作为世界遗产的宣传与保护管理造成一些影响。

根据现行的规则，在评估过程中，缔约国难以就遗产最终适用的价值标准与咨询机构及世界遗产委员会进行充分的沟通，如果缔约国希望对价值标准进行修改，则必须重新履行申遗的全部步骤。这种制度无疑有其不合理的地方，有必要在今后的工作中加以改进。

2. 扎实的保护管理工作是申遗成功的基石

不可否认，为了更好地符合世界文化遗产的标准，遗产地在迎检前都会进行程度不一的本体修缮与环境整治。这种突击式的迎检工程有其内在的合理之处，但也必须认识到，它们的作用仅仅是锦上添花，申遗成功所依靠的，必须是遗产地长期以来科学有效的高水平保护与管理。

以西湖和元上都为例，这两处遗产都是类型特征十分鲜明的文化景观。作为“人与自然的共同作品”，文化景观具有遗产面积大、遗产构成要素复杂，和当代社会经济关系密切、面临较大发展压力，其保护管理涉及政府多个部门、超出文物部门传统职权范围等特点。但通过有效的部门协调、能力建设等措施，这两处遗产地均表现出很高的保护管理水平。如在西湖考察时，朴素贤女士对西湖边茂密的植被就给予积极评价，认为这是西湖保护的重要方面，也是遗产管理部门长期以来扎实有效工作的体现，文本里没有详细描述是一个缺憾，建议提交补充材料予以进一步说明。此外，西湖自 2002 年开始就推出“还湖于民”的政策，十多年来相继取消了 130 多个景点的门票，占景点总数的 70%，成为申遗成功后当地政府勇于做出“六个不”承诺的前提与基础。也正是这种一脉相承的科学保护管理理念与方法，保障了西湖的突出普遍价值，进而被列入《世界遗产名录》。而元上都遗址申遗过程的一帆风顺，也得益于多年来遗产本体所受的破坏压力较小，遗产具有不容怀疑的真实性和完整性。在此基础上，为申遗还做了必要的修缮与整治，达到了锦上添花的效果，确保了申遗的成功。

3. 申遗过程也是提高文化遗产保护管理水平的宝贵契机

申遗的过程也是根据世界遗产的要求和规范对遗产再认识的过程，因此通过申遗往往能够进一步提高遗产的保护管理水平。如在确定了元上都遗址申报世界遗产的范围后，当地政府很快意识到跨旗县、跨行业的协调与综合保护管理问题，于2010年6月成立了锡林郭勒盟元上都遗址保护管理委员会，负责协调正蓝旗、多伦县和盟有关主管部门开展元上都遗址的保护管理工作。当年11月，为进一步加强元上都遗址的文物保护工作，当地又成立了锡林郭勒盟元上都遗址文化遗产管理局，作为负责具体事务的盟一级常设政府机构，是正蓝旗和多伦县共同的上级专业管理部门，专门负责具体领导和协调正蓝旗和多伦县对元上都遗址的文物保护管理工作。这一管理体制有效回应了国际上对元上都遗址的协调保护问题，ICOMOS在评估报告中指出，元上都遗址保护管理委员会与管理局“有效地协调了参与该遗址管理的不同单位之间的工作”。

另一方面，在现场和书面评估的过程中，专家往往会就遗产保护管理的某些方面提出问题，并且往往不会允许我方给予模棱两可的答复。事实证明，这不是专家在小题大做或求全责备，因为这常常也是我们遗产保护管理客观上存在漏洞、或者中外做法不一致的地方，我方只有主动加以解释与澄清，才能避免落入被动。而通过对遗产地深入细致的现场考察，评估专家们也往往能从自己的学科角度出发，对遗产保护和管理提出十分有益的意见和建议，成为提高遗产保护水平的重要契机。

如在西湖景观的现场评估过程中，由于各种原因，之前在相关文件中并未对西湖周边的建筑控高给予具体规定。面对专家的一再质询，通过各有关部门的通力合作，终于在考察结束前把合理有效的建筑控高数据提供给了专家，为西湖景观的保护增添了一道新的屏障。

二、国际申遗新形势

作为缔约国履行《世界遗产公约》的职责之一，申报世界文化遗产必须严格遵守《世界遗产公约》和《操作指南》的相关规定，并密切关注国际上相关理论与实践的最新动态。与此同时，从整个文化遗产保护事业来说，世界文化遗产申报的目的并不是简单地列入《名录》，而是以之作为推动遗产保护及提升整个社会对于文化遗产保护意识的动力和契机。因此，申遗工作也必须密切关注国内文化遗产界内外对于申遗工作的认识和理解，确保申遗带来好的导向和做法。

随着世界遗产的总数逼近1000项，关于《世界遗产公约》未来的讨论成为每年世界遗产委员会会议的重点议程之一。就世界文化遗产的申报工作来说，主要有以下三方面的情况值得关注。

（一）《操作指南》中对世界遗产申报数量的努力控制

随着世界遗产总数的日益增多，为了确保《名录》的可信度和世界遗产的可持续发展，世界遗产委员会从2000年的凯恩斯会议开始，即着手对每个国家每年的申遗数量以及当年申遗项目的总量进行控制，并根据实际情况数次修改了相关规定。根据2011年版的《操作指南》61条，最新规定如下：

委员会决定使用以下机制：

a）（每年）最多审查每个缔约国的两项完整申报，其中至少有一项需与自然遗产或文化景观有关。

b）确定委员会每年审查的申报数目不超过45个，其中包括往届会议推迟审议的项目、补充材料后再审项目、扩展项目（遗产限制的细微变动除外）、跨界项目和系列项目；

c）超出每年限定的45个申报之后，其他申报的优先顺序如下：

①尚无遗产列入《名录》的缔约国提交的遗产申报；

②有三项以下遗产列入《名录》的缔约国提交的遗产申报；

③由于每年申报数目限制未能处理的遗产申报；

④自然遗产申报；

⑤混合遗产申报；

⑥跨境或跨国遗产申报；

⑦非洲、太平洋和加勒比地区缔约国的遗产申报；

⑧最近十年加入《世界遗产公约》的缔约国的遗产申报；

⑨最近十年或十年以上时间没有提交过申报的缔约国的遗产申报。

与此同时，虽然《操作指南》中指出对“《世界遗产名录》上的遗产总数没有正式限制”，第59条规定：

要构建具有代表性、平衡性、可信性的《世界遗产名录》，缔约国须考虑其遗产是否已在《名录》上得到充分的代表。如果是，就要采取以下措施，减缓新的申报：

a）依据自身情况，自主增大申报间隔，和/或；

b）只申报《名录》内代表不足的类别的遗产，和/或；

c）每次申报都与《名录》内代表不足的缔约国的申报联系起来，或；

d）自主决定暂停提交新的申报。

综合以上材料可以发现，从规则制定的角度看，世界遗产委员会的工作思路和方向是鼓励在《名录》上遗产数量较少的缔约国申报行为，以及申报《名录》中代表不足的遗产类型，而对世界遗产数量已经较多的国家来说，虽然目前还没有强制性的规定措施，但一方面，世界遗产委员会鼓励这些缔约国主动放缓申报速度，另一方面，也有进一步强化限制措施的趋势。

比如在2011年世界遗产委员会会议上，世界遗产中心即统计了2003年至2012年十年间提交申报遗产总数排名前十的国家，以及这十年间这些国家每年提交申遗项目超过1项的次数（见表3－1）。该表显示，中国申报遗产的总数和每年申报遗产数量超过1项的次数都排名第一（26项和9次），申报文化遗产的数量也排名第三（16项）。[①]

表3－1　申报遗产总数排名

编号	缔约国	申报遗产数量	文化遗产	自然遗产	混合遗产	每年申报遗产超过1项的次数
1	中国	26	16	8	2	9
2	印度	23	18	5	0	7
3	法国	20	14	5	1	6
4	德国	20	18	2	0	5
5	意大利	17	11	5	1	6
6	墨西哥	17	12	3	2	4
7	以色列	16	14	1	1	4
8	俄罗斯	16	10	5	1	4
9	西班牙	16	10	5	1	5
10	伊朗	15	14	1	0	4

该文件指出：“一个缔约国每年两个申报项目的限制对于新申报项目地区分布的改善似乎未产生积极影响……能够定期提交申遗文本（特别是那些

① http：//whc. unesco. org/document/106673，如果算上混合遗产的两项则中国申报文化遗产的总数也是并列第一。

每年能够提交一个以上项目）的缔约国也是在《名录》中拥有遗产数量最多的国家……重建每年每个国家一个申报项目（如 2000 ~ 2004 年执行的）的限制可能有助于改善《名录》上的地区代表性。”

与这种动议相呼应的，是世界遗产中心对申遗文本格式审查的严格。如在 2010 ~ 2011 年度（截至 2011 年 2 月 1 日前）收到的 48 份申遗文本中，只有 33 份通过了格式审查，而在 2011 ~ 2012 年度收到的 46 份申遗文本中，也只有 34 份通过了格式审查。

（二）ICOMOS 对文化遗产项目的严格评估

在申遗规则日渐严格的同时，咨询机构对申遗项目的评审也越来越严。据统计，近年来被咨询机构推荐直接列入《名录》的遗产占当年申报遗产总数的比例呈下降趋势。如 2011 年，ICOMOS 共评估了 30 项文化遗产项目，除了由于政治原因建议推迟审议的以色列的一个项目，建议直接列入项目仅 8 项，建议补充材料再报 2 项，建议重新申报 13 项，建议不列入 6 项。2012 年，在评估的 29 个项目中，建议直接列入的项目也仅 10 项，建议补充材料再报 6 项，建议重新申报 6 项，建议不列入 7 项。

在具体的评估过程中，ICOMOS 也会对申报遗产的价值、真实性完整性及保护管理等方面进行非常细致严格的评审，并就相关问题与缔约国展开详细的沟通。

以申报文本中要求的对比分析为例，《操作指南》中规定，申报遗产应与类似遗产（无论是否列入《名录》）进行比较，比较时应该概述该项遗产与其他遗产之间的类似点，说明该项遗产之所以突出的原因。随着列入《名录》及各国提交的《预备名单》上遗产数量的日益增多，对比分析不仅显得越来越重要，做好对比分析的难度也越来越大，也往往成为 ICOMOS 关注的重点之一。如在 2011 年 8 月回复 ICOMOS 总部的信件中，我方将元上都遗址与蒙元帝国的另两大都城哈拉哈林与元大都在历史地位、城市规模和形制以及文化环境与背景等方面进行了细致的比较分析，使得申报遗产的 OUV 水到渠成，令人信服，为元上都遗址的最终申遗成功做出了重要贡献。

此外，近几年的实践表明，原先分别负责文化与自然项目评估的 ICOMOS 与世界自然保护联盟（以下简称“IUCN”）逐渐加强了评估过程中的相互合作，ICOMOS 会参与对一些自然遗产申报项目的评估，而 IUCN 则会参与部分文化遗产的评估。咨询机构的这种互动使其在评估一国于同年提交的文化与自然项目时，自然而然产生更多的权衡、比较和思量，而这对于基本上每年都会提交一个文化遗产和自然遗产申报项目的中国来说，无疑加大了两个项目同时成功的难度。

（三）世界遗产委员会对咨询机构建议的频繁修改

《操作指南》规定，咨询机构在书面和现场评估的基础上就一项遗产是否被列入《名录》做出建议，包括四种可能：直接列入；补充材料再报；重新申报；不列入。而最后的决定权由世界遗产委员会掌握，即世界遗产委员会有权更改咨询机构的评估建议。如上文所述，对世界遗产数量进行更严格的控制很可能成为现实，因此各国在近几年内纷纷加大了申遗的公关力度，而有少数一些委员国，也并未充分担当起作为委员会成员的神圣职责，而是出于自身利益的考虑轻易对他国的申报项目表示支持。而根据世界遗产委员会的章程，《世界遗产公约》的缔约国被分为非洲、阿拉伯、亚太、欧洲与北美以及拉丁美洲与加勒比地区五大区域，每届委员国的份额由五大区域均分。由于语言、文化习俗等各方面的原因，来自非洲、阿拉伯及拉美与加勒比地区委员国相互间往往会互相支持，亚太地区的意见较为分散，欧美地区的委员国虽然对遗产评审持较为严格的态度，但由于其在委员会内所占份额较少，往往孤掌难鸣。这些因素导致了近几年世界遗产委员会会议上的一个重要变化，即世界遗产委员会对咨询机构，尤其是ICOMOS建议的改动越来越频繁。

前文提及的ICOMOS资深世界遗产顾问，芬兰的尤嘎·尤基莱托教授曾撰文就这一现象进行探讨。① 根据尤嘎教授的统计，2003年和2004年，分别有4项遗产未被ICOMOS推荐列入的文化遗产被世界遗产委员会修改为列入，2006年这一数字是6项，2008年变成了7项，到2010年则变成了9项。到了2012年的会议上，这一情况丝毫未得到好转，依然有9项文化遗产被委员会改为列入，甚至有一项直接从ICOMOS推荐的不列入被改为列入（巴勒斯坦的耶稣诞生地：伯利恒诞生教堂与朝圣路线），改动程度之大实属空前。有一些申报项目由于在文本质量、遗产区划、保护管理以及遗产价值等方面的硬伤，导致世界遗产委员会虽然决定将该项目列为世界遗产，却一时间难以为该遗产起草出作为世界遗产必需的突出普遍价值声明，要一直拖到次年

---

① Jukka Jokilehto, World heritage: Observations on decisions related to cultural heritage, *Journal of Cultural Heritage Management and Sustainable Development*, Vol. 1 No. 1, 2011, pp. 61 – 74.

的委员会会议上进行补充,《名录》的可信度受到巨大挑战。

面对世界遗产委员会会议中这些令人失望的现象,更多的缔约国与国际组织的同行们都热切期待着能有国家站出来伸张正义,使遗产委员会会议氛围重回正轨。比如在2011年的世界遗产委员会会议上,巴林在自身申报项目“采珠:岛屿经济的见证”已被埃及等国建议列入的情况下,主动表示该项目尚未达到列入标准,需要提交补充材料,拒绝该项目直接列入《名录》,对于当时会议上毫不负责的列入态度予以有效的回击,赢得了会场内经久不息的掌声。对于巴林来说,虽然延缓了申报遗产的列入时间,但大大提高了在世界遗产界的国家形象,孰轻孰重,自有定论。①

三、中国的申遗环境及对策

申遗作为我国文化遗产保护事业中的一件大事,历来也受到社会各界的密切关注。近年来,随着物质生活水平的提高,地方各级政府和民众对文化遗产保护的意识越来越强,积极推动当地的申遗项目,成为政府和百姓的共识,申遗的热度可谓越来越高。而另一方面,申遗中和申遗成功后的一些不当做法,也越来越为人们所诟病。下面将从近年申遗实际出发,分析国内申遗新环境。

(一)文化遗产和自然遗产分头管理的弊端日益显现

1972年《世界遗产公约》推出之际,受到西方传统的文化和自然相分离的两分法影响,世界遗产被分为文化遗产与自然遗产。这一划分深刻影响了之后的世界遗产工作,如我国即仿效这一机制,对文化与自然遗产实行分头管理,由国家文物局负责世界文化遗产的申报和管理,住房与城乡建设部负责世界自然遗产的申报和管理,文化自然双遗产的申报和管理由住建部牵头,会同国家文物局等部门联合进行。

《世界遗产公约》推出以来40多年的实践逐步推动着人们对遗产类型多样化,以及遗产文化与自然属性不可分离的认识。在我国,文化与自然遗产的分工虽然保障了工作的专业性,但也不可避免地带来一些负面影响。仅从遗产申报层面来说,这种分头管理的体制就有以下两方面的负面影响。

首先,分头管理和申报的体制容易造成遗产价值认定上的缺失。如2010

---

① 而当巴林于2012年提交了相关补充材料后,该遗产也被ICOMOS与世界遗产委员会所认可,顺利列入《名录》,并得到与会代表衷心的祝贺。

年8月，江西龙虎山作为“中国丹霞”项目的组成部分，以自然遗产类型被列入《名录》。但另一方面，龙虎山作为中国道教的发祥地和道教正一派“祖庭”，无疑也符合世界文化遗产的突出普遍价值，① 其只被作为自然遗产申报与列入，对于其文化价值的认定和保护无疑将产生不利的影响。

其次，现行的申遗体制易导致在遗产申报项目上缺乏统筹。2009年，我国的文化遗产申报项目“嵩山古建筑群”被世界遗产委员会审议为补充材料再报，成为我国第一个未一次申报成功的文化遗产项目。导致该次申遗未直接成功的最主要原因，正是当年文化与自然项目的缺乏统筹。一方面，在国家文物局把“嵩山古建筑群”作为文化遗产提交申报的同时，嵩山也作为五岳的组成部分，被住建部作为双遗产泰山的扩展项目列在《预备名单》中提交世界遗产中心。这自然引来了国际组织对嵩山价值认识的困惑，从而要求我方进一步提交相关补充材料。另一方面，该年住建部以双遗产类型提交申报五台山，但由于五台山的自然遗产价值未被认定，最后以文化遗产的方式列入《名录》，而根据当时《操作指南》的规定，每个缔约国一年只能提交一个文化遗产申报项目，从而事实上占去了“嵩山古建筑群”的列入名额。

而遗产申报缺乏协调统一的部署从近几年申遗项目的名称中也可见一斑：2011年申报的自然遗产为“云南澄江化石群”，2012年申报的文化遗产还是来自云南的“红河哈尼梯田文化景观”；2012年申报的自然遗产为“天山”，2013年申报的文化遗产为“丝绸之路：起始段和天山廊道的路网”。虽然每年申报的文化与自然项目都是其主管部门综合考虑了遗产价值、保护现状、国内遗产地理平衡性等诸多因素后慎重做出的决定，但是当我国文化与自然遗产的地理分布接连相近，外加上如前文所述，近年来文化与自然遗产咨询机构的配合日益密切的大局面，这无疑加大了我国遗产列入《名录》的难度。

此外，根据现行的管理制度，文化遗产与自然遗产《预备名单》的更新工作也是完全分开操作的，这也很不利于对我国潜在世界遗产资源全面综合的研究与认识。

---

① 2000年，中国的另一道教圣地青城山即以符合标准六（“青城山上的寺庙与道教的建立密切相关，道教在漫长的历史中是东亚最具影响力的宗教之一”）而作为“青城山与都江堰”遗产的组成部分被列入《名录》，另一遗产“武当山古建群”的列入也与其道教因素密切相关。

（二）申遗压力连年增大

世界文化遗产申报的连年成功，向国内外显示了我国雄厚的世界文化遗产工作能力。每年的申遗工作背后都凝结着从领导、专家到遗产地民众为申遗做出的各种努力和奉献，并涌现出无数的感人故事。但另一方面，这举世无双的中国式申遗速度和成功率，也不可避免地带来了一些负面影响。

首先，申遗势如破竹，易使未亲身参与过申遗工作，对申遗的艰辛没有体会的局外人士滋生一种骄傲和轻视，认为申遗不过如此，只要我国政府提交的项目，不可能申报失败。这种看法既是对历年来为申遗工作付出巨大心血的领导、专业团队及遗产地政府和民众工作的不尊重，同时也是对世界遗产规则以及《世界遗产公约》的不尊重，消解了世界遗产申报与保护事业的严肃性。

其次，由于上文提到的文化与自然遗产的分头管理，《操作指南》上规定的每个国家每年申报项目不能超过两个，在我国的现实操作中变成了每年文化遗产与自然遗产申报的事实分工，从而逐渐使每年提交一个文化遗产申报项目成为了一项工作要求。面对我国《文化遗产预备名单》中数量庞大的申遗资源，确保每年一个文化遗产申报项目，的确有其必要性和合理性，而工作实践也已证明，申遗工作本身就是提升遗产保护意识，推动遗产保护水平和能力的良好契机。但不可否认，如果为了完成每年提交一个申报项目的任务，使遗产在基础研究、环境整治、保护管理制度等方面存在欠缺的时候即提交申报，会使申报过程中的各项工作困难重重，并对遗产保护产生不利影响。

而文化遗产连报连捷的局面，更使文化遗产申报在某种意义上成为了一项只许成功、不许失败的政治任务，使得承担申遗各环节工作的行政领导、相关专业团队和遗产地各级政府与部门的压力越来越大。申遗这一为保护人类共同遗产而推出的机制，在中国的语境中无疑被赋予了过多的内容，值得深入反思。

（三）申遗热情持续不减

自 1987 年我国首批遗产列入《名录》以来，由于世界遗产称号给遗产地在知名度、旅游收入等方面带来的综合效应，申报世界遗产逐渐成为全国各地竞相追逐的目标。

就文化遗产而言，国内的申遗热可分为三个层面。首先是每年的文化遗产申报项目。遗产地往往会把申遗作为当地最重要的工作之一，并在申遗文本撰写、申遗点整治、专家迎检等各个方面花费巨大资源。据统计，广东开平碉楼为“申遗”花费1.36亿元，河南安阳殷墟投入2.3亿元，山西五台山单是景区整治和搬迁就开支8亿元……①

第二个层面是在成为正式的申报项目前，各地积极把遗产列入国内的《中国世界文化遗产预备名单》，从而具备申遗的必要资格。

第三个层面是在以国家文物局主导的申遗体系之外，各地自发的一些申遗动议。2012年影响较大的事件有：4月，在中国旅游日创设一周年之际，来自旅游界、文化界、文物界的众多专家在北京论证徐霞客游线申遗；10月，南昌滕王阁、武汉黄鹤楼等十座历史文化名楼计划联合申遗；12月，由四川省社会科学院与《世界遗产》杂志社联合举办的“中国工农红军长征路线申遗”座谈会在成都隆重举行……虽然近年来世界遗产的类型越来越丰富，但对照《操作指南》的相关要求，这一层面的相关遗产在遗产潜在价值、价值载体、真实性完整性等方面都存在一些问题，而有一些倡议也有打着“世界遗产”名号哗众取宠的嫌疑。对以上这种申遗热中参差不齐的局面，主管部门必须坚持正确的专业导向，既保护好遗产地的保护热情，又不会因为各种利益活动使世界遗产的信誉受损。

（四）对申遗过程中一些问题的反思

由于部分遗产地在申遗过程中和申遗成功后出现的一些问题，促使人们对申遗工作的目的、方法、意义等有了更多的思考。

如在申遗过程中，为了满足申报遗产的真实性和完整性要求，遗产地往往会对申遗点进行大规模的拆迁整治，而由于缺乏必要的信息公开和解释，很容易招致反对之声。在申遗成功后，也每每有遗产地迫不及待提高门票的新闻传出。而到了旅游高峰季节，蜂拥而至的游客也让遗产地不堪重负。这些负面的消息聚少成多，使申遗这项原本严肃神圣的工作在民众眼里逐渐变了味，成了地方政府争取政绩和经济利益的代名词。

以上这些申遗前后出现的各种问题，需要辩证地加以看待。如对于申遗地在申遗迎检前常会进行的大规模整治，这并不是申遗的应有之意，而恰恰说明我国申报遗产的“历史欠账”太多，难以符合世界遗产的各项要求。长期以来，虽然对遗产本体的保护有较好的保障，由于整体保护意识的缺失和

---

① 新华社2010年8月22日电：《从一掷千金到一落千丈 “申遗”之后保护费用稀缺》，http：//www.ce.cn/culture/today/201008/23/t20100823_21746305.shtml。

受商业利益的驱动，国内不少遗产地过度开发现象严重，从而影响了遗产的价值和完整性。以五台山为例，在申遗前，台怀镇街头一派喧闹的商业景象，全无佛门圣地应有的清静与肃穆。只能以申遗为契机对遗产环境进行根本性的改善，这的确是一种现实的无奈，但需要承认，这种迟到的“还账”毕竟有胜于无，且都经过严格论证与审批，有利于遗产的长远保护，只要妥善做好解释与沟通工作，就能够被民众所接受。如杭州西湖在接受迎检前，为了使山水自然风光与人文景观更好地融合，专家坚持拆除苏堤上三个几十年前建立，已为杭州市民和游客熟知和喜爱的西式花坛，刚开始遭到了民众和当地领导的强烈反对，但经过反复解释，花坛被顺利拆除，新的景观环境也得到了大家的一致认可。

另一方面，由于申遗遵照的是国际游戏规则，有一些做法和我国传统的文化遗产保护实践存在不一致的地方，因此也有一些业内专家对申遗存在抵触情绪，认为这是崇洋媚外的表现。如 2010 年从“嵩山古建筑群”改名为“登封‘天地之中’历史建筑群”并列入《名录》，“天地之中”的提法就遭到了不少专家的质疑，认为这完全是为了申遗生造出来的一个概念，缺乏足够的学术支撑，也扭曲了中国的五岳文化传统。

对此现象，一方面，可以在学术界鼓励进一步探讨，另一方面，也需要认识到，由于申遗有独特的阐述体系，尤其是申报遗产的价值必须放在全世界的语境中加以比较和认定，申遗的过程，本身就是深化对遗产价值认识的过程。如杭州西湖通过申遗过程将遗产的价值载体归纳为六大要素，一举解决了历来东方审美难以说清的困境。而国外遗产在申遗过程中根据研究的最新成果修改申遗主题也是有先例的。如意大利的古城阿西西最早作为中世纪城镇进行申报，由于仅意大利国内就有上千个中世纪城镇，以这一主题申报，需要进行繁复的对比分析，也难以突显遗产的价值。在评估的过程中，ICOMOS 专家注意到城里重要的方济各教派遗址，从而建议把申报的主题转成圣方济各思想和方济各教派的诞生和发展，及其与自然的关系。遗产的名称改为“阿西西，圣方济各大教堂与其他方济各遗址”，申报类型也从建筑群变成了文化景观，并顺利列入《名录》。而西班牙的“乌贝达与巴艾萨的建筑群”1989 年时作为文艺复兴建筑进行申报，由于和意大利的类似遗产相比没有突出性，世界遗产委员会决定不予列入。通过进一步的研究，缔约国于 2002 年进行了重新申报，着重论述了该遗产对于将文艺复兴理念引入西班牙，并进而引入拉丁美洲的重要作用，从而被列入《名录》。

（五）对策建议

当前，我国的世界文化遗产申报工作正站在关键的十字路口，亟须在既往工作的成绩上做出进一步的调整和改进。

首先，面对国际规则对世界遗产数量控制的日趋严格，一方面，我国的遗产管理部门要据理力争，世界遗产委员会为之努力的世界遗产区域分布的平衡性首先就是很不合理的。由于历史上人类活动区域的不平衡，亚太与欧洲地区的人类文明印记多于非洲和南美地区，从而导致前两个地区的遗产数量多于后者，这是很正常的现象，也符合历史实际。与此同时，作为世界遗产规则制定的主力军，欧美地区国家的世界遗产申报工作起步早，列入遗产数量多，类型丰富，而未来申遗资源的潜力无疑要小一些。在这种既得利益的局面下提出从数量和规则上对世界遗产申报进行限制，对中国等后起的世界遗产大国无疑是不公平和不合理的。

但另一方面，作为《世界遗产公约》的缔约国，中国也有必要从维护《名录》可信度和可持续性的责任出发，更富理性地审视我国的世界遗产申报工作。世界遗产工作受到世界各国的瞩目，在合理控制世界遗产数量逐渐成为各国共识的前提下，中国已经由于自身世界遗产数量的连年快速增加而引起了国际同行的关切。本着道法自然的传统东方智慧，目前是我国主动放缓申遗脚步，从而体现大国责任的最佳时机。如果等到世界遗产委员会修改规则，进一步对各国的申报数量加以限制，无疑会让我国的申遗工作陷入被动。

而面对前文所述现阶段世界遗产委员会的一些不良做法，对我国来说也是进一步树立良好形象的有利契机。事实上，我国在很多方面也的确起到了很好的表率作用。一方面，我国提交的文化遗产申报项目从遗产自身的价值到其保护管理状况和申遗文本都几乎没有可以让人挑剔的地方，成为了高质量申遗项目的典范，得到了委员国和咨询机构的高度评价。另一方面，在担任委员国期间，中国也展示出了稳重、专业、有原则的国家形象。[①]

但是，由于过分重视申遗项目的成败，我国在世界遗产委员会上也有需要改进的地方。如一个由多省联合申报的项目，最初并未被咨询机构推荐列入《名录》，迫于国内压力，我国代表团不得不在会议上努力说服相关委员

---

① 王毅：《第35届世界遗产委员会会议所见所闻所感》，《中国文物报》2011年8月26日，第6版。

国，在支持该项目列入的决议修改书上签字，造成了一些不良影响。

参与国际规则的制定和修改，以及改善国际交往，无疑需要大量世界文化遗产领域的国际化人才。经过数十年的努力，我国在世界文化遗产申报、规划与管理方面都积累了大量经验，并已锻炼出数支具有国际水平的专业队伍以及数位具有国际视野的专家型行政领导。但由于世界遗产领域议题的专业性以及工作用语英语和法语并非我国的母语，不经过相关国际大会的长期历练，很难真正培养出熟稔世界遗产议事规程，并能流利运用外语代表我国参与相关议题讨论的国际化人才。考虑到2012～2015年我国正好因任满退出世界遗产委员会，期间参加会议的任务较轻，建议我国文物行政主管部门及时将人才培养提上议事日程，可以考虑委托中国文化遗产研究院等相关专业机构派员参加每年的世界遗产委员会等世界遗产界的重大会议，全程旁听，并对大会议题做认真整理。这样，既能促使相关人员逐渐熟悉和掌握世界遗产界最新议题和动态，又能将相关信息及时传到国内，促进我国整个文化遗产事业的进步。通过几年的时间，到我国再次成为世界遗产委员会成员国的时候，相信在国际交往上的瓶颈一定能够得到有效改善。

在国内层面，考虑到世界遗产在国内外的巨大影响力和示范效应，合理有效地保护和利用好我国的世界遗产，从宏观上有助于进一步树立我国负责任的大国形象；中观上能够丰富科学发展观，为全面建成小康社会添砖加瓦；微观上则有利于遗产的永续传承，造福遗产地人民。为此，针对我国世界遗产事业中存在的问题，尤其是文化、自然遗产保护管理的相对分离，以及一些地方对世界遗产保护不力的现象，可以考虑借鉴大运河申遗省部际协商小组的模式，在中央由住建部和国家文物局牵头，成立中国世界遗产委员会，从整体和全局上对我国的世界遗产工作进行协商和把控。该委员会可下设由文化、自然遗产领域专家，以及环境、宗教、农业等其他方面专家组成的专家委员会，对我国的世界遗产资源进行研究和梳理，对每一年的文化、自然遗产申报项目进行协调，从而保证遗产价值的最大化发掘和保护。同时，遇有“丝绸之路”这样具有深远国际影响的跨国项目，也可以通过该委员会在更高层面动用国家力量，从而使世界遗产工作更好地配合文化外交工作，为提升我国的文化软实力做出贡献。而在遇到超出本部门职权范围的事务时，遗产管理部门也可借助该委员会指导与解决遗产地相关事务。

面对地方政府对于申遗的热衷，也不能简单地斥之为追逐利益。我国现行的财税分配制度决定了地方政府的收入直接来源于地方资源的开发与经济发展，为了推动地方经济的发展而积极倡导世界遗产申报，这种诉求是正常和可以理解的。如果没有地方政府的积极参与，世界遗产保护所需要的资金、人力、政策等都会出现问题。因此，必须保护和支持地方政府在申遗中的利益诉求，但必须争取引导这种需求和遗产的可持续保护有机结合和统一。前文所述杭州西湖和元上都遗址在申遗成功后的做法，即是其他遗产地最可参照的典范。在今后的申遗项目中，也可让地方政府承诺在申遗成功之后，保留相关资源和机构，如将申遗领导小组转变为遗产保护领导小组，并在遗产保护部门设立办公室，从而将申遗过程中形成的多部门协商互动的良性局面保持下去，并与中央的遗产委员会对接，定期向其汇报工作，从而提高遗产保护的有效性和可持续性。而世界文化遗产作为我国文化遗产事业的龙头，其保护管理级别与效力的提升无疑也将提升文物部门在政府中的地位和影响，从而带动我国文化遗产工作的整体进步。

对于另一些明显是以申遗为幌子，哗众取宠的项目，则要坚持世界遗产在价值、真实性完整性等方面的各项要求，并及时通过各种媒介发布正确的舆论导向，避免世界遗产的牌子被随意利用。

另一方面，面对民众和专家的反思和抵触，则需要在申报工作中做更多的宣传和沟通工作。多年来的实践也已经证明，世界文化遗产中的遗产类型，其对遗产缓冲区及遗产真实性完整性等的要求，及申遗必须具备的管理规划和监测机制等，都对提升我国整体的文化遗产保护水平产生了积极作用。而在申遗过程中，也有必要保证申遗信息、尤其是重大决策的畅通发布，确保民众对申遗工作的知情权，从而更好地理解和支持申遗工作。

（本部分执笔人：王毅）

水下文化遗产保护的跨越式发展

——从水下文化遗产保护中心组建谈起

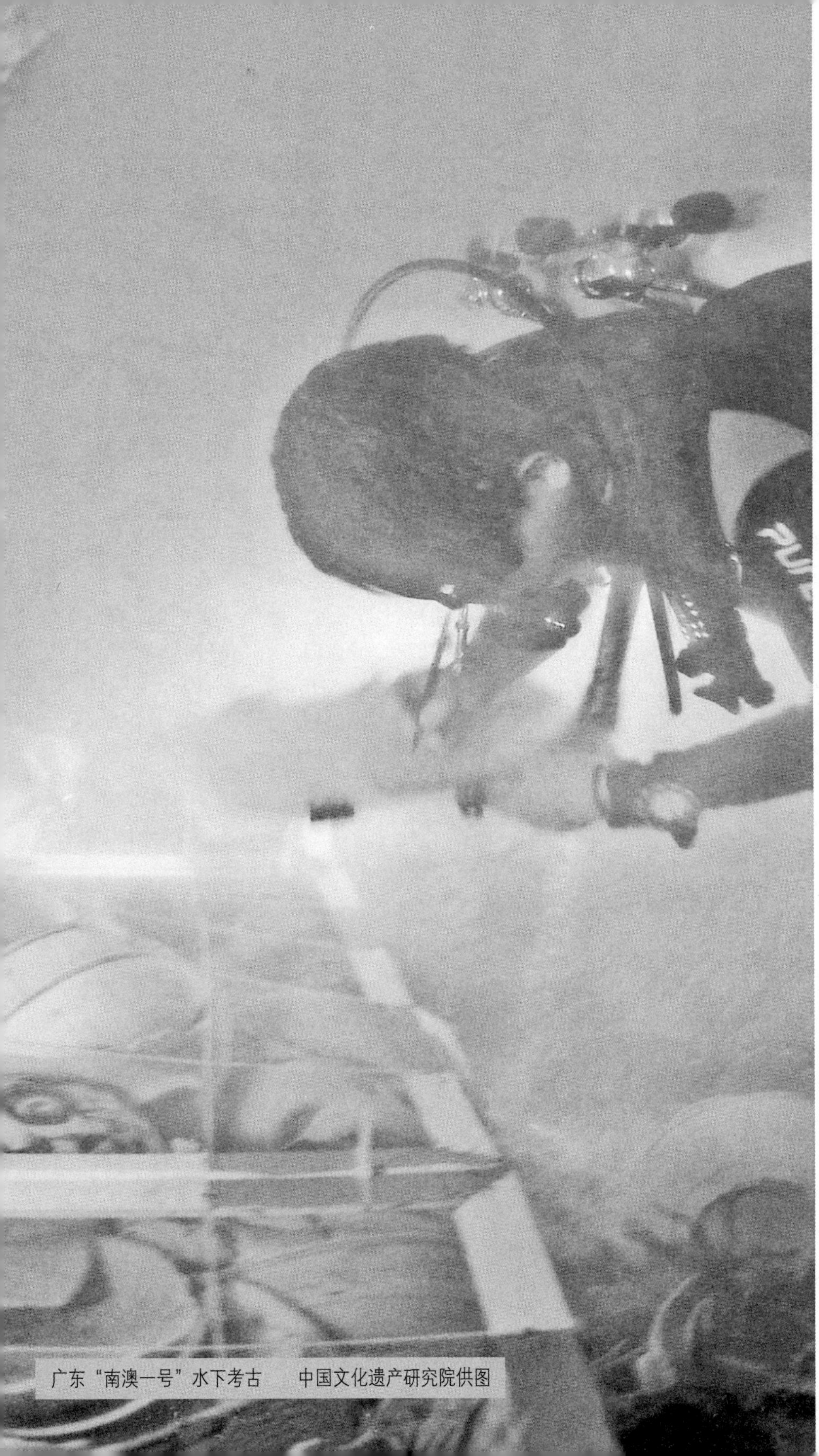

广东“南澳一号”水下考古　中国文化遗产研究院供图

中国拥有3万多公里的海岸线和300多万平方公里的水域，水下文化遗产数量众多且价值巨大，是世界少有的水下文化遗产大国。保护好水下文化遗产资源，是捍卫我国海洋主权、维护国家海疆安全的重大举措。2012年国家文物局水下文化遗产保护中心的成立和考古研究船的建造具有里程碑意义，以此为契机，水下文化遗产保护将迎来跨越式发展的新历程。

根据联合国教科文组织《水下文化遗产保护公约》的定义，水下文化遗产是指至少100年以来，周期性地或连续性地，部分或全部位于水下的具有文化、历史或考古价值的所有人类生存的遗迹，如遗址、建筑、工艺品、人类遗骸、船只、飞行器，及有考古价值的环境和自然环境等。我国是一个海洋大国，拥有3万多公里的海岸线，近300多万平方公里的辽阔海疆和30多万平方公里的内水水域，航海历史悠久，水运和对外贸易发达，水下文化遗产数量众多、类型多样、价值巨大，是我国文化遗产的重要组成部分，保护好我国管辖海域内的文化遗产资源，对于提升我国文化软实力、捍卫海洋主权、维护国家海疆具有重要意义。

党和政府非常关注水下文化遗产保护工作，多次做出重要批示，要求发展壮大我国水下文化遗产保护事业。自“九五”以来，不断加大投入和支持力度，并颁布了《中华人民共和国水下文物保护管理条例》，为水下文化遗产保护提供了法律依据。近年来，在国家文物局的正确领导和谋划下，水下文化遗产保护工作已成为文物事业中发展速度快且富有活力的增长点之一。经过20余年的发展，我国水下文化遗产保护工作对象已经由沉船及船载文物，扩展到海上丝绸之路、沿海海防和海战遗迹、古港口、造船厂、沿海盐业遗址等多种类型；工作内容从单纯的水下考古，扩展到出水文物保护、巡查监护、执法管理、学术科研等多个领域，工作的广度和深度不断扩展，同时与现代科技紧密结合，广泛吸纳了考古学、海洋学、生物学、环境学、工程力学、测绘与遥感学等多个学科，成为展现综合国力和科技实力的重要窗口。随着国家经费投入和支持力度的不断加大，中国水下文化遗产保护的理念、技术、人员装备、后勤保障等方面都有了极大进步，工作水域已经逐步拓展到西沙、南沙等远海海域，以及部分内水水域。水下文化遗产保护也从文物行业单一部门主导发展为全社会广泛参与协作的综合性工作，已经与外交、科技、公安、财政、交通运输、海洋、海监等多个部门建立了良好的合作机制。同时随着我国海洋事业的发展迅速，水下文化遗产保护工作也面临新的形势和局面。《国家海洋事业发展“十二五”规划》中首次提出编制海洋文化遗产保护规划、加强海洋文化遗产研究和调查、实施西沙水下文物重点保护工程、加强各级水下文物保护区建设等内容。该规划把水下文化遗产保护作为一项重要内容，充分体现了国家对水下文化遗产保护事业的高度重视。

在2010年3月召开的第一次全国水下文化遗产保护工作会上，国家文物局提出了加快推进我国水下文化遗产保护事业的要求。在《国家文物博物馆事业发展“十二五”规划》中，明确了实现水下文化遗产保护跨越式发展的战略目标。水下文化遗产保护是国家海洋战略的重要组成部分，水下文化遗产保护事业的发展受到国际海洋形势变化，以及国家海洋战略实施的影响，同时也与文化遗产保护事业的整体发展密不可分，实现我国水下文化遗产保护的跨越式发展，是新时期国家海洋主权宣示、国家海洋事业发展和文化遗产保护工作提出的紧迫要求。

一、2012年水下文化遗产保护工作

对于水下文化遗产保护来说，2012年是具有里程碑意义的重要一年。国家文物局水下文化遗产保护中心在中国文化遗产研究院正式挂牌组建，标志着我国水下文化遗产有了专门的保护机构；第一艘考古研究船开工建造，标志着水下文化遗产保护的技术装备水平将跨入一个新阶段；《中华人民共和国水下文物保护条例》修订工作形成初稿，《水下考古工作规程（征求意见稿）》已完成部分论证工作，水下文化遗产保护的法律法规和制度框架不断完善；“南澳一号”发掘和南海基地建设等重点项目有序推进，为水下文化遗产保护的长足发展打下坚实基础。

（一）国家文物局水下文化遗产保护中心正式组建

“国家文物局水下文化遗产保护中心”正式组建成立，是2012年度工作中影响最深远的事件之一。当年6月，中央编制委员会办公室正式批复同意中国文化遗产研究院加挂“国家文物局水下文化遗产保护中心”（以下简称“水下中心”）牌子。12月25日，文化部部长蔡武在全国文物局长会上亲自

为新的水下中心授牌，标志着“国家文物局水下文化遗产保护中心”正式组建完成。

在国家支持下，新成立的水下中心进一步扩大机构规模，充实机构职能，提高机构效率。其中，中央编办文件明确规定水下中心承担负责组织实施全国水下文化遗产保护项目的职能，意味着新组建的水下中心是全国水下文化遗产保护相关工作的具体组织实施部门。根据国家文物局关于水下中心《主要职能、内设机构和人员岗位规定》，新成立的水下中心被赋予“承担国家水下文化遗产部际联络协调日常工作”，“组织、协调、实施全国水下文化遗产调查发掘、保护、修复及科研、培训工作”，“组织开展水下文化遗产保护工作的宣传、国际交流与合作”等重要职责，内设4个二级机构：综合处（秘书处）、水下考古研究所、技术与设备部、出水文物保护所。人员编制暂定48人。

水下中心的正式组建标志着长期困扰事业发展的机构难题有了重要突破，具有里程碑意义。新成立的水下中心不仅是水下文化遗产保护专业机构，也将成为全国水下文化遗产保护工作的总平台和主阵地。今后国家将进一步重视并发挥水下中心的作用，将水下中心建设成为具有国际影响力，代表国家形象的专业机构。同时，以水下中心为抓手全面整合各地各行业的力量，不断提升全国水下文化遗产各项工作的计划性、前瞻性和全局性。以国家重点项目为支撑，以推动行业发展、队伍建设、学科进步为重点，推动实现水下文化遗产保护事业的跨越式发展。

（二）国家重点项目顺利推进

2012年，在多方支持和水下文化遗产保护中心的努力下，各项重点工作均顺利推进并取得阶段性成果。

1. “南澳一号”顺利完成2012年度发掘工作

“南澳一号”沉船遗址位于广东省汕头市南澳三点金海域，为明代万历年间的一条古船。该项目由水下中心联合广东省文物考古研究所、广东省博物馆实施，集中了来自水下中心、广东、海南、福建、山东、天津等省市的水下考古专业人员参与水下考古发掘工作。2012年度主要完成三项工作：一是摸清沉船遗址的分布情况与船体结构，二是将绝大部分船货清理出水，三是设置钢结构的保护框对遗址主体进行原址保护。

2012年度发掘工作的完成标志着“南澳一号”沉船遗址所有外业工作基本完成，项目今后的工作将转入室内整理阶段。在发掘过程中，项目采用了水下探方框架、RTK 定位技术、水下照明灯阵、潜水钟等新技术、新装备，是我国水下考古技术创新的一次很好的实践，起到了典型示范作用。

2. 考古研究船进入建造阶段

我国第一艘考古研究船于 2012 年 10 月 24 日举行了建造合同签约仪式，正式进入建造阶段。考古研究船由中船重工 701 研究所设计，重庆长航东风船舶工业公司承建。船舶采用全电力推进动力方式，排水量为 930 吨，全长 56. 0 米，型宽 4. 8 米，设计吃水 2. 6 米，具有良好的稳定性和适航性，可以基本满足我国水下文化遗产保护工作的需求，为水下考古专业人员提供良好的工作、生活平台。本船舶的主要工作海域为我国沿海近海海域（在海况允许下，可至西沙海域）。通过配置的专业设备，借助物探手段能够发现、确认、定位水下遗迹，为进一步发掘、保护提供准确信息；能够承担按照水下考古操作规范，对水下遗址进行即时调查、探摸、测绘、记录（影像）、清理、考古发掘及提取等工作；开展出水文物的即时处理和保护工作。

考古研究船设计与建造实现了几代水下考古人梦想，标志着我国水下文化遗产保护技术装备水平将跨入一个新的阶段。建成后的考古研究船将是国际领先的水下文化遗产保护专用船，大大提高我国水下文化遗产保护工作的实力和国际影响力。

3. 国家水下文化遗产保护南海基地（含西沙工作站）筹建工作取得重大进展

2012 年，在国家文物局的领导下，水下中心在完成《国家水下文化遗产保护南海基地建设项目可行性研究报告》的基础上多次赴海南调研基地选址、征地工作，经与海南方面反复协调，完成了基地初步建设方案，并向国家发改委提交了立项报告。建成后的国家水下文化遗产保护南海基地将是集水下文化遗产调查与保护、水下考古、出水文物修复、人员培训为一体的国家级综合性水下考古基地。同时，永兴岛西沙工作站建设已经得到相关部门批准，将择期开工建设。

（三）社会各界对水下文化遗产保护关注度不断提升

2012 年国家文物局与中央电视台合作拍摄的《南海 I 号》纪录片持续热播，小白礁沉船、千岛湖沉船遗址等水下文化遗产受到媒体高度关注。同时，国家博物馆、浙江省博物馆、广东省博物馆、海南省博物馆成功举办了一系列有关外销瓷和海上丝绸之路的展览，进一步普及了水下文化遗产保护的知识，拉近了民众与水下遗产之间的距离。

（四）水下文化遗产考古发掘、调查与保护工作取得实效

在国家文物局的领导下，2012年水下中心协调、组织全国水下文化遗产保护力量，实施了包括平潭海域（以海坛海峡为核心）水下考古调查、与国家海洋局第三海洋研究所合作开展“水下文物探测保护技术体系研究与示范”项目、西沙珊瑚岛一号水下沉船调查、“小白礁一号”沉船遗址2012年度水下考古发掘、江西鄱阳湖水域水下文化遗产调查、青岛市水下文物重点调查、辽宁丹东大鹿岛水下文化遗产调查等工作。

（五）国际合作取得新进展

2010年2月，中国及肯尼亚政府正式签署在肯尼亚拉穆群岛合作开展考古工作的协议，中国国家博物馆承担了协议中水下考古项目的实施，项目为期三年。2012年11月至2013年1月，由来自我国辽宁、上海、浙江、福建、安徽、江西、广西、海南等水下考古专业人员组成的水下考古队赴肯尼亚开展工作。

2012年度肯尼亚水下考古工作进展包括完成了Shela水下遗址的调查与发掘工作、马林迪沉船遗址的调查工作，顺利达到了预期目标，得到了肯方对中国水下考古水平的高度评价。这是中国水下考古工作第一次走出国门，不仅代表了合作国对我国水下考古水平的认可，也增进了两国人民的友谊。

二、发展形势分析

进入新世纪以来，我国水下文化遗产保护事业已初具规模，在法律法规制定、管理体系和机制构建、重大项目组织和实施、机构建设和人才培养等方面开展了大量工作，取得了显著成果。在已有国家水下文化遗产保护工作协调小组的框架下，与国家海洋局、公安部等相关部门建立有效的合作机制，共同推动水下文化遗产保护战略与规划、水下考古、海洋文化建设、执法巡查、打击犯罪等方面工作；国家文物局水下文化遗产保护中心正式挂牌成立，并在宁波、青岛、武汉、福建设立的国家水下文化遗产保护基地，进一步强化了水下文化遗产保护工作的国家主导和统筹协调；考古研究船、南海基地和西沙工作站等建设工作进展顺利，进一步提高了水下文化遗产保护的技术装备和基础设施水平；结合第三次全国文物普查，组织开展了涉及11个省（区、市）和部分内水水域的水下文物普查工作，发现108处水下文物点；同时，国际交流与合作进一步拓展，与韩国、澳

大利亚、意大利等国家相关专业机构建立了良好合作关系。经过不懈努力，中国特色水下文化遗产保护体系正在逐步形成，以沿海为重点、兼顾内水的总体格局日渐清晰。

然而，与发达国家相比，我国的水下文化遗产保护水平还存在较大差距，还不能满足水下文化遗产保护日益增长的需求，这种状况与强化海洋战略的国际形势严重脱节，与我国水下文化遗产大国的地位极不相符。随着我国海洋事业和文化事业的快速发展，实现水下文化遗产保护跨越式发展的要求越来越紧迫。

（一）国际海洋形势变化促使水下文化遗产保护事业要实现跨越式发展

进入新世纪以来，海洋成为世界各主要沿海国家拓展经济和社会发展空间的重要载体。《联合国海洋公约》的出台，就是世界海洋形势巨变的产物。目前，美国、日本、韩国、澳大利亚、加拿大等主要沿海国家纷纷调整政府机构设置，设立了专门的海洋管理部门，制定了一系列国家海洋发展战略决策，高度重视海洋高新技术开发，大力推动海洋环境探测、海洋资源调查开发、海洋油气开发等活动，加速抢占和利用海洋资源与空间。如马来西亚、越南、印尼、菲律宾、美国等在南海问题上的介入和资源掠夺，使得南海海域成为影响亚洲，乃至世界海洋局势发展的一个热点和敏感海域，也对我国国家安全、国家利益、国家主权等产生重要影响。近年来，南海局势日益复杂化、矛盾日益尖锐化，一些南海周边国家为达到对南沙、西沙群岛宣称所谓主权的目的，试图从水下文化遗产寻找其历史证据或毁灭我国的证据。党中央、国务院领导反复强调加强水下文化遗产保护、管理、研究的重要性和紧迫性，将其提升到直接关系国家根本利益、维护我领海完整与安全的高度。切实保护好我国领海中珍贵的水下文化遗产，充分研究、发掘、宣传其中国海洋权利历史佐证的巨大价值，具有主权宣示的重要意义，同时也是对国家和历史负责、妥善解决争端、维护国家主权的重要举措，是国家南海主权伸张的软实力手段。

（二）国内海洋事业、航运事业、水利事业的发展促使水下文化遗产保护事业要实现跨越式发展

近年来，针对国内外形势的发展，国家加速调整海洋战略。《中华人民共和国国民经济和社会发展第十二个五年规划纲要》中专门列出“推进海洋经济发展”章节，将“坚持陆海统筹，制定和实施海洋发展战略，提高海洋开发、控制、综合管理能力”作为重要内容。结合国家海洋战略的实施，进

一步推动水下文化遗产考古、保护、展示和利用等各项工作有序开展，全面提升事业发展水平，是我国政府乃至全社会义不容辞的历史责任，具有重要的历史意义和现实意义。保护珍贵的水下文化遗产，深入挖掘其历史、艺术和科学价值，不但是弘扬中华民族优秀文化、增强民族凝聚力的需要，更是落实国家海洋发展战略的重要内容之一。近年来，我国加快了沿海地区海洋资源的开发与利用，辽宁"五点一线"环渤海经济圈、山东半岛蓝色经济区、福建海峡西岸经济区、广西北部湾经济区、海南国际旅游岛等沿海区域性发展战略规划相继提出，不仅明确了国家海洋产业发展的战略思路，也对区域性海洋经济发展格局进行了科学规划。开发海洋资源，发展海洋文化，已经成为沿海地区寻求经济发展的一个新的关注点和增长点，油气开发、港口建设、跨海大桥修建、填海造地等工程建设项目将在沿海城市大范围开展，从而对沿海地区加强水下文化遗产保护提出了十分紧迫的要求。同时，2011年初，中共中央、国务院印发了《关于加快水利改革发展的决定》和《关于加快长江等内河水运发展的意见》。可以预见，"十二五"期间将是我国水利和航运事业大发展的有利时机，也将是我国内水水下文化遗产保护工作的机遇期和挑战期。内水水域分布着数量众多的古代沉船、码头、遗址等重要文化遗产，水利、水运设施等大规模基础建设也对水下文化遗产保护工作提出了紧迫的要求。

（三）文化遗产保护事业的发展促使水下文化遗产保护事业要实现跨越式发展

近年来，我国文化遗产保护事业进入了蓬勃发展的黄金机遇期，文化遗产保护理念不断更新，文物的内涵和外延不断丰富和拓展，工业遗产、乡土建筑、文化景观、水下文化遗产等已经成为事业发展新的着力点，越来越受到国家、地方和社会各界的关注与重视。加强水下文化遗产保护是实现我国文化遗产保护事业全面发展的需要，是文化遗产强国建设的重要组成部分。截至目前，全国已发现200余处水下文物点、70余处沉船遗址，其中北礁沉船遗址和甘泉岛遗址已由国务院公布为第六批全国重点文物保护单位。"南海Ⅰ号"、"华光礁一号"、"南澳一号"等古船的抢救性发掘工作顺利实施，白鹤梁题刻原址保护和水下博物馆建成项目圆满完成。但是，与我国水下文化遗产保护工作的实际需求相比，与全面发展文化遗产保护事业的需求相比，仍有很大差距。近年来，伴随着对海洋的开发与竞争，水下沉船的商业打捞和工程建设破坏水下遗址的现象日益增多，水下文化遗产保护形势严峻。特别是近几年，在暴利的驱动下，商业性、营利性沉船打捞愈演愈烈；非法破坏、盗捞水下文物现象日趋严重，水下文化遗产保护的形势越来越严峻，越来越紧迫。

三、主要问题及对策

经过二十多年的发展，我国水下文化遗产保护工作取得长足发展，但由于起步晚、底子薄，还面临着安全形势严峻、法律法规不健全、人才队伍严重匮乏等诸多问题。

（一）安全形势非常严峻

由于自然和人为原因，与陆地上的文化遗产一样，我国珍贵的水下文化遗产也正在遭受着各种损毁、破坏乃至盗捞盗掘。自然因素方面，如潮汐、海水理化成分、海洋生物、微生物等也会给水下文化遗产保护造成长期性的腐蚀和破坏。人为因素方面，由于国内外文物热、收藏热、投资热的不断升温，为了攫取高额的利润，很多不法分子铤而走险，目前水下盗掘活动初步呈现智能化、信息化、集团化、一条龙化的趋势。沿海地区盗捞和走私水下文物的非法活动日益猖獗，福建平潭、碗礁、漳州半洋礁、古雷半岛沙洲岛、广东南澳、海南西沙等海域都曾发生不法分子非法盗捞水下文物的活动，有的地方甚至出现大规模哄抢水下文物事件。如福建省边防总队仅在 2006 年 10 月开展的打击非法打捞、倒卖水下文物行动中，就破获盗捞水下文物案件 45 起，缴获各类水下文物 7144 件。目前掌握的确切沉船遗址，如福建的“碗礁一号”、“半洋礁一号”、“南海 I 号”和正在发掘中的“南澳一号”，都是在遭到不法分子的盗捞后才被发现的。对水下文化遗产的破坏和盗捞屡禁不止，甚至愈演愈烈。因此，我国水下文化遗产保护面临着极大的安全监控压力，必须采取综合性措施予以改变、扭转。经过二十余年来的水下文化遗产资源调查，我国已经掌握了 200 余处水下文物遗存线索，确认了 70 余处沉船遗址，但在安全监控方面目前全国仅有 2 处水下遗址开展了相关的安全监控工作：一处是广东省汕头市的“南澳一号”沉船遗址，一处是 2010 年立项的沿海水下文化遗产安全防范监控漳州试点。这与我国丰富的水下文化遗产资源极不相称。

同时，文物行政执法工作还面临不少的困难和问题，主要体现在执法机构队伍建设和执法设施配备依然滞后，执法经验不足、执法水平不齐、执法能力不强等方面。这些困难和问题在应对水下文化遗产执法方面显得更为突出。虽然近年来沿海一些地方文物部门积极联合海事、公安边防等部门进行保护水下文化遗产执法巡航，然而其常规化机制尚未建立，远远不能应对目前水下文化遗产保护的严峻形势。

（二）法规制度建设亟待加强

目前，陆地开展大型工程建设，无论是基建单位还是主管部门，都有进行必要的考古勘探和发掘的意识，但海洋或其他水下工程，事先进行考古勘探的少之又少。很大一部分原因是水下文化遗产保护法制建设远远滞后于陆地，立法、执法、宣传教育等方面的工作开展很不充分，保护水下文化遗产的观念尚未得到普及。同时，还存在国内法和国际法的协调衔接问题。1989年颁布实施的《中华人民共和国水下文物保护管理条例》规定，“遗存于中国内水、领海内的一切起源于中国的、起源国不明的和起源于外国的文物和遗存于中国领海以外依照中国法律由中国管辖的其他海域内的起源于中国的和起源国不明的文物”，属于国家所有；对“遗存于外国领海以外的其他管辖海域以及公海区域内的起源于中国的文物”，享有辨认器物物主的权利。而2001年联合国教科文组织公布的《保护水下文化遗产公约》恰恰回避了一切的所有权问题，只是架构了一个地域管辖的法律制度。同时，2001年《保护水下文化遗产公约》提出了原址保护原则。实际上在20多年的实践中我们发现，原址保护未必适用于一切水下文化遗产保护。我国应进一步探讨公约生效后将对我国水下文化遗产保护和海洋权益带来的影响，以及我国加入公约后将要面临的主要问题，制定相关对策，为国家战略决策提供依据。此外，目前各地尚无适应本地区水下文化遗产保护需要的专项法规、条例。

相比其他考古工作，水下考古和文化遗产保护工作的危险性更高，因此必须将安全问题放在首要位置。因此，在制定法律法规的基础上，水下考古安全工作规程、水下文化遗产保护工作管理制度等也亟待出台，还应不断完善水下考古发掘、调查、出水文物保护等方面的规章制度和技术标准，全面规范各项工作，同时逐步建立资质资格审核、项目审批、文物登录、日常监控和巡查、经费使用等方面的制度，进一步提升水下文化遗产保护管理工作的科学化和规范化水平。

（三）人才培养力度亟须加大

人才培养对水下文化遗产保护的关键性、重要性比其他考古工作还要更重要。水下文化遗产保护工作的特殊性决定了其从业者需要具备潜水技能，同时还需经过考古学特别是田野考古学的系统培养，这就对水下文化遗产保护从业者提出了更高的要求。我国经过专门培训的水下考古专业人员仅有90余人，而目前仍能下水的不足50人，而具备水下项目的设计和指挥能力的专业人员更是奇缺，相对于我国300多万平方公里的海域和3万多公里的海岸线，差距不言自明。目前这些专业人才分散于全国各地，国家一些大的项目又需要整合各地人员更好完成，所以不可避免地会调配和使用各地考古人员，实际上形成了水下工作与其本职工作互为干扰的困境，同时也直接影响了水下文化遗产保护项目后续资料整理、研究工作以及队伍的可持续发展。

通过与同行业的田野考古比较可以发现，我国的水下文化遗产保护起步晚，而且尚无高校开设水下考古专业或专门课程，由于人才基数小，经20余年发展形成的人才积累依然十分单薄。而我国近年来较大规模的田野考古项目如三峡考古，南水北调考古等所能调集的田野考古人才数量远非目前的水下文化遗产保护工作所能相比。我国的人才状况与国际上水下文化遗产保护工作较成功的国家相比也存在不小的差距。如韩国的国立海洋文化财研究所员工120余名，其中正式员工近80人。我国受过专业培训的水下考古队员和出水文物保护人员才百十余人。可能还不敌韩国一家研究所。

在此形势下，应尽快建立一支水下文化遗产保护的国家队，真正实现从考古、保护、规划到展示的全面整合。在用人机制上，不拘泥于一种用人形式，不求所有，但求所用，做到人尽其才，才尽其用。同时，进一步加强机构建设和人才培养力度，通过举办多种形式的专业培训班、研修班，加强与专业技术单位的合作，吸纳更多专业人员加入水下文化遗产保护队伍，建立合理的人才梯队，不断为事业发展注入新鲜血液。

（四）基础工作仍需加强

我国水下文化遗产保护工作起步较晚，还缺乏系统整体的规划，考古、保护、科研、展示能力发展不平衡，各地水下工作开展的进度差距较大。近30年的发展历程证明，水下文化遗产保护事业的健康发展，必须依靠国家的统筹规划，依靠国家在水下文化遗产保护工作中的主导作用，重点是要依托“国家水下文化遗产保护工作协调小组”各成员单位，进一步加大投入和支持力度，特别是在打击非法盗捞和贩卖水下文物、做好重要沉船海域的日常监控和巡查、开展南沙水下考古等方面。

目前的水下文化遗产保护工作还存在着家底不清、机构和人才队伍建设滞后、科研工作落后等主要问题，在很大程度上制约了事业的跨越式发展。我国仅在第三次全国文物普查工作中开展了一个阶段的水下文化遗产调查工作，仅发现200余处文物点，而我国不可移动文物点近77万处。海洋作为与陆地同等重要的历史发生地，如此少的水下文物点显然与我国辽阔的水域及历史、文化积淀不符。目前，全国重点文物保护单位已达四千余处，而水下文化遗产仅有3处，省市级文物保护单位中也没有水下文化遗产。为改变这一现状，水下文化遗产保护工作近期的任务应以调查为主，以摸清家底为主要目的。机构的差距也非常悬殊，全国文物系统的各类机构达6000余个，而水下文化遗产保护专业机构目前为止只有2个（不包含各基地、博物馆及各地考古所成立的水下考古部门）。水下文化遗产保护事业的跨越式发展任重道远。

当前，水下文化遗产保护正进入黄金机遇期，开展水下文化遗产保护工作具有鲜明的时代意义和战略意义，对于维护国家主权和国家利益，促进经济社会发展，建设社会主义共有精神家园和文化遗产保护事业的全面发展都具有不可替代的重要作用。根据《国家水下文化遗产保护中长期规划》蓝图，到2015年，我国将基本形成较为完善的水下文化遗产法律法规及政策体系，并形成国家主导，以沿海海域为主，远海海域为重，适当兼顾内陆水域的水下文化遗产保护格局。水下文化遗产保护事业将充分利用后发优势，在国家的大力支持及社会各界的关心下，抓住机遇，迎接挑战，为实现跨越式发展打下坚实基础。

（本部分执笔人：杨睿）

从藏品清点到『平安故宫』

——博物馆基础工作的成功实践

故宫博物院文物库房　故宫博物院供图

故宫博物院是世界上规模最大的古代宫殿建筑群，也是世界上文物藏品和文化资源最丰富的博物馆之一。每年突破千万并持续增长的观众给故宫的文物保护和安全管理工作带来了巨大压力。如何确保文物和观众的安全，更好地传承中华传统文化，使故宫世代相传、永续利用，值得深思。

建立于1925年10月10日的北京故宫博物院，是在明、清两代皇宫及其收藏的基础上建立起来的综合性博物馆，举世闻名的世界文化遗产，是中华文明的重要载体和象征，也是维系中华民族团结统一的精神纽带。故宫在社会民众心目中具有不可替代的神圣地位，保护好故宫文化遗产，使命神圣而光荣，责任重大而艰巨。

一、藏品清点全面完成①

藏品是博物馆赖以存在的必备条件，是博物馆开展各项活动的物质基础。藏品清点是博物馆的基础工作，是实现博物馆科学管理的前提。作为全国文物藏品最为丰富的博物馆，故宫宫廷藏品及遗物数量巨大、种类繁多、存储分散，彻底摸清文物藏品的家底是几代故宫人持续努力的一项工作。自1924年清室善后委员会点查清宫物品起，到日本侵华时期文物南迁的颠沛辗转中，直至新中国成立以来的各个历史阶段，故宫博物院曾经进行过4次大规模的藏品清点。但是，囿于过去对文物认识的局限性以及故宫博物院成立以来经历战争动荡等原因，以前多次清理的成果很难准确反映文物保存的实际状况，不够全面，不够彻底。

进入新世纪以来，文化遗产事业迎来了大好的发展机遇。通过认真贯彻落实国家关于文化遗产以及博物馆事业的一系列决策部署和法律法规，故宫的文化遗产保护事业呈现出蓬勃发展的良好局面。2002年起，故宫博物院在抓好不可移动文物——故宫古建筑大规模维修保护工作的同时，也开始考虑对可移动文物——故宫藏品加强科学管理。

① 本部分内容参见故宫博物院：《故宫博物院年鉴2010》，紫禁城出版社，2011年。

2003 年，故宫学被正式提出，主张对故宫及其丰富的历史文化内涵进行深入、全面的发掘。在故宫学的影响下，故宫博物院的文物保护观念有了新的变化，对文化遗产概念的理解逐步深化，认识到宫廷遗物是反映宫廷历史文化的重要实物见证。因此可以说，这次藏品清点是在对文化遗产认识视野不断开拓、文化遗产保护自觉性不断增强的基础上进行的。

经过几代故宫人先后对文物藏品开展的 4 次清理，故宫藏品的保护管理有了一个较好的基础，但仍存在一些问题亟待解决，如藏品总账与分类账不一致、账物不符，文物门类交叉导致的有些账目不清晰，反映日常生活与习俗的物品、善本、古籍、古建类藏品等仅被列为资料，未被纳入文物管理序列。另外，1990 年和 1997 年，故宫博物院先后建成了一、二期地库，地上约 60% 的文物搬到了地下库房，文物的库房位置全部发生了变化，因此也必须对搬入地下及留在地上的文物重新核对认定和确定方位。因此，此次文物藏品清理要解决以往 4 次清理的遗留问题和新搬迁文物的清理确定，要求对所有文物，都应实现总账、分类账、卡片、实物对应一致。

2004 年，藏品清点工作全面启动，此次清点工作历时七年，于 2010 年圆满完成。通过不懈努力，在全部文物账、卡、物核对的过程中，主要解决了藏品清理不全面、藏品总账与分类账不一致、账物不符、库房分布不合理四个方面的问题。经过清理统计，院藏品总数为 1807558 件，占全国文物系统博物馆藏品总量 1571 万件的 11%。其中珍贵文物 1684490 件、一般文物 115491 件、标本 7577 件。这是故宫自建院以来在文物藏品数量上第一个经过全面清理统计而得出的藏品数字。与此前公布的 94 万件藏品相比，如今的藏品数量因为将古籍、宫廷遗物等纳入藏品总账而大大增加。藏品清点工作的完成，标志着故宫博物院的文物管理工作进入一个新的阶段。它不仅为《故宫博物院藏品总目》和《故宫博物院藏品大系》的编辑出版提供了条件，也为故宫文物藏品信息化管理奠定了坚实基础。

此次清理工作，是故宫文物管理工作中一个里程碑，具有重要的历史意义。随着清理工作的完成，故宫向国家、向社会交上了一份翔实、准确的文物“花名册”——文物账目。表明了故宫典守国家文物财产的一种负责任的态度，可以接受来自社会各界的监督，也经得起历史的检验。连续七年的大规模清理工作，大大增强了全体工作人员的凝聚力和集体荣誉感，形成了团结合作、奋发向上的工作氛围，“故宫人精神”得到进一步培育和弘扬。

二、“平安故宫”工程的提出

2011 年，故宫博物院在藏品安全管理等方面暴露出一些问题，一时间被推到了风口浪尖上，承受了前所未有的拷问与信任危机。这一方面暴露出故宫博物院在平时的管理工作中还有诸多缺陷和不到位之处，另一方面也表明新闻媒体与社会公众对故宫的关注度超乎寻常，“故宫无小事”是单霁翔院长到任后最深切的感受之一。

2012 年，故宫博物院领导班子狠抓基础，强化管理，着眼于占地 112 公顷古代木结构宫殿建筑群、180 万余件文物藏品和每年约 1500 万中外观众的安全，提出了“平安故宫”工程的构想。

（一）“平安故宫”工程的由来

2012 年初，故宫博物院领导班子通过走访全院 32 个部处，了解各部处的发展建议和愿望，其中很多涉及文物安全问题；通过走访故宫博物院老领导、院学术委员会委员、国家文物鉴定委员会委员，以及院外部分专家学者，掌握了故宫博物院事业发展急需解决的重要问题，听取了他们对加强故宫文物安全提出的诸多意见；通过走访驻院武警支队、消防中队、第一历史档案馆、天安门管理委员会，走访财政部、国家文物局、国家审计署文体审计局，走访北京市公安局、北京市旅游委、东城区人民法院、东华门街道办事处等单位，收集了各单位对于共同加强故宫文化遗产安全提出的积极建议；通过调查文物建筑保护状况、文物库房藏品保存环境、文物安防技防设备、文物保护科技设施、开放路线观众接待条件、员工办公及生活区域，以及端门广场、大高玄殿等周边环境，发现文物建筑、文物藏品和观众接待等各个环节均存在一些安全隐患，有的方面相当严重，需要及时解决。因此，2012 年 5 月，单霁翔院长提出开展“平安故宫”工程的建议，以彻底解决故宫存在的火灾隐患、盗窃隐患、震灾隐患、藏品自然损坏隐患、文物库房隐患、基础设施隐患、观众安全隐患七大安全问题。

“平安故宫”工程是继故宫大修工程之后，又一项关系到故宫博物院全面可持续发展的重大工程。自提出以来，“平安故宫”工程引起了中央领导同志的高度关注。国家发改委、财政部、文化部、国家文物局等有关部门就故宫安全现状多次来院进行调研。2012 年 7 月 26 日，时任中共中央政治局委员、国务委员的刘延东同志来院调研时指出，要抓紧实施“平安故宫”工程。7 月底以来，吴邦国、温家宝、贾庆林、李长春、李克强同志，就故宫安全问题也相继作出重要指示。文化部蔡武部长就“平安故宫”工程作出批示，并主持召开部长办公会，就工程的下一步工作作出具体指示。

（二）“平安故宫”工程的内容

“平安故宫”作为重大文化建设工程，坚持安全第一、保护优先，科学论证、慎重决策，统筹规划、分步实施，软硬并举、创新管理的基本原则，旨在全面提升故宫博物院的文化遗产保护、展示传播和服务观众能力，实现故宫博物院的高水平保护利用和可持续发展。“平安故宫”工程重点内容主要包括七项：（一）故宫博物院北院区建设；（二）地下文物库房改造；（三）基础设施改造；（四）世界文化遗产监测；（五）故宫安全防范新系统建设；（六）院藏文物防震；（七）院藏文物抢救性科技修复保护。

“平安故宫”工程的近期目标，是争取用三年时间，到2015年故宫博物院成立90周年之时，有效缓解目前存在的防火、防盗、防雷、防震、防踩踏等方面的重大安全隐患，解除其中最紧迫、最危险的隐患点。2013年年底，全院的防盗系统全部更新到位；2014年年底，新的防火系统安装完毕。届时，故宫博物院将拥有世界最先进的技防设备。“平安故宫”的中长期目标，是用8年时间，到2020年紫禁城建成600年之时，基本实现故宫博物院进入安全稳定的健康状态，全面提升管理和服务水平，迈进世界一流博物馆行列。

（三）开展遗产地监测工作

近年来，世界遗产委员会对世界遗产监测管理提出更加严格的要求。因此，科学有效地开展世界文化遗产监测，对各种影响遗产安全的因素加以防范和控制，对文物本体及其环境实施预防性保护，使文化遗产的突出普遍价值及真实性、完整性得以保存，对于故宫世界文化遗产保护来说意义重大。故宫是我国第一批进入《世界遗产名录》的世界文化遗产，应该在世界遗产监测管理方面做出表率。

世界文化遗产监测是“平安故宫”工程的子项目之一，故宫博物院于2011年建立起故宫世界文化遗产监测中心，监测工作随即开启。2012年，故宫博物院召开故宫世界文化遗产监测工作会，在明确监测机构、职能、分工、监测范围和内容的基础上，提出监测工作的要求。十个监测方面，已相继开展了室外陈设基础数据采集、室外陈设材质鉴定和保存状况评估、植物监测数据库、气象数据库、空气质量监测站建设、午门城台沉降变形监测、故宫世界文化遗产监测平台建设等工作。为全面推进监测工作，又开展了游客动态监测、售票系统、无线网络建设等项目的调研，制订了技术方案。结合“平安故宫”工程项目的申报，监测中心分项目详细制订了故宫世界遗产监测工作今后八年的发展目标、工作内容、实施方法和经费预算。

（四）加强文物藏品的科学管理与保护

根据工作中发现的新问题、新情况，故宫博物院于2012年进一步修订《故宫博物院藏品管理规定》，为文物安全提供制度保障。举办“故宫博物院业务人员培训”和春季业务培训，内容包括藏品管理规定的学习和测试、三级管理责任人执行力培训、实际操作培训和考试等方面，全面提高业务人员责任心和文物操作实践技能。这样大规模的集中培训，也是近年来的第一次。坚持开展对地下、地上文物库房的随机抽查，不断完善库房保管工作，本年度共进行了9次随机抽查。做好文物清理后续工作，对现有文物藏品进行核对，及时完成51452件一般藏品入账工作。

（五）提高安全防范科技含量，提升开放管理水平

作为拥有世界上最大规模宫殿建筑群、世界上最丰富中国文物藏品、世界上最多观众数量的博物馆，应具备与之相匹配的安全防范水平。故宫博物院坚持用科学技术引领安全保卫工作，努力改善安防设施。2012年，安防改造工程已完成合同总量的75%；防盗系统全部竣工，投入使用；消防系统在2014年年底投入使用。加强了技防设备的科学化维护和管理，变被动排故障为主动查隐患；加强了对地下文物库房安全保障设备的维护保养，以及对技防设施故障的分析研究；积极推进安防系统智能化研究和一体化改造工作；通过调研，尝试在故宫安全防范中应用物联网等先进技术；力求坚持不懈地更新、替换不适应安全形势需要的安防技防设施，永远保持安防系统的先进水平，不断提升和改善安全保护状况。

为加大安全保障力度，故宫博物院开展多项活动，增强防火能力，消除火灾隐患。通过重大活动和节假日前的安全大检查、安全动员会、“安全周”活动，以及定期全院专项巡查等行动，确保故宫安全。通过启动彩钢房拆除仪式，开展“清剿火患”行动，进行防火实战应急演练、“乾清宫西南庑展厅由雷击引发火灾”消防演习，举办志愿消防队员业务技能培训班，进行全院电器防火安全检测，举办两期安全知识培训班等，不断提高安全防范和应急能力。

为加强开放管理，全院牢固树立安全意识和文明服务意识。2012年组织封门演习29次，不断提高现场综合处理能力和应对突发事件的能力。制订并完善接待预案，克服观众流量增大、极端天气等不利因素，圆满完成了暑期、“十一”黄金周等节假日的接待工作。国庆期间，强化了一线值守力量，加强人流疏导，经受住了单日客流量创历史新高的考验。

2012 年，“平安故宫”工程的 7 个子项目，或正在进行筹备工作，或已经完成前期专家论证，或已经邀请建筑设计单位完成方案设计，或已经开展了前期工作，整个工程得到了稳步、扎实的推进，为未来的工程建设奠定了夯实的基础。

三、对博物馆基础工作的反思

1949 年故宫参观人数是 100 万，2002 年增长到 700 万，经历了 50 多年时间。而从 2002 年的 700 万增长到 2011 年的 1400 万，仅仅经历了 10 年时间，也就是说 10 年之内，故宫参观人数整整翻了一番。2012 年，参观人数为 1500 多万，这一增长速度在国内外博物馆领域绝无仅有（表 3－2）。故宫博物院是目前世界上唯一年观众人数超过千万的博物馆，预计今后还会保持较高的增长趋势。近年来，故宫博物院通过陆续收回大高玄殿、端门等区域，使管理区域增至 112 公顷、建筑面积达到 17 余万平方米；开放面积逐步扩大，由 2002 年的 30% 增加到目前的 46% 。面积的扩大和游客数量的增多给故宫的管理带来了更大的挑战。

表 3－2　故宫博物院近年来接待观众数量统计（单位：万人次）

年度	2006	2007	2008	2009	2010	2011	2012
人次	877	970	949	1182	1283	1411	1534

故宫在国人心目中的地位神圣无比，在中国博物馆领域的地位举足轻重。一流的博物馆应有一流的管理和一流的服务，一流的管理和服务需要以扎实的基础工作为基础。鉴于故宫博物院的崇高文化地位和特殊文化使命，必须树立高度的责任感和使命感，坚持高标准、严要求，着力提高藏品管理和服务观众等各方面的质量，为全国的博物馆做出表率和示范。

故宫博物院近年来开展了扎实的基础工作，无论是藏品清点，还是“平安故宫”工程，都彰显出故宫博物院对基础工作的高度重视。历时七年的藏品清点不仅完成了摸清家底、账物相符的任务，而且与加强文物的科学管理和安全管理等工作有机结合，使故宫博物院的文物管理水平得到进一步提高，为故宫博物院的全面科学化管理奠定了坚实基础。此次藏品清点工作不仅在故宫博物院发展史上具有里程碑意义，也为中国的博物馆事业树立了典范。故宫博物院率先摸清家底，积累了丰富的经验，可以为刚刚启动的全国第一次可移动文物普查工作提供重要借鉴和参考。

安全工作是文物工作的生命线，也是博物馆其他一切工作的重要基础，“平安故宫”工程是提高故宫安全的整体水平和综合安全防范能力的重要举措。“平安故宫”工程的实施是故宫博物院发展史上又一件具有里程碑意义的重大事件，工程的全面实施将成为故宫博物院可持续发展的重要前提和基础。

法规制度建设是提高综合管理水平的重要举措。经过多年努力，故宫博物院于 2012 年形成了一套较为完备、科学的管理制度体系，完成故宫博物院制度建设阶段性成果《故宫博物院规章制度汇编》一书的编纂工作。故宫博物院管理制度体系由 11 大类 114 个单项制度组成，共计 30 万字左右。值得一提的是，11 大类中除涉及综合管理制度外，还着眼于故宫博物院目前亟须和未来发展的需要，特别完善了安全管理、藏品的保护与利用、古建保护、协会章程等重要章节部分。作为故宫博物院管理制度体系建设的新成果，《故宫博物院规章制度汇编》一书的编纂和出版为故宫博物院未来更进一步的规范管理，稳步推进“平安故宫”工程提供了坚实的制度保障。更为可喜的是，故宫博物院已经在积极推进《故宫保护条例》的制定，希望通过《条例》使得故宫周边环境得到控制，进一步促进故宫博物院管理工作的法制化和规范化。

由此可见，四项基础工作中，故宫博物院已经完成藏品清点和档案建设，安全工作和法规建设也已经在逐步推进，并且通过完善学术研究中心和建立科技保护平台，实现学术研究成果不断涌现和专业人才不断汇聚。

故宫博物院的文化身份极为特殊。一方面，故宫是世界上规模最大的古代宫殿建筑群，是国务院公布的首批全国重点文物保护单位，也是我国第一批进入《世界遗产名录》的世界文化遗产。另一方面，故宫是世界上文物藏品和文化资源最丰富的博物馆之一，是当今世界上观众来访最多的博物馆。因此，无论是新闻媒体还是社会公众，对故宫博物院都给予高度关注，故宫的一举一动格外引人瞩目。

2011 年故宫博物院暴露的问题所引起的社会舆论虽然在短时间内给故宫博物院带来了一些负面影响，但从长远来看，社会舆论的监督可以促进故宫及时发现和纠正工作中存在的问题。发现问题是解决问题的开始。正是由于故宫博物院发现了工作中的不足，针对博物馆工作中最重要的文物安全和观众安全，提出“平安故宫”工程。正是由于与媒体缺乏沟通所导致的负面影响，2012 年，故宫博物院坚持公开透明，主动加强与新闻媒体的沟通，多次召开媒体见面会、新闻发布会，及时将故宫博物院的发展愿望、面临困难、解决问题的思路、所做出的努力等，告诉社会各界。新闻媒体通过大量新闻报道，充分肯定了故宫博物院为保护文化遗产和服务观众方面所做出的不懈努力，各项新的举措得到社会公众的理解和支持。

“亡羊补牢，未为迟也。”故宫博物院在社会舆论压力下及时采取补救措施，这是一种非常积极的姿态，值得肯定。但这个过程呈现出明显的“舆论倒逼”效应。目前，随着互联网的普及和全社会公民意识的提高，互联网越来越成为公民行使知情权、参与权、表达权和监督权的重要渠道，“舆论倒逼”也成为近年来频频出现的社会现象。因此，政府及其他相关部门应更加注重信息公开，更多倾听民意。当今是一个信息极大丰富的年代，信息的传播方式多、速度快、范围广，政府已经很难通过防、堵、卡、封等方法予以控制。因此，与其被动公开，不如主动公开；与其亡羊补牢，不如未雨绸缪。故宫博物院单霁翔院长已经明确表示：在今后的工作中会创造良好的条件，主动增强故宫工作的透明性、公开性，让社会更多地了解故宫；多一分了解，就多一分理解。要积极加强与媒体、公众的良性互动；虚心听取媒体和公众对故宫博物院工作的意见和建议，做到问计于民，问需于民。2012 年，故宫博物院又在人民微博开通官方账号，实现了故宫相关信息在腾讯、新浪、人民三大微博的同步发表，增加了信息发布渠道，建立与社会公众进行互动的良好平台。

在当前文化大发展大繁荣的背景下，公众的文化需求空前高涨，对文化信息的需求也更为迫切。因此，作为满足公众文化需求重要场所的博物馆，应该为公众提供更多高质量的服务，不仅要加强基础设施建设，也要更加注重人文关怀。因此，故宫开始通过提升博物馆的专业化功能和发挥博物馆的社会化职能，让社会公众充分认识和体验到故宫博物院的文化服务功能，尽享传统文化盛宴。

2012 年，故宫博物院精心组织文物展览，弘扬故宫传统文化，不仅在院内成功举办各种展览，还让展览继续走向全国各地。此外，故宫博物院还开展了精彩纷呈、寓教于乐的文化活动，加深了观众对故宫的认识。与东城区政府合办的“故宫讲坛”2012 年已完成 8 次讲座，反响热烈，效果良好，在故宫博物院与社会民众之间架起了一座文化桥梁。为更好地传播故宫文化，探索适合故宫发展的文化产品研发新途径，在“2012 年博物馆及相关产品与技术博览会”和“2012 年全国博物馆文化产品创意设计推介活动”中，故宫博物院获得博物馆与文化创意产业促进奖和最佳展示奖等奖项，选送的 55 件设计作品中获得一项银奖、两项优秀奖、两项提名奖。在“第五届海峡两岸文化产业博览交易会”综合评比中，故宫博物院荣获二等奖，黄金产品“福禄万代传家宝瓶”获得最佳创意产品奖。故宫博物院积极开展对外交流，推动中华文化“走出去”，2012 年举办和参加涉外展览 9 项，数量虽较 2011 年有所减少，但多为配合国家外交工作的项目，为我国文化外交事业贡献了力量。同时，积极开展馆际交流与合作，通过交流与合作开阔视野，提高水平。

中国作为文物大国，近年来在保护理论和实践层面都有了长足发展，在国际文化遗产界的地位越来越高，全世界对中国文物工作的关注度越来越高。故宫博物院是世界五大博物馆之一，代表了中国博物馆的最高水平，在中国乃至世界都拥有极为重要的影响力，因此，社会各界和新闻媒体总是对故宫博物院给予高度关注。作为聚光灯下的焦点，故宫博物院的一举一动必须慎之又慎，不能有半点疏忽。2012 年，故宫博物院更新发展理念，全面强化基础工作，更为主动、更为扎实地开展各项工作，在提高管理质量和服务水平方面成效显著。与此同时，也更加注重信息公开，加强与新闻媒体的沟通，越来越注重贴近公众，融入社会，在发挥博物馆的公共文化服务功能方面发挥着越来越积极的作用，在全国博物馆行业起着示范和引领作用。单霁翔院长说：“面对故宫这处有着 600 年历史的文化瑰宝，面对故宫博物院这座有着 87 年历史的文化圣地，必须心怀敬意地加以研究，审慎决策各项工作目标和实施方法，来不得半点浮躁。”正是基于这样的视野与认知，严谨认真、甘于奉献的“故宫人精神”不断得到弘扬，故宫博物院正在朝着更为科学的方向发展，更为安全、更为和谐的故宫正以崭新的面貌和姿态呈现在世人面前。

（本部分由故宫博物院供稿、供图）

让历史连接未来

——西安建设『博物馆之城』的实践及其意义

陕西秦始皇陵兵马俑　燕海鸣摄

把西安建设成博物馆之城是西安市政府提出的一项重大发展目标。博物馆之城建设对西安市的社会文化事业有何积极影响，还面临哪些值得反思和探索的问题，有必要深入分析。

截至2012年年底，西安市已拥有各类博物馆94座，包括国有博物馆29座、行业博物馆32座、民办博物馆33座，其中国家一、二、三级博物馆17座，已基本形成了以国有博物馆为主导、行业博物馆为骨干、民营博物馆为补充，各种所有制并举、门类新颖齐全的博物馆事业发展格局。

“实现一百座博物馆的建设目标”，就是西安建设“博物馆之城”的内容。“博物馆之城”建设是一个什么样的项目？有着怎样的缘由？

事情发端于2009年。在当年的西安市文物工作会议上，市政府领导提出了将西安建设成为“博物馆之城”的构想。会后，西安市文物局对西安地区博物馆进行了一次全面的调查摸底，形成了《关于西安市建设“博物馆之城”的报告》，提出了未来三年促进全市博物馆事业发展的实施意见，供市委市政府研究决策。2010年3月31日，西安市委、市政府通过了《关于大力发展博物馆事业的实施意见》，提出“围绕‘建设人文西安、活力西安、和谐西安’和建设国际一流旅游目的地城市的总目标，通过三年努力，再建50～80座博物馆，使西安博物馆的总量突破100个，基本建立起以国有博物馆为主体、行业博物馆为骨干、民营博物馆为补充，各种所有制并举、门类新颖齐全、布局科学合理、内容丰富多彩、富有地域特色的博物馆事业发展新格局，把西安建成名副其实的‘博物馆城’”的发展目标。5月5日，中共西安市委办公厅向各区、县委，各区、县人民政府，市委和市级国家机关各部门，各人民团体印发了这一《通知》，以此为标志，年内启动了全市“博物馆之城”建设计划。

从目前情况来看，西安“博物馆之城”计划进展顺利，对西安市的博物馆事业发展带来了积极影响。同时也引发了一些值得反思和继续探索的问题。

一、目标的提出

西安“博物馆之城”建设项目是在西安市经济文化快速发展以及国际、

国内和省内博物馆事业蒸蒸日上、不断探索创新的大形势下产生并实施的。

（一）历史背景

从世界博物馆发展趋势来看，21 世纪的博物馆面临的主要问题是如何更好地服务于社会和社会发展。早在 1974 年，国际博协在其章程中就明确提出“博物馆为社会和社会发展服务”的理念。此后，自觉为社会和社会发展服务就成了国际博物馆界公认的现代博物馆的宗旨，也成了博物馆现代管理的总目标。国际博物馆协会也始终致力于这一主题的积极探索。自 2001 年起，历届大会主题都与之有关，例如第 19 次博协大会的主题为“博物馆学与经济和社会变革：挑战与责任”，2004 年、2007 年大会主题分别是“博物馆与非物质文化遗产”、“博物馆与世界遗产”。2000 年以来的国际博物馆日主题也反映了博物馆与社会关系的动态发展过程。2000 年“致力于社会和平与和睦的博物馆”、2001 年“博物馆与建设社区”、2002 年“博物馆与全球化”、2003 年“博物馆和朋友”、2004 年“博物馆与无形遗产”、2005 年“博物馆——沟通文化的桥梁”、2006 年“博物馆与青少年”、2007 年“博物馆与共同的遗产”、2008 年“博物馆服务于社会变革和发展”、2009 年“博物馆与旅游”、2010 年“致力于社会和谐”、2011 年“博物馆与记忆”、2012 年“处于变化世界中的博物馆：新机遇与新挑战”、2013 年“博物馆（记忆 + 创造力）= 社会变革”。

而中国的博物馆事业在经历了从计划经济向社会主义市场经济转型之后，管理体制和运作模式逐渐由对“藏品”的关注转向对“人”的关注，越来越强调其为当下社会服务的功能。博物馆概念在经历了挣扎于政治漩涡的痛史后，逐渐回归到文化的本质上，与旅游、学校教育、科学普及、经济建设、爱国主义教育等结合在一起，展现出独特的文化风采，即从所谓传统的“历史使命型”博物馆向“公众服务型”博物馆转变。

但现有博物馆在发展过程中仍存在诸多问题，例如提供公共文化产品的能力仍显不足，公共文化服务质量亟待提升，管理水平、保护能力、人才队伍建设等方面尚无法完全满足事业发展的需要；文物保护科技有效供给不足，成果转化亟待加强；博物馆体系有待完善，博物馆发展质量亟待提高。因此，国家文物局在《国家文物博物馆事业发展“十二五”规划》中，提出了“立足行业特点和地域文化特色，大力倡导科技、艺术、自然、民族、民俗、生态、工业遗产等专题性博物馆发展”，“优化博物馆品类布局。实现每个民族拥有 1 个以上重点展示本民族文化遗产的博物馆。全国博物馆总数达到3500个。免费开放的博物馆、纪念馆达2500个，国家一二三级博物馆总数达到800个，法人治理结构规范化、管理专业化的民办博物馆建设率达到10%”的目标，借以推动博物馆发展从数量增长向质量提升转变。

具体做法是：①鼓励支持各省（自治区、直辖市）建设地方重点博物馆；②着力扶持民办博物馆发展；③在博物馆的公共文化服务功能方面，将继续坚持博物馆的公益属性，完善博物馆免费开放机制，将行业国有博物馆以及符合条件的民办博物馆纳入国家政策支持的免费开放范围；④鼓励民间收藏的珍贵文物捐赠或委托博物馆保管；⑤建立健全中国特色、世界接轨的文物博物馆理论体系，科学完备、保障有力的文物博物馆法律体系，责权明晰、效能统一的文物博物馆管理体系，联动响应、监管到位的文物博物馆安全体系，特色鲜明、布局合理的博物馆体系，政府主导、惠及全民的文物博物馆公共文化服务体系，结构优化、素质过硬的文物博物馆人才队伍体系，重点突破、支撑发展的文物博物馆科技创新体系，多方协力、共建共享的文物博物馆社会参与体系，传输便捷、覆盖广泛的文物博物馆传播体系，加快文物博物馆事业的发展步伐。推进文物博物馆事业融入经济社会发展，使文物博物馆事业成为推动经济社会发展的积极力量。

（二）历史和现实的呼唤——西安建设“博物馆之城”的内在需求

如果说中国博物馆整体蓬勃发展的态势为西安建设博物馆之城提供了强有力的观念与实践体系支撑，那么，陕西及西安地区经济、文化发展、城市化进程的加快以及人口结构变化给博物馆发展带来了新机遇和新挑战。

西安地区深厚的历史底蕴和丰富的地下地上历史遗存为博物馆发展带来了得天独厚的优越条件。新中国成立后，西安博物馆事业获得长足发展，1949年，西安只有一座博物馆，而截至2009年年底，西安共有各类博物馆45座。

然而，随着人民群众对博物馆文化需求不断增强，现有博物馆的服务能力已无法满足社会多元化的参观与服务需要。与国外博物馆的发展也有一定距离。例如，美国、意大利等欧美发达国家每4万人拥有一个博物馆，6500万人口的法国有1万座博物馆。而800万人口的西安仅有45座博物馆，显示出人们不断提高的精神文化需求与博物馆数量不足、设施不完备、陈列展示水平不高、服务功能不够完善等矛盾；博物馆快速发展与管理工作相对滞后的矛盾，与经济领域和其他行业相比，博物馆管理体制和运行机制、经费的筹措和使用、用人制度和分配制度、专业队伍建设和高新技术的应用方面的改革步伐相对滞后。

目前西安市博物馆事业总体水平与千年古都的文物大市地位不相称，与西安目前快速发展的经济水平不相称，与西安越来越多元化的社会发展不相称，与西安作为历史名城的文化地位不相称，与西安作为文物大市、旅游大市的地位与影响不相称，既无法满足或反映西安文化产业强势发展的需要，也与人民群众日益增长的文化与精神需求不相适应。

随着国家实力的增强和地方经济的发展，为博物馆事业发展带来了难得的机遇。首先，是博物馆的免费开放。2008 年 1 月，中共中央宣传部、财政部、文化部联合下发《关于全国博物馆、纪念馆免费开放的通知》（中宣发［2008］2 号）规定，国家文物局中央级文化文物部门归口管理的博物馆全部向社会免费开放；各省级综合博物馆全部向社会免费开放；各级宣传和文化文物部门归口管理的列入全国爱国主义教育示范基地的博物馆、纪念馆全部向社会免费开放。2009 年，除文物建筑及遗址类博物馆外，全国各级文化文物部门归口管理的公共博物馆、纪念馆，全面爱国主义教育示范基地全部向社会免费开放，并建立政府主导、法律规范、社会参与的博物馆管理体系，建立以展示教育、开放服务为核心的评价体系和政府、社会、公众代表相结合的监督体系，开展评估定级和分类指导。

博物馆免费开放符合世界趋势，有利于完善我国现代国民教育体系和履行教育功能，有利于发挥博物馆和纪念馆作为公益性文化机构的社会价值，有利于加强国际文化交流和中华民族优秀文化的宣传推广。

其次，是文化惠民工程。十七届六中全会《关于实施文化惠民工程的决定》指出，实施文化惠民工程是构建公共文化服务体系、推动城乡基本公共文化服务均等化的重要途径。无论从国家、省市发展的方向、政策上，还是从国际大环境来说，博物馆都迎来了难得的历史性发展机遇。

第三，是城市发展的需要。房地产热带来的社区建设快速发展，高校扩招使西安大专院校学生数量急剧增长，教育资源的集约化使得九年义务教育的学校也不断增多，旅游热带来更多的观众，卫星城的扩展使得西安城区范围扩大，城镇化网络的形成，以及人民生活水平普遍提高带来的休闲需要的增多等等，尤其是西安建设国际化大都市的趋势，都对博物馆建设提出了更多的需求。

建设博物馆，实际上就是通过挖掘西安宝贵的文化遗产，传承中华文明，留下民族记忆，保住文化基因，把西安的文化做好、做精、做出品位、做出国际化水平。建设“博物馆之城”，就是通过呈现西安灿烂辉煌的历史，展示当下并昭示未来，让西安成为中华民族的精神家园，成为西方游客瞻仰东方文化的首选之地，成为西安建设国际化大都市的强劲支撑。

（三）西安建设“博物馆之城”的资源支撑

据初步调查，西安目前拥有可用于博物馆建设的潜在优势资源共 10 大类 115 项，分属军事、军工、院校、行业、专题、科技、历史、宗教、故居民宅等，各行业中可用以博物馆建设的资源更是取之不尽，具有发展博物馆的巨大潜力。

得天独厚的古代历史文化遗产资源。西安有着建城 3100 多年和建都 1100 多年的辉煌历史，地上地下文物资源丰富，被誉为天然历史博物馆。第三次全国文物普查共登记各类文物点 3246 处，第一次全国可移动文物普查，全市国有可移动文物收藏单位 89 家，共普查国有企事业单位 1590 家，登记可移动文物 689666 件/套，具有种类齐全、品级高、知名度高等特点。尤其是汉唐时期的宫殿遗址和墓葬，保存完整、气势宏大，其他城市无法比拟。

特征鲜明的近现代文化遗产。西安是我国重要的军工、科研、高等教育、国防科技、航空航天产业和高新产业技术基地，形成了一大批重要的近现代文化遗存，与西安地区的名人故居和数量众多民宅等成为发展行业和民办博物馆难得的优势。

不断挖掘的非物质文化遗产资源。目前，西安市已经有非物质文化遗产 9 大类 33 项。2012 年 5 月 15 日，西安市非物质文化遗产博物馆正式对外开放，标志着非物质文化遗产正成为博物馆所关注的新领域。

异军突起的民间收藏。愈演愈烈的收藏热，使西安的民间收藏呈现出“千军万马之势”，全市民间收藏量大约在 200 万件左右，这些资源大多蕴藏在民间而不被人们广泛知晓。如何将这些“地下”资源变成“地上”资源并向社会展示，既成为困扰博物馆发展的一大问题，也构成了民办博物馆发展的重要基础。

高校资源和科技资源。西安市目前共有百余所大专院校，以及丰富的科技资源，“电子城”、“军工城”、“航空城”、“纺织城”与“科技城”等。因此，高校博物馆也是西安博物馆发展的一个方向。据统计，目前高校博物馆仅有 17 座，而科研机构类博物馆则处于空白状态，具有发展博物馆的较大潜力。

丰富的自然资源。人云，“秦地无闲草”，西安地区地处关中平原、秦岭北麓，地理环境的特殊性和生物的多样性成为自然类博物馆的重要资源。

（四）已有博物馆的实践提供了深厚的经验积淀

截至 2009 年年底，陕西共有博物馆 197 座，数量位居全国前列，充分体现了陕西作为文物大省的资源优势。其中被誉为中国第一座现代化博物馆的陕西历史博物馆在博物馆管理、文物保护、陈列展示、科学研究、档案资料、专业人才和社会服务方面已处于全国领先水平，在博物馆中国化的具体实践中发挥着积极的作用。著名的西安碑林博物馆、西安半坡博物馆、秦始皇兵马俑博物馆、乾陵博物馆、西安博物院等也有着得天独厚的发展基础和参照价值。

（五）突破 100——西安建设“博物馆之城”的总体目标

西安实施“博物馆之城”计划的总体目标是：科学规划，广泛挖掘民间资源，力争用三年时间使西安博物馆的总数突破 100 个，基本建立起以国有博物馆为主体、行业博物馆为骨干、民营博物馆为补充，各种所有制并举、门类新颖齐全、布局科学合理、内容丰富多彩、富有地域特色的博物馆事业发展新格局，提升西安文化软实力，建设人文西安、活力西安、和谐西安，建设国际一流旅游目的地城市。

整个计划分三个步骤：

启动期（2010 年）。以曲江新区博物馆建设为试点，年内建成 15～20 座涵盖国有、行业等类型的博物馆。

主要发展期（2011 年）。争取建成 35～40 座涵盖历史、工业、农业、科学、教育等多个方面内容的博物馆群体，初步形成主题鲜明、脉络清晰、布局合理的博物馆之城构架。

巩固提升期（2012 年）。全年争取建成 10～20 座丰富主题色彩、填补门类空白、扩充展陈内涵、彰显文化品位的专题性博物馆，最终形成一个全方位展示、有序性排列、社会化参与的博物馆发展新局面、将西安打造成名副其实的博物馆之城。

为实现总体目标，制定了五项重要措施。第一，以大遗址保护项目带动博物馆建设。在西安，历代遗址已经成为城市建设的重要元素。市政府依托国家、省、市大型重点建设项目，以大遗址保护、重大区域改造等，带动遗址周边和区域内的博物馆建设。有关部门对投资兴办博物馆者实行政策优惠，简化行政审批手续，不收取国家规定之外的任何附加费用。

第二，重点建造国有专题博物馆。对现有的国有博物馆进行改造提升，改善基础设施，丰富展陈内容，更新展示手段，拓展服务项目，提升服务水平；整合和利用现有资源，大力扶持规模化、标志性的国有大型专题博物馆。

第三，鼓励行业部门发展专题博物馆。采取同等于国有博物馆政策的激励机制，在场馆用地、管理人才、科学研究、公众教育等博物馆建设方面给予优惠，鼓励工业、农业、科研、教育、国防科技、航空航天、高新技术等行业部门建造博物馆，优先考虑那些能填补博物馆门类空白、体现行业特色的专题博物馆。鼓励小型行业陈列室向专题博物馆转化，鼓励单一行业内部开放转化为面向全社会开放。

第四，鼓励民间资本参与博物馆建设。采取各种优惠和扶持政策，特别是资金、税收和行政管理方面，提高个人、法人和其他社会组织依法参与包括近现代工业、科技、文教领域在内的历史文化遗产保护与利用。创造宽松环境，鼓励民间藏品交流与展示，通过博览会、展会等形式，为国内外专家、学者、收藏爱好者、博物馆业内人士提供交流展示平台，创建健康有序、可持续发展的藏品流动、拍卖、复仿制等相关产业的规范化发展，加大监管力度，引导博物馆事业健康发展。

西安市建设“博物馆之城”战略目标的提出，既反映了社会、经济、文化大繁荣大发展进程中人民不断增长的精神文化需要，也是国内外博物馆获得了长足发展形势下的新突破，为西安地区与陕西的博物馆事业跨越式发展提供了宝贵的机遇。

二、实践的探索

建设“博物馆之城”的实践，是在严谨的科学态度指导下进行的。2009年，建设“博物馆之城”的设想提出后，由西安市文物局牵头，联合相关部门进行了长达一年的前期调研，向市委市政府提出了《关于西安市建设“博物馆之城”的报告》。《报告》对西安建设“博物馆之城”的可行性、博物馆资源、保障措施作了全面分析，为市委市政府的决策提供了科学依据。2010年3月31日，西安市委、市政府通过《关于大力发展博物馆事业的实施意见》，5月5日，中共西安市委办公厅下发了这一《通知》。此后，“博物馆之城”建设进入实质性推进阶段。

（一）制定行业和民办博物馆评审标准

由于国有文物类博物馆已经有比较成熟的设立程序和要求，在“博物馆之城”建设中主要针对行业和民办博物馆制定了较为详尽的评审标准。这些标准包括：

1. 具有固定的馆址，设置有专用的展厅（室）、库房和藏品技术保护的场所，展厅（室）面积不少于总建设面积的60%，展览环境适宜对公众开放，展览设施和展品陈列能合理运用现代技术、材料、工艺和表现手法，达到形式与内容的完美统一。

2. 具有必要的办馆资金和保障博物馆运行的经费。

3. 具有代表性和成系列的、来源合法的藏品及必要的文史资料。

4. 藏品档案完备，管理制度健全。

5. 具有相对稳定的专业技术和管理人员。

6. 具有一定的科研能力，每年在省级以上刊物发表学术论文和相关研究文章不少于3篇。

7. 具有相对稳定的讲解员队伍，每300平方米展览面积不少于1名讲解员。

8. 具有符合国家规定的安全和消防设施，展厅内有符合标准的安全技术防范设施和防止展品遭受自然损害的展出设施。

9. 民办博物馆年对外开放时间不少于200天；行业内部博物馆每周对外开放时间不少于2天。

10. 具有开发相关产业的能力。依托博物馆收藏优势，与社会服务产业有机融合，拓展具有自身特色的相关产品。

11. 坚持“公益性第一”的办馆方向，重视和利用电影、电视、网站、影像制品、出版物等做好社会宣传教育工作。

12. 能够独立承担民事责任。

（二）建立并严格执行评审程序

为了保障评审结果的公正、准确，建立了严格的评审程序。主要分为两个阶段，第一阶段为藏品预审。这个阶段主要对设立者所拥有藏品的数量、质量，以及来源的合法性进行评审，符合要求时，方可进入下一阶段的评审。

第二阶段，召开专家评审会，对设立申请进行全面评审。专家评审会一般由5~7名专家组成，专家涵盖博物馆藏品、陈列、安全等各项博物馆主要业务。评审会包括听取汇报、现场考察、专家评议和提出评审意见几个方面内容。其中现场考察和专家评议是评审会的核心部分，现场考察是对申报文本中的所有资料进行现场核对、分析，专家评议是对考察结果进行适合性分析，并在此基础上得出是否符合博物馆设立条件的结论。

（三）建立专家组织

为了完善博物馆评审工作程序，确保评审工作的顺利进行，西安市文物局于2011年上半年先后成立了“西安市博物馆评审专家委员会”和“西安市文物认定专家委员会”。

西安市博物馆评审专家委员会的主要任务是：严格按照国家文物局关于《全国博物馆评估办法（试行）》和《博物馆评估暂行标准》的有关规定，组织开展博物馆评估定级申报审核工作；负责博物馆设立前的评审工作；负责博物馆考核奖励工作的具体考核实施；开展博物馆事业发展的政策体系调研、理论研究和学术交流等相关活动。西安市文物认定专家委员会负责全市民办博物馆馆藏文物的认定和定级工作。这两个专家委员会的成立有力地推进了“博物馆之城”的建设。

（四）兑现奖励措施

为了鼓励民办和行业博物馆的发展，西安市出台了《关于促进民办博物馆发展的实施办法（暂行）》、《西安市民办（行业）博物馆考核办法（暂行）》、《西安市民办和行业博物馆专项资金管理暂行办法》等一系列配套文件，在建设优惠、税费减免、财政金融扶持、人才培训、宣传教育、组织管理等多方面给民办博物馆提供了政策优惠。其中最主要的几项是：

馆舍建设补贴：新建和利用已有建筑改建的民办博物馆，对其中用于展览、修复、库房、科研、设备间、办公室等区域的建筑面积，可以政府股权投入的方式，按每平方米500元和200元的标准给予一次性补助。每个博物馆新建或改建项目补助最高金额分别不超过300万元和100万元。

运营经费补助：将民办博物馆分为大、中、小三个级别，并根据博物馆提供社会服务等要素，给予不同标准的补助，具体为：每馆每年按照对应等级分别给予50万元、30万元、20万元的运转经费补助。对大专院校、国有企业等非文物部门兴办的行业博物馆，每馆每年按照对应等级分别给予15万元、8 万元、3 万元的运转经费补助。

展览活动补助：对民办和行业博物馆组织的利用自有藏品赴市外进行展览和引入展品在自有馆内举办的展览活动，分为大、中、小型三个等级，分别给予 10 万元、5 万元、2 万元的一次性补助。

社会效益奖励：每年按照统一标准对民办和行业博物馆的管理工作进行综合考核。从考核为优秀的民办博物馆中分别评出一、二、三等奖，分别给予 30 万元、20 万元、10 万元的一次性奖励；行业博物馆按 15 万元、10 万元、8 万元的标准给予一次性奖励。

2012 年 3 月，西安市首次依据《西安市民办（行业）博物馆考核办法（暂行）》，组织专家对基本符合考评条件的 24 家民办和行业博物馆进行了综合考评，从博物馆日常运营、临时展览补助、年终一次性奖励三个方面共兑付扶持资金 636 万元，获得补助最多的博物馆 107 万元，最少 10 万元，平均 26. 5 万元。

此外，民办博物馆建设需缴纳的城市基础设施配套费，按减免程序报市政府审定后予以减免；民办博物馆门票收入依法免征营业税；对符合非营利组织认定条件的民办博物馆，经财政、税务部门认定后，其符合非营利组织企业所得税收入范围内的有关收入依法免征企业所得税。

对行业博物馆的扶持也纳入民办博物馆的扶持政策之中，只是鉴于行业博物馆在资金投入、运营管理方面的特殊性，在具体的扶持力度上与民办的稍有差别。

在这里不能不提到的是，在建设“博物馆之城”活动中，西安曲江新区以动作迅速、措施扎实、力度大等特点成为“博物馆之城”建设中的排头兵。

曲江新区被誉为西安市创新的前沿阵地。自成立以来，进行了一系列影响深远的文化创新。在西安市《关于大力发展博物馆事业的实施意见》下发后，5 月 18 日，曲江新区出台了《关于鼓励、扶持博物馆等文化场馆发展办法》，率先践行西安打造“博物馆之城”计划。《决定》计划曲江新区在 2010 年前建设 20 个以上博物馆，构建内容丰富、特色鲜明的博物馆集群，力争做到“有建筑的地方就有博物馆，有景点的地方就有博物馆”，为西安博物馆事业的跨越式发展提供了实质性的政策环境。其创新之处有：

第一，出台多种扶持政策。

为了实施博物馆之城建设项目，曲江新区通过《西安曲江新区关于鼓励扶持博物馆等文化场馆发展的决定》采取了一系列扶持政策。其中包括：

土地按成本价划拨。对于新建的博物馆等文化场馆，一律按照土地开发成本进行用地划拨，不同区域板块土地成本价按照差异化标准执行。

建设成本补贴。对于新建的博物馆等文化场馆，一律按建筑面积给予1000元/平方米的财政补贴。在建筑主体封顶后，经审核验收即可发放。

相关费用减免。对于新建的博物馆等文化场馆，免除其城市建设配套费用，相关的规审、建审费由曲江新区代收部分一律免除。

税收5年内全额返还。对于新建的博物馆等文化场馆，自注册登记之日起5年内，其营业税以财政补贴形式予以全额返还。

此外还设立了“曲江博物馆及文化场馆建设贡献奖50万元”等系列举措，切实解决了博物馆建设的种种现实问题，最大程度上激发了民间资本参与博物馆建设的热情。

第二，实施博物馆经济“倍增计划”，即依托现有博物馆发展博物馆经济。

以西安曲江艺术博物馆为例。该馆2011年10月正式成立，隶属于西安运高集团。在国内首次尝试“博物馆+国际酒店”的投资运营模式，采用的是文化与商业联姻、国际品牌与中国传统文化深度融合、西方品牌本土化战略。这一模式能否成功及其能否给我国的博物馆甚至文化产业带来“破题”之效，值得进一步关注。

第三，增强博物馆自身造血功能。

对于博物馆建设过程中遇到的普遍问题，例如资金来源缩减、经费紧缺等进行积极探索，努力实现博物馆自身的“造血”功能。目前，曲江新区正挖掘博物馆蕴藏的“创意能量”，根据不同性质，进行个性化发展指导，使每个博物馆形成特色鲜明的运营模式，实现博物馆“建一家，成一家，火一家”。比如，曲江富陶国际陶艺馆、曲江雕塑时光艺术博物馆、西安秦砖汉瓦博物馆等博物馆的市场化运营已经凸显成效。另外，还举办各种以博物馆为主题的活动，售卖文化衍生品，也从一定程度上打开了博物馆经营、生存的另一扇窗户。

三、问题和对策

近年来，中国一些地方出现了被称为中国博物馆发展史上第三个高峰的“博物馆之城”建设热潮。自2005年起，先后有广东东莞、四川成都、云南昆明、四川安仁镇等提出建设“博物馆之城”和“博物馆小镇”，西安加盟建设“博物馆之城”队伍后，再次引发了对这一现象的热议。

面对博物馆建造热潮席卷全国的现象，有人提出疑问，博物馆建设固然有助于展现悠久的建城史和城市的文化魅力，有助于满足市民的文化需求，提升城市的文化内涵，但是，是不是非要将一座城镇打造成“博物馆之城”或者“博物馆小镇”？是否能够建造如此数量的博物馆，短期内大规模建设的博物馆在软件方面如何达标，大量博物馆建成之后如何运营？甚至有的研究者由建设“博物馆之城”联想到20世纪50年代的“大跃进”。

这种忧虑不无道理。然而，冷静地分析一下，就会发现“博物馆之城”从环境背景和内容都和大跃进时代不啻霄壤。首先，20世纪50年代的“县县办博物馆”的“大跃进”，是在经济尚不发达的情况下一种急于求成的冲动，而“博物馆之城”建设是在改革开放之后经济获得极大发展形势下的顺势而为。一个是空中楼阁，一个具有牢固基础，不可同日而语。其次，西安是陕西博物馆事业的发轫之地，新中国建立以后，博物馆事业已经有了60年的发展历程，正反两个方面的经验积累，成为博物馆实践的借鉴和指南。再次，还有一种认识的误区，即一提博物馆建设，就和大兴土木、政府投资联系起来，这是计划经济思维惯性的结果。改革开放之后由政府投资建设了一批大中型博物馆，动辄上亿、数亿乃至几十亿的投资规模给人一种错觉，似乎不如此就不成其为博物馆。实际上，积改革开放后博物馆数十年发展历程之经验，行业及民间兴办博物馆的积极性得到极大激发，大量的中小型博物馆既无需大规模投资，亦无需政府投资。在这种情况下，政府因势利导，可收水到渠成之效。

当然，大的环境背景方面的优势并不意味着没有问题，实际上在建设“博物馆之城”决策以及实践中，都面临或大或小的问题，只是决策者和实践者一开始就明确意识到这一点，并一直秉持从实际出发的探索态度，不盲目跟进，也不回避问题，取得了显著的效果。

第一，逐步建立完整的准入机制。针对民办博物馆设立申请者在业务水平、开放能力等方面存在的差距，制定了较之《博物馆管理办法》更为详尽和明确的标准，如“具有一定的科研能力，每年在省级以上刊物发表学术论文和相关研究文章不少于3篇”，“具有相对稳定的讲解员队伍，每300平方米展览面积不少于1名讲解员”，“对外开放时间不少于200天”，“具有开发相关产业的能力”，“坚持公益性第一的办馆方向”等，以确保建得起、能开放、可持续。

第二，针对社会公众对博物馆设立者藏品来源，尤其是文物藏品来源的疑虑，在审核博物馆设立申请时，特别强调具有“来源合法的藏品”，以及“藏品档案完备，管理制度健全”等规定，并组织研发民办博物馆藏品管理软件，加强民办博物馆藏品管理。

第三，建立了“民办博物馆场馆建设考核”、“民办（行业）博物馆综合考评”、“民办（行业）博物馆临时展览考核”、“民办（行业）博物馆年度奖励考核”等一系列考核标准，其中“民办（行业）博物馆综合考评”一项，包括“综合管理与基础设施”、“藏品管理”、“陈列展览”、“社会服务”及“学术活动”五个方面的内容，是整个考核体系的核心部分。考核结果将作为新建民办博物馆场馆建设、民办和行业博物馆日常运转补助、临时展览补助、年度奖励、人才培训等财政扶持和行业指导的依据。目前，西安市对民办和行业博物馆的年度考核已经进行了两次，有效促进了民办及行业博物馆的建设和发展。

第四，政府财政经费直接补助民办博物馆的突破。如果说对民办博物馆建设需缴纳的城市基础设施配套费，以及门票收入依法免征营业税等税费依法减免的做法并没有太多的争议，那么，对民办博物馆日常运营等项目给予直接的财政补助，则是个争议很大的举措。然而西安市在这方面的做法是坚定的。首先，国家支持和鼓励民营资本进入文化产业领域，国务院2005年公布的《国务院关于非公有资本进入文化产业的若干决定》明确规定，博物馆属于鼓励进入的文化产业行列。其次，国家对公益性文化事业的财政优惠政策是一贯的。其三，西安市对民办博物馆的直接财政补助，是根据民办博物馆提供社会服务、发挥社会效益的质量和程度，给予不同标准的补助，并非没有条件的。而且，从实际效果看，正面效应是非常明显的。

第五，在“博物馆之城”计划的论证阶段，民办博物馆人才匮乏的问题就引起了重视，在建设“博物馆之城”的过程中，这个问题更加凸现出来。针对这种情况，西安市也及时采取了一些有效的措施。如出台国有文博行业现职专业技术人员经原单位批准后可到民办博物馆兼职，鼓励原文博行业离退休专业技术人员到民办博物馆工作，以及将民办博物馆的人才培养纳入市人才培训计划等政策。民办博物馆专业技术人员的职称评定已经开始，第一批3名民办博物馆专业技术人员已经获得文博馆员职称。

第六，为有效提高民办博物馆的整体业务和服务水平，西安市正在建立国有与民办博物馆一对一帮扶制度，完善结对帮扶的具体办法和措施，以期达到民办博物馆与国有博物馆携手并进、共同发展的目标。

第七，对行业博物馆也提出了新的要求，在鼓励由行业小型陈列室到专题博物馆、由行业内部开放到面向全社会开放转变的同时，提出了每周对社会开放时间不少于两天的具体规定。

“博物馆之城”建设是西安博物馆事业发展的一个重要转折点。“博物馆之城”建设顺应了社会主义现代化建设特别是精神文明建设的需要，适应了社会主义市场经济体制的要求，也反映了西安市在博物馆事业发展上总体设计思路和规划布局上的科学性、规范性与有序性，对历史文化遗存的保护、传承与利用具有可持续发展的创新性。“博物馆之城”建设体现了政府在规划和建设中作为主体的引领作用，全社会的广泛参与，国有博物馆的主导性，民办博物馆的辅助性，全市博物馆整体发展呈现出多行业、多类型、多种所有制的特点，在地区分布、种类、建筑风格等方面强调整体上的多元化与协调性，重点突出、主题鲜明，在经营方面进行了积极引导与支持，最终构建起充满生机与活力的博物馆网络，使西安的博物馆建设与发展既具有国际化视野，又体现出鲜明的地域特色。

西安“博物馆之城”建设中，有效协调了“政府主导型”与“社会化发展”之间的关系，促进了民办博物馆的有序发展。在积极扶持和加强管理原则下，继续发展和完善综合性、历史性博物馆，注重建设符合时代需要的、具有行业代表性和鲜明个性特色的各类专题博物馆。促进和引导社会团体、公民个人兴办各类独具特色的民办专题博物馆，集中力量建设一些能够代表地方文明形象的大中型、骨干型博物馆，完善、提升“博物馆之城”履行社会服务功能的水平，逐渐促进博物馆的社会化发展，使“博物馆之城”建设成为全社会共同的事业。

西安“博物馆之城”的建设充分体现了改革与创新观念，博物馆之城建设与大遗址保护和城市建设紧密结合在一起，大胆创新，最大限度地挖掘文物的内涵，鼓励文物修复、复仿制等相关博物馆产业的健康发展，积极探索博物馆自我发展的新途径。大唐芙蓉园博物馆群、大明宫国家遗址公园博物馆群建设是这方面的典型代表，这些创新实践对探索具有中国特色博物馆事业具有积极影响。

（本部分执笔人：张礼智）

浙江杭州西湖文化景观　　中国文化遗产研究院供图

文化自觉与公民责任

——杭州社会力量参与文物保护的实践

社会力量参与是文物事业健康可持续发展的有效途径。杭州市在引导和支持社会力量参与文物保护方面取得不少成功经验，杭州为什么能成功？杭州市文物保护中有哪些社会力量？他们在做些什么？效果如何？

背景：如何建立有效的参与体制，成为当务之急

“一切机关、组织和个人都有依法保护文物的义务。”（《中华人民共和国文物保护法》第七条）

随着我国综合国力的不断增强，全社会对于历史文化的关注度与认同感也在不断提升，参与文物保护的自觉性和积极性也在提高。主要表现为：社会公众对于文物事业的支持度得到普遍提高；社会力量参与文物保护的呼声越来越强烈，参与行动也越来越具体。在经济相对发达、文化底蕴深厚的地区，这种态势尤为明显。

与此同时，一些新问题、新矛盾也开始凸显：持续扩张的经济发展规模与不断强化的文物保护需求产生重大空间冲突；文物利用的经济效益攫取与文物保护的代际公平保障之间产生权利冲突；作为文物工作主管部门的文物行政部门与负责经济社会综合发展的政府以及追求民生改善的社会公众之间存在着认知冲突；传统文物“点”状保护方式在文化遗产“风貌保护”新水准要求下产生了能力冲突……这些急迫的问题，都在指向一个全新的目标：尽快建立有效的、全社会参与的文物保护体制。

有效的全社会参与文物保护体制，取决于有效的责任制度和有效的激励机制。这也是目前我国文物博物馆事业发展中研究相对薄弱的一个领域。有效的文物保护体制，需要将孤立的、被动的、单向而不持续的全社会参与行为逐步转化为综合互动的合作，2012 年，这一局面已经开始显现。

杭州，由于有下列突出的特点，成为研究全社会参与文物保护事业的合适案例：经济发展水平较高，文化底蕴深厚；参与文物博物馆事业的社会力量类型多样；参与渠道和参与方式较为丰富；可借鉴性强，能够为后续的发展提供经验。

此次以杭州为例的研究，首先试图描述“谁是活跃的社会力量，谁是有效的保护力量，他们处于怎样的水平”，随后着重研究他们的参与实践。

如何建立有效的、全社会参与的保护体制，涉及对我国文物博物馆事业中“社会力量”的基本结构、行为方式、评价标准、奖惩办法等机制进行全新的研究判断。在此次研究中，将侧重于选择目前的热点问题进行个例研究。

一、参与现状和认知水平

（一）主要力量构成

在深厚的文化底蕴和迅速增长的经济发展状况下，杭州有哪些力量已经或者正在介入到文物保护事业中？做了哪些工作？在文物保护事业中处于何种地位？此次研究通过实地调查方法，分析了其基本现状及其所构成的社会参与网络。

以文物保护工作为核心，调查的对象包括：

- 浙江省文物局、杭州市园林文物管理局
- 杭州市政协文史与学习委员会
- 《钱江晚报》编辑部
- 清河坊历史街区管理委员会、清河坊历史街区建设指挥部
- 杭州市京杭运河综合保护委员会/杭州市运河综合保护开发建设集团有限责任公司
- 杭州“大运河遗产小道示范段”项目组
- 杭州运河（河道）学研究院
- 杭州工艺美术博物馆（杭州中国刀剪剑、扇业、伞业博物馆）
- 胡庆余堂中药博物馆、杭州胡庆余堂国药号有限公司
- 朱炳仁铜雕艺术博物馆
- 杭州世界钱币博物馆
- 杭州文化遗产保护的志愿者和个人

据此，可以划分出参与杭州文物保护事业的主要力量为如下类型：

- 文物行政部门
- 文物行政部门之外的其他行政部门

- 市、区、街道等各级政府
- 市、区政协组织
- 协会、研究机构等社会团体、事业单位
- 专家学者
- 志愿者团队
- 志愿者、公众个体
- 媒体
- 企业

这些力量，涵盖了《文物保护法》所指的各类“机关、组织和个人”；如果我们将“一切机关、组织和个人”视为文物保护的“社会力量”，可以清晰地看出，这些社会力量，分属于政府和公众两大力量集群。

基于杭州的社会发展水平，我们认为，这一社会力量构成，也是我国全社会参与文物保护事业基本状况的缩影，只是各地区力量类型的全面性和活跃度不同。杭州的社会力量较为活跃，涉及的领域也较为广泛。

在中国的文物保护领域，政府力量应该列入“社会力量”的范畴吗？一种意见坚持认为，“社会力量”当然应该特指政府之外的社会参与者；而完全相反的另一种意见则认为：在文物保护领域“法人违法”久治不愈的严峻形势下，绝不能忽视文物行政部门之外各级政府及所有政府部门的文物保护职责。构建一个全社会参与的文物保护体系已是迫在眉睫的紧要工作。所以，现阶段社会力量的定义应该重申包括《文物保护法》所指的“一切机关、组织和个人”。作为文物工作主管部门的文物行政部门与上述“社会力量”二者的义务和职责不同，但目标一致，才能共同形成有效的全社会参与文物保护的体制。

值得注意的是，此次关于社会力量构成的争论，是在中国文物保护事业迅速发展的背景下进行的。在这一时期，文物保护对象和范围进一步拓展，文物保护理念和宏观管理体制不断创新，文物博物馆事业初步实现由文物行业行为到全社会共同参与的转变。关于社会力量参与理念的积极讨论，表明了社会思维应势而变的强烈诉求。此次调查采用并实践了后一种意见，并据此来探索社会力量参与文物保护的问题症结并寻求有效的解决路径。

（二）社会力量的认知水平

社会力量如何认知自身的角色？其中各方如何看待与文物行政部门的关

系？了解社会力量的认知水平，能够有效地服务于政策的制定。在杭州的调查内容主要涉及“对概念的认知”、“对自身的认知”，以及“对政府相关部门的认知”三大部分共七个问题，较为全面客观地展现了杭州社会力量的总体认知水平，同时也为后续分析提供了基础资料。

1. 社会力量对参与文物保护事业的认知水平

“在参与文物保护活动时，您是否能够清晰定义自己的参与者身份?”“您的家人、朋友、同事是否了解您的参与者身份以及所做的工作?”这是向社会力量受访者进行询问的问题。通过对回答的分析，我们了解到有如下特点：

从整体上看，杭州公众对其自身责任及其社会地位的认知较为清晰，能够准确定位自身所处位置与职责范围；当回答上述问题时，能够迅速做出判断。事实上，许多访谈对象已经开始思考和经常讨论“我是谁，我应该继续参加吗，我们如何做得更有效”之类问题。

其中，政府部门中的受访者对自身责任和社会地位的判断最快，答案相互接近。

如果将公众的自我认知进行细分，则其中的个体水平会低于群体和团体，这主要表现在回答上述问题时，个体更多地会出现犹豫或者判读不准确的现象。在被问“在参与保护活动时，您是否能够清晰定义自己的参与者身份”以及“您的家人、朋友、同事是否了解您的参与者身份以及所做的工作”时，约85.7%的受访个人在回答这两个问题时同时选择了“否”；有9.1%的受访者认为，自己能够清晰定位自己的位置，但家人、朋友、同事并不了解其参与者身份以及所做的工作；仅有5.2%的受访者对上述问题同时选择了“是”。

与此同时，几乎所有具有这类现象的调查者，都没有经历过系统了解与培训的过程，他们也不能准确说出可以通过哪些渠道和平台得到有关知识。但此类问题已经得到了关注。例如，杭州工艺美术博物馆已经开始着手进行文博基础知识讲座。

各种社会力量，皆表达出对参与归属感和参与认同感的强烈需求。参与者所加入的组织规模越小，这种愿望就越强烈。

丁云川，曾荣获首届“薪火相传——中国文化遗产保护年度杰出人物”称号。他的参与工作突出表现在通过对史料的准确考证，保护那些价值尚未被辨识的珍贵文物。但是这样的研究和保护工作都会超越个体的能力范围。

于是，他加入了杭州市文史研究会。这个研究平台是杭州市政协文史委为聚集民间研究力量而建立的。2012 年，丁云川开始着手调查当地一处名为“血园”的遗址历史，最终发现并还原了“保护北伐阵亡将士墓（血园）”这一珍贵文物和历史。目前，杭州市园林文物管理局已经组织有关专家对“血园”进行考证与挖掘，一期工程已经基本结束，当地媒体也对此做了大量报道。目前，“血园”已经成为杭州市青少年教育基地。丁云川表示，在他参与文物保护的过程中，成为一个保护团体中的成员和所做的成绩得到社会各界认同，是自己最重要的动力来源。

2. 社会力量参与文物保护事业的动力

此次调查结果显示，杭州社会力量参与文物保护时，其主要动力来源呈现出多样性。

参与的动力可以分为外在因素和内在因素。外在因素以“履行自身职责”的情形为主。这种外因为主型的社会力量集中于文物行政部门、政协组织、媒体和各企事业团体。

在被问及“您或您所在的组织，参与文物保护的动力是什么”这一问题时，受访者均表示“履行自身职责”是主要原因，或同时也具有内在动力。在杭州市政协进行调查时，受访者明确表示：“我有双重角色，首先是我作为杭州市政协文史委工作人员，是一个文史工作者，我有组织的职责和责任；另一个是我作为文史爱好者，我有自身内在的责任。”杭州工艺美术博物馆的工作人员回答说：“我参与到这个工作中最大的原因还是职责所在，我就是干的这份工作，但是，自身对这个也比较感兴趣。”

与“履行自身职责”的原因不同，在调查志愿者群体时可以看出，其参与动力更主要还是源于自我认知，其具体形式呈现多样性：对历史文化的热爱、对民族历史文化传承的责任、对文物风貌遭到破坏感到忧虑以及对经济建设中大量出现“假古董”的反感等，都成为了志愿者选择的动力原因。

但需要注意的是，内因与外因并不能简单地对应于“主动参与者”和“被动参与者”。在调查访谈中，许多受访者虽然选择了“职责”为其主要参与原因，但其中个人意愿也占据了重要位置。内因与外因，都能够成为有效的动力。

3. 社会力量中的各方如何看待与政府的关系

我们向受访者提出了以下问题：“您认为在2012 年杭州文物保护工作中，

文物主管部门及政府其他部门、公众哪一方起到的作用最大？哪一方的力量在未来最应该得到加强？”调研结果显示了如下特点：

特点一：政府仍是主导力量。近八成受访者认为政府力量仍为主导；一些受访者也选择了“文物行政部门应该加强”。来自《钱江晚报》的受访者就表示，2012 年杭州的文物保护工作中政府部门起的作用最为明显，尤其是在重大文物保护项目和申遗方面，政府起到了不可替代的作用。同时，受访者也表示在宣传普及文物保护知识方面，政府的主导作用还应该继续优化与加强。

特点二：公众力量显著上升。在政府为文物保护主导力量的同时，绝大部分受访者均认为，截至 2012 年，杭州社会公众力量参与文物保护事业的力度明显提升，成为了政府力量以外的重要补充。公众力量最应该在未来的文保工作中得到加强。有受访者认为，目前志愿者的参与程度并不是很高，原因之一是志愿者还没有得到普遍理解与认可。杭州工艺美术博物馆的受访者提出，志愿者仍为现阶段个人参与文物保护的主要方式，但因为对于志愿者的宣传与激励方法并不多，导致这一渠道并没有得到有效利用，这样也影响了公众的参与程度。

（三）参与方式

据调研结果显示，2012 年杭州社会力量参与文物保护事业的方式主要包括：传播、监督、研究、管理、教育或培训、捐赠、投资、收藏。其中，传播、监督、研究这三种参与方式最为广泛。

1. 传播

传播是文物保护事业中社会力量参与程度最高的方式之一。

近 90% 的受访者表示，其工作曾涉及“传播”这一方式，除媒体外，政府部门、团体、群体、个人等都应该是传播者，都有传播的责任。主要传播形式有：结合传统媒体和新型网络媒体宣传与动员；及时准确地传播文物保护事业信息；实施文化遗产知识宣传与普及，提高全社会文物保护意识；报道或参与报道文物保护相关活动；以演讲、讲座等方式宣传文物保护事业；参与编撰文物保护相关书籍等。

媒体是最为有效及活跃的传播力量之一。我们以《钱江晚报》为例在第二部分进行了专例分析，但在此要着重提出的是，媒体能够以传播广度、传播深度等特点对文物保护产生积极的促进作用。在纪念创刊 25 周年时，《钱江晚报》选择文化遗产作为其系列活动之一，并与杭州市西湖风景名胜区管委会联合主办了“世界遗产西湖徽标全球征集”活动。在2011年12月7日活动伊始，在A4版“本地新闻·西湖边”版面上报道了标题为《西湖LOGO征集，头奖11万》新闻；12月15日，在同样的版面位置推出《西湖LOGO征集倒计时，鼓点渐密》。12月19日在A2版“本地新闻·西湖边”中出现了《西湖LOGO稿件征集昨日截稿》。持续至2012年5月30日，《钱江晚报》在A6版“本地新闻·西湖边”版面上报道了标题为《西湖LOGO，就是你了》的新闻。通过这些报道可以看出，此次报道投入力度大，持续时间长，影响范围广。这次活动征集到的方案达1000余份，作品来源于国内和英国、法国、美国、印度等国的优秀设计师。

2. 监督

监督是保证各方社会力量参与效果的一个重要方面。社会力量参与监督工作是双向的也是持续的，其内容包括：以社会参与者的身份介入，以监督行为推动保护；推动监督机制的完善；拓宽群众监督渠道，加强群众监督与媒体监督等。

在社会力量进行监督的过程中，个体的力量最为活跃，媒体成为非常重要的监督信息表达渠道。调查结果显示，绝大部分受访者均认为，媒体是监督过程中不可或缺的重要力量。在调查中，个人通过媒体发声促使文物工作得到有效推进的例子占有很大比例。

3. 研究

研究的主体多为政府职能部门、团体、群体及个人（专家学者）。内容为研究制定文物保护事业的发展规划；制定法律法规；组织相关专家学者讨论研究关于文物保护的相关事项。

个体参与者的研究内容则更加多样也更深入。为了将个体的兴趣、精力、成果进行整合，杭州市政协专门建立了“杭州文史研究会”。这一研究平台由杭州市政协文史和教文卫体委员会、浙江大学历史系及杭州市园林文物管理局中有志于研究杭州历史文化的专家学者共同组成，是开展杭州历史文化研究和古籍文献整理的地方性社会团体。在这个平台上，文物保护的相关专家学者、热心人士以课题的方式参与到文物保护中，整个平台发挥了聚合效应，将零散的研究成果集结成书，或使得相关影像资料能够传播。这个平台上的研究成果具有连续性、前沿性的特点。在得到有效传播后，有部分图书资料成为青少年的教材，一部分调研报告推进了文物行政部门的政策制定。

（四）总体评价

通过对2012年杭州各种社会力量的分析可以看出：政府与公众构成了文物工作的主体，公众已经成为政府的重要补充；政府仍是最主要和最有效的保护者，没有任何社会力量可替代；参与杭州文保事业的社会力量具有多样性，而且已经广泛涵盖了文物保护的诸多领域；但公众对于文物保护事业的认知仍处在单一的奉献热情阶段；杭州全社会参与体制所需的基本构成要素已经具备，但有效机制尚未形成；杭州的社会力量善于搭建各种合作平台，杭州的媒体在文化遗产传播中已经能够做到长期持续的关注，社会公众也能够充分利用平台的整合与聚合效应发挥自身的最大价值。

二、实例分析

下面通过三个实例对杭州社会力量参与文物保护的现状进行分析：

（一）杭州市京杭运河综合保护委员会

“区域综合保护”在各地近年来的文物保护实践中不断涌现，类似于经济技术领域中的“经济开发区”、“高新技术开发区”等，如八达岭、良渚、大明宫、西湖等文物集中区域均设立了综合性建设管理委员会。在文化遗产综合保护的模式中，存在着文物保护与利用之间协调失衡的问题，以文物保护的名义进行过度地产开发和商业活动的现象并不鲜见。选择杭州市京杭运河综合保护委员会进行分析，就是要关注在综合保护的模式中如何能避免上述现象。

1. 杭州“综合保护”方式的效果

作为承担部分行政职能的事业单位，杭州市京杭运河综合保护委员会负责对运河综合保护实行统一规划、统一协调、统一筹资，组织实施部分重点项目；作为国有独资企业，杭州市运河综合保护开发建设集团有限责任公司是运河综合保护的投融资主体，主要职责是通过市场化运作，搞好招商引资，吸引社会资金，为运河综合保护提供资金保障。这两者实际上形成了“两块牌子，一套班子”的运作模式。

早在2003年，杭州市就成立京杭运河（杭州段）综合整治和保护开发指挥部。2007年，杭州市京杭运河（杭州段）综合整治和保护开发指挥部更名为杭州市京杭运河（杭州段）综合保护委员会，管理范围南起江干区三堡船闸，北到余杭区塘栖镇镇北地带，总长约39公里，两岸用地各宽1000米左右，局部放宽到1500米左右，规划用地约78平方公里。

在工作过程中，杭州市京杭运河综合保护委员会与运河综合保护直接相关的下城、拱墅、江干三个城区和市交通局分别成立分指挥部，承担征地拆迁和部分重大项目建设任务。与此同时，杭州市京杭运河综合保护委员会实施了水体治理、路网建设、景观整治、文化旅游、民居建设等工程，提升了运河生态、文化、旅游、休闲、商贸、居住的功能。

在2011年进行的《运河综合保护工程民意调查》中，被访者对运河综合整治和保护政策表示赞成的占99%。当地居民说："通过几年的综合整治，我亲眼看到一个又旧又破又乱依河而居的小市井，变成了宜居宜商宜游跨河而建的综合体。"

需要说明的是，"两块牌子，一套班子"的运作模式，在杭州的文物保护工作中具有一定的普遍性。除了杭州市京杭运河综合保护委员之外，清河坊历史街区管理委员会、清河坊历史街区建设指挥部也是"两块牌子，一套班子"。清河坊历史街区管理委员会是杭州市政府主导并组合各方力量成立的联合管理机构，负责清河坊历史街区的日常管理工作。清河坊历史街区建设指挥部也是由杭州市政府主导建设的，主要负责清河坊历史街区的规划建设，是一个临时性机构。

2. 文化遗产保护的成果，成为核心的评估目标

杭州市京杭运河综合保护委员会最值得关注的效果，即是将"申遗性保护"作为核心的工作目标。在调查过程中，可以看出"申遗性保护"这个目标是深入到执行过程中，而不只是停留在书面和口头上。

"还河于民，申报世遗，打造世界级旅游产品"，是杭州市京杭运河综合保护委员会的三大工作目标。杭州市京杭运河综合保护委员会在综合保护模式中抓住了"申遗"这个核心工作，把发展、保护、民生相结合，探索出了保护大运河的一系列有效方法。

杭州市京杭运河综合保护委员会下设杭州市大运河申遗办公室，负责境内大运河的申遗工作，对运河两岸的重点街区、重点单位进行了保护性整治。目前，小河直街、桥西、大兜路历史保护街区，通益公纱厂（中国扇博物馆和手工艺活态展示馆）、土特产仓库（中国刀剪剑伞博物馆）、红雷丝织厂（杭州工艺美术博物馆）均已保护、整治完成。此外，《大运河（杭州段）遗产保护规划》于2012年9月30日颁布实施。

3. 主动搭建互动平台

杭州市京杭运河综合保护委员会利用运河沿岸丰富的工业遗存，搭建了杭州工艺美术博物馆群落。依托杭州工艺美术博物馆群落形成了社会志愿服务的平台和传统手工艺传承平台，各种社会力量非常活跃。

目前，杭州市工艺美术博物馆形成了一支文物保护志愿者队伍。志愿者的主要来源包括在校大学生、社会在职、退休人员。2012 年志愿者服务近 5000 人次，服务时长共计 4 万小时。与此同时，杭州工艺美术博物馆群设立"大师工作室"，共与 28 位工美大师签订入驻协议，为其提供生产创作的空间。

4. 为何"杭州经验"不能成为"杭州模式"

杭州如何看待自己的经验?

与许多人意料的相反，在与"综保委"的访谈过程中，受访者认为"综合保护"方法不会也不应成为未来文物保护社会化体系的模式范本，也就是说，"杭州经验"并不应成为"杭州模式"加以制度化。

他们认为，杭州市京杭运河综合保护委员会的杭州经验有其特殊土壤，经济发展和历史文化的优势都是杭州经验的坚实基础。这其中可吸取的经验不能等同于可以机械复制的模式。

在取得良好效果的同时，杭州市京杭运河综合保护委员会也遇到了一些困惑。主要表现在：随着工作职能的不断扩大，这种方式是否应该正式纳入政府职能？杭州市京杭运河综合保护委员会的职责主要集中于大运河沿岸区域内运河遗产及相关配套设施的综合保护和开发，虽然行使部分政府行政职能，但是不具备管理人口、医疗、公安、教育等社会职能。这种局部意义上的"综合保护"事实上是政府职能定位不清、政企不分、政事不分的表现，政府既是文物保护的职能部门，又是经济开发的企业主体，其结果导致政府公共服务职能难以切实履行，而真正意义上主动、独立、有效的社会参与力量又难以培育壮大。

杭州大运河综合保护的规划期限分为：近期（2001 ~ 2005 年）、中期（2006 ~ 2010 年）和远期（2011 ~ 2020 年），当杭州大运河的综合保护工程基本结束，杭州市京杭运河综合保护委员的职能是否应该回归至现有的地方政府呢？它会消失吗？还是会逐步成长为新型的独立的社会力量？如何寻求可持续的方法？这是下一步值得关注和继续探讨的内容，对其他地区也有一定的借鉴意义。

（二）“大运河遗产小道杭州示范段”项目分析

在社会力量参与文物保护事业的过程中，存在着一种新的发展趋势：许多参与个体开始以各种项目形式进行组合，出现了“群体”式的参与形式。

1. 由个体参与到群体参与

2009年开始，围绕着大运河申遗进程，社会力量开始从“参与”的角度提出了一个问题：“既然大运河具有如此伟大和多样的文化遗产价值，那么，应该如何吸引公众来认识和体验它呢？这种体验又如何不同于简单的旅游方法呢？更重要的是，如何让公众愿意停留更长的时间呢？”于是，媒体率先提出一个方案：建立并推广一条“大运河遗产小道”。小道自北向南，必须符合三个特征：位于遗产保护范围内、只能步行和骑行、强调联通而不破坏任何风貌。

这个方案一经提出，立刻就有骑行者自发地在北京和杭州间进行探索；随后，高校的大学生实践队伍也加入进来。这些志愿者聚集在一起，成立了“大河小道工作室”，宗旨就是利用各自的智慧和精力，在真实、完整的理念下保护和推广大运河线性文化遗产。

这个完全由志愿者个体成立的工作室，其实就是一个简单的“小组”。在社会力量参与的保护实践中，这种介于参与个体和团体之间的“群体”，是广泛存在又具有明显优势的。群体的精力，更多地集中于其共同的保护目标；而且，比个体更“聪明”更有团队的力量。“不但能参与，还能做得一样好”，这是“大河小道工作室”对自我的判断。

2. 群体参与效果明显

2010年，大运河遗产小道的理论探索工作基本完成。受大家所做出的贡献所鼓舞，志愿者们又提出一个新的目标：通过研究的形式，亲手去建立一段真实的大运河遗产小道“示范段”，使其真正成为全部由“公众设计、公众实践、公众推广、公众所享”的公益行走线路。从几年来的实践看，公众参与文化遗产保护，不是缺少热情，而是缺乏参与的方法。所以，这个实践过程，也可看做是为社会力量寻找有效参与途径的过程。

2011年12月，“大运河遗产小道杭州示范段及可持续保护的方法”课题项目通过了杭州市运河学研究院的专家评审。2012年9月，完全由媒体和大学生自愿参加的课题组，按时提交了首批科研成果。在多学科理论与实践的支撑下，研究者模拟了公众体验者的行为方式，步行和骑行在拱宸桥和广济桥总长超过 40 公里的运河两岸。用 GPS 手段详细勘绘了小道的行进路线：包括测定可联通路线、不可联通路线；测定小道基本构成，如纤道、村级公路、桥、闸坝等；测定小道基本类型，如自然风光段、遗产段、古镇段；确立了沿途的公众体验者（游客）支援系统和小道标识系统，如设计制作了大运河遗产小道视觉表达体系，设计了通用的小道标识、小道宣传语、明信片系统、小道相关纪念品（如 T 恤、杯子等）、运动装备、各类宣传小册子、地图等。

这些成果的产生，是研究者和当地政府合作的结果。来自全国各地的研究者提供了智慧与实践，政府则全面开放了一个实践的空间，双方目标一致，分工明确，成果共享。

（三）媒体传播效果分析

随着社会的不断发展进步，人们关心、关注的议题也在不断变化。从健康传播到环保传播再到文化遗产传播，这是一个社会不断发展的过程。文化遗产传播的提出和发展符合社会发展和公众自身发展的需要。但是，在还没有意识到文化遗产传播的重要性和迫切性的现状下，媒体对于文化遗产的传播还停留在零散、片面的阶段，缺乏主动挖掘、主动传播的积极性。

于是，出现了一个到处都可以看到的现象：政府主管部门和媒体对报道的内容和方法存在分歧。政府部门认为媒体关于文化遗产的报道是“瞎搞”，即只为了吸引读者和观众的眼球，这些报道缺乏最基本的专业知识，无法帮助公众更深入地认识文化遗产；媒体则认为政府部门对于文化遗产的传播还停留在单向的宣传阶段，不了解公众需要什么样信息：“如果读者都不爱看，还谈什么传播效果?”

如何增强媒体和政府部门之间的有效互动，就成为提高社会力量参与水平的关键环节。

1.《钱江晚报》如何在文化遗产传播中加强主动性与互动性

《钱江晚报》在对文化遗产内容进行传播时，最主要的政府合作部门是杭州市园林文物管理局。

《钱江晚报》与杭州市园林文物管理局的互动也经历了从无到有的过程。杭州市园林文物管理局对于《钱江晚报》文化遗产的报道已经从最初不支持到积极配合。目前，《钱江晚报》关于文化遗产的新闻报道在营造社会舆论、监督维护政府工作等方面发挥了比较大的作用，通过选择读者感兴趣的题材，引发社会对于文保事业的关注。

《钱江晚报》关于文化遗产的新闻报道在整份报纸中占的比重较大，而且有一支报道文博事业的固定记者队伍。其报道理念为：注重人文、注重新闻性、钉牢责任感、关注读者群。《钱江晚报》关于西湖申遗的报道开始很早，从2009年开始设立西湖报道专版，持续针对西湖建设和西湖申遗做全方位报道。

在文化遗产传播的过程中，《钱江晚报》主动与杭州市园林文物管理局形成互动，把文物宣传新闻转变为读者导向性的新闻。建立专家审稿机制，保证文物新闻的专业性和准确性；在报道中融入新闻点和故事性，增强新闻的可读性，取得了较好的传播效果。

此外，《钱江晚报》还利用自身优势帮助杭州市园林文物管理局策划宣传活动。例如，帮助名人纪念馆策划“名人后代讲名人”的活动，帮万松书院策划“万松书院入泮仪式”，这些活动也取得了较好的传播效果。这种变单向宣传为多向互动的传播方式值得提倡。

2. 持续的文化遗产传播

《钱江晚报》注重传播的全过程和多角度，努力寻找读者的兴趣点，在西湖申遗之前就开始进入各方面的准备工作，广泛收集材料，策划西湖申遗的相关报道。

西湖申遗成功后，《钱江晚报》在2011年6月26日推出24版的特刊——西湖申遗完全读本，对西湖申遗做了通俗易懂的完整解读，这份特刊已经被西湖博物馆收藏。2012年5月，《钱江晚报》做了西湖申遗成功一周年专版，报道全方面展现了申遗成功后西湖景区的变化，文化遗产传播的持续性得到体现。

值得一提的，还有《钱江晚报》的主动参与监督报道。在关注运河的多年报道中，《钱江晚报》用比较多的笔墨关注着漕舫、水上巴士的推广，曾发表了《运河漕舫，划向何方》的质疑报道，当天就引起了杭州市运河集团的高度重视。接下来，《钱江晚报》又推出了《水上交通，这次想要“热”一把》的报道，继续关注运河沿线乃至杭州水网的水上公交情况。

《钱江晚报》在文化遗产报道方面做出的努力是显而易见的，不足之处在于还缺乏对文物价值和真实性完整性的清晰把握。

三、社会力量参与体系的发展趋势

通过上述实例分析可以看出，有效的社会力参与具有如下的特征：1. 主动的意愿和行为；2. 参与过程中注意发挥互动性；3. 丰富的参与平台和参与方法。通过长期的实践过程，社会力量已经能够具有独立的自我认知能力，同时，其角色定位也逐步为公众所了解和认同。建立国家保护为主并动员全社会参与的文物保护体制是文物保护事业发展的必然趋势，也是促进文物工作科学发展的一个着力点。

（一）更加宏观地定位社会力量的基本构成

社会力量的范畴需要进一步明确。在全新体制框架内的社会力量，应该由政府和公众两种力量共同构成，二者目标一致，相互补充与监督，共同成为社会力量参与的主体。

我国的文物保护事业，正在形成“政府保护为主、全社会共同参与”新型体制。怎样理解“政府保护为主”的含义？通过杭州的长期实践可以看出，各级政府应该是文物保护的主导者，也应该是责任承担者，积极组织社会力量并加强沟通，这样才能形成良性互动，与各种社会力量一起实现真正意义上的“全社会参与”。

（二）以政府主管部门为核心，构建多级别、多资源、复合型的合作平台

社会力量的加入，为文物保护事业的创新发展注入了新的活力。在努力培养复合型人才的同时，可以在国家、地方等不同层面，鼓励各种形式的专家库、智囊团以及相对稳定的专业性组织出现，便捷、快速、有效是这种多资源平台的特征。我们通过调查发现，在社会力量中，蕴藏着巨大的能量，他们对社会充满爱心、有经验、善于合作、勇于实践。事实上，目前许多群体已经开始出现并逐步成熟起来。个体、群体和团体，都可以成为政府的合作对象。

（三）迅速发展的三个有效参与途径：监督、传播、研究

社会力量参与文物保护可以通过多种形式进行，其中，监督、传播和研究这三种方法较为有效且发展速度较快，在今后的文保工作中可以加大推进力度。在调查中发现，传播是文物保护事业中社会力量参与范围广、程度深、影响大的方式之一，文化遗产传播的理论也在实践中不断得到发展。监督也是推动文物保护事业有序发展的另外一种有效方式，社会力量的监督不仅能够合法维护个人或公共利益，而且能促使政务运行更高效，政府决策更合理。

对于参与文物保护的社会力量来说，由单纯的热情奉献者，逐步转变为既有实践经验、又能从事理论探索的研究者，这是一个重要的自我再认识和提升过程——无论对于个体、群体还是团体，都是如此。长期、稳定、持续发展的社会力量参与，是促使文物保护新体制形成的重要推动力，也是新体制重要的组成部分。

（本部分执笔人：齐欣、李梦瑜、刘慧、徐荣荣）

文化遗产与公众生活

——基于零点公司调查报告的分析

西藏山南昌珠寺内藏族画师绘制唐卡　　查群摄

公众对哪些类型的文化遗产知识更感兴趣？希望通过哪些渠道获取相关信息？更愿意以何种形式参与文化遗产保护？公众对政府文化遗产保护工作的评价如何？零点研究咨询集团的一组调查数据可见一斑。

2008～2012年，国家文物局政策法规司委托零点研究咨询集团连续五年对全国范围内公众对文化遗产事业的认知、参与和评价情况进行调查。该系列调查以问卷和访谈的方法，研究并分析了公众在文化遗产领域的知识结构、保护意愿、对“文化遗产日”的认识、对当年文物博物馆界的热门事件的态度等多方面的信息。同时，研究通过调查所得基本结论，对我国未来文化遗产事业的发展，尤其是在促进公众对文化遗产的认知提出了相关建议。下面以2012年的调查为基础，通过比较不同年份的数据，从宏观视角对当前我国文化遗产事业与公众生活的关系进行梳理和阐释。

2012年调查报告题目为《中国文化遗产与公众生活调查报告》。这项调查有两个层次的意义。首先，从宏观意义上讲，建设中国特色社会主义的重要内容之一是文化建设，而文化遗产保护事业则是文化建设的主要动力之一。我国具有悠久的历史和文化积淀，保护文化遗产能够极大促进国民的凝聚力与民族自豪感，能够从精神层面推动国家的建设与发展。其次，在中观层面，民众对文化遗产的认知与参与，是文化遗产保护的基础。《国家文物博物馆事业发展“十二五”规划》明确将“文化遗产知识宣传普及工程”作为重要工作之一。

在这样的背景下，《中国文化遗产与公众生活调查报告（2012）》的研究目的有三点：

1. 了解公众在日常生活中对文化遗产的兴趣和文化遗产保护的行为意愿、对文化遗产相关知识、技能的掌握、文化遗产保护的行为习惯等。

2. 通过测量公众认知和需求，了解公众对近年来文物宣传工作效果的评价，包括公众对各种宣传渠道的具体评价和偏好等。

3. 通过对公众的意见和建议征集，了解公众对文物部门下一步开展工作的对策建议。①

① 《中国文化遗产与公众生活调查报告（2012）》，第1页。

需要指出的是，五年来，调查报告的名称也有所变化，表 3－3 列出了其变化：

表 3－3　调查报告的名称变化

2008	中国公众参与文化遗产保护意愿及状况研究报告
2009	中国公众参与文化遗产保护意识及现状调查报告
2010	中国公众参与文化遗产保护的意识与现状调查报告
2011	中国文化遗产与公众生活调查报告
2012	中国文化遗产与公众生活调查报告

从 2011 年起，题目的内涵发生了变化，从“意识和现状调查”转变为“文化遗产与公众生活调查”，这样的变化体现了文化遗产同民众关系更为动态和丰富的形式。“着眼点不仅仅局限于公众参与文化遗产保护的意识和现状，而是涉及公众生活中与文化遗产相关的方方面面，关注的是公众对文化遗产保护、传承、管理和利用的认知、态度、期望和行为现状等。公众生活是一个大环境，文化遗产就是公众生活中的一个不可或缺的子环境。”①

下面从遗产认知、参与行动以及对政府遗产保护的评价三个方面，对公众在文化遗产保护事业中的态度进行整理。这一部分内容，以 2012 年的调查数据为主，在一定程度上对 2008～2011 年的数据进行比较，并尽量排除由于抽样和分析造成的数据误差，梳理出一个宏观的特征与趋势。需要说明的是，以下分析均以零点公司最终的调查报告为基础。

一、对文化遗产的认知程度

（一）对文化遗产重要性的认知

在 2012 年的报告中，公众对文化遗产重要性的认识调查结果表明（图 3－1），在 5 分制的打分量表中，平均分为 4.5。其中，56.4% 的人认为文化遗产保护“非常重要”，34.6% 的人认为“比较重要”，两个选项所占比例加在一起为 91%。

其中，大城市民众对文化遗产重要性的认识平均分为 4.6，高于中、小城市的 4.4。具体再细分，发现同样作为小城市的代表，蒲城和高淳分别得

① 《中国文化遗产与公众生活调查报告（2012）》，第 2 页。

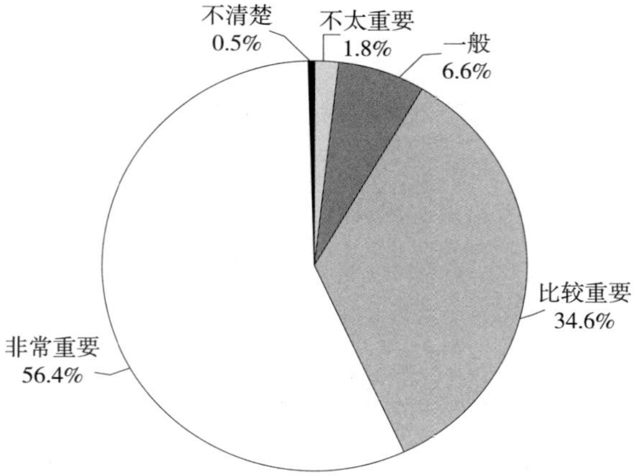

图3－1 公众对文化遗产保护重要性的认知

分为4.7和4.0，居于所有城市的头尾。“报告”对此的解释为：

“分析其中原因可能是因为蒲城是最早开展文化遗产知识宣传普及工程的城市之一，其文化遗产知识的宣传工作始终处于较高的水平，这种宣传工作的开展提升了公众对保护文化遗产重要性的认识，蒲城的情况凸显了文化遗产宣传工作的重要性，好的宣传可以提高公众对文化遗产的重视程度。”①

通过对学历、收入、职业和年龄等变量分别进行均值比较后，报告发现，具有本科及以上学历的受访者对文化遗产重要性的认知度（4.7）大于其他群体；收入在月均6000元以上者的认知度（4.8）明显高于其他群体；农民和个体工商户认知度在不同职业类型中最低。② 调查同时发现，机关、社会团体、事业单位的干部对文化遗产保护重要性的认知（4.4分）并没有高于其他群体，甚至没有达到文化遗产保护重要性的平均水平（4.5分），“表明该群体在文化遗产保护方面没有发挥带头作用。”③ 另外，80后群体的认知度（4.6）略高于其他年龄段群体。

在不同类别的文化遗产中，公众对古代艺术品、工艺美术品，古代遗址、

① 《中国文化遗产与公众生活调查报告（2012）》，第20页。

② 在不同职业的认知程度比较中，“报告”所公布的分值绝大部分为4.5分和4.4分，并且没有给出显著性值，因此得出如下判断，尽管不同群体间均值有些许差距，但不具显著性差异，不具有差异代表性。

③ 《中国文化遗产与公众生活调查报告（2012）》，第21页。

墓葬，历史文化名城、名镇、名村等表现出相对浓厚的兴趣（图 3 －2）。通过细分年龄段之后，调查发现，“年轻人对古遗址、墓葬更感兴趣，年长者偏爱古代艺术品等”①。

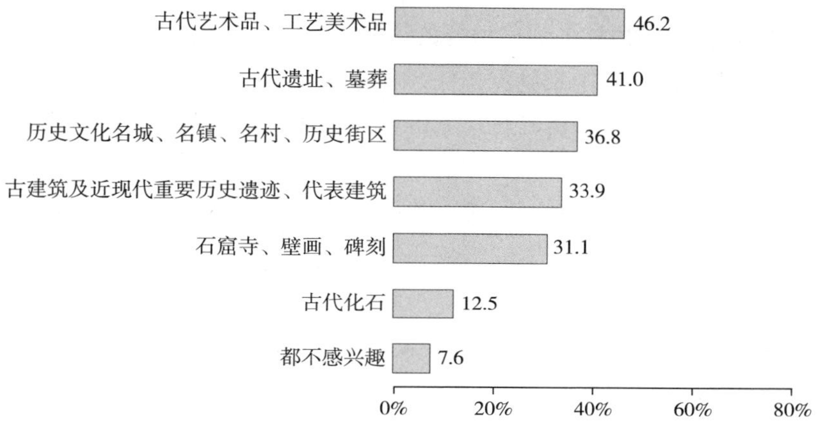

图 3 －2　公众感兴趣的文化遗产类别

文化遗产保护重要性的问题，在 2008、2009 年的调查中有所体现，回顾一下往年的数据，2008 年平均分为 4. 45，2009 年为 4. 39（大城市 4. 41），相对比 2012 年的 4. 5（大城市 4. 6），可以看出，五年来，在文化遗产重要性方面，民众对其认知和态度并没有显著提高或降低。另一个普遍规律是，大城市的认知度一般来说要略高于中、小城市的认知度。

不过，由于数据本身的限制，我们无法进一步分析大城市认知度较高的主要因素为何。在 2012 年的报告中，将大城市高于小城市的原因归结为两点，一是城市规模，二是“宣传、教育”工作的开展。报告认为蒲城 4. 7 的分值与其宣传工作相关。但这只是一种性质上的“推断”，并没有足够的数据对这个观点进行支撑。实际上，由于已得知的教育水平、年龄、收入、职业等原因都对文化遗产重要性的认知产生影响，若两个城市在以上变量的分布本身具有显著差异，如：大城市人口教育水平和收入水平要高于中小城市，那么，两个城市之间均值的差异则很大程度取决于这些因素，而所谓的城市规模与认知分值的关系则为“虚假关系”。遗憾的是，报告并没有对数据进行进一步的变量控制。

另外，2012 年的报告并没有对公众对文化遗产内涵的认知度进行分析，

① 《中国文化遗产与公众生活调查报告（2012）》，第 24 页。

根据往年的报告，公众对文化遗产的内涵认知度并不高，对“名胜古迹”、“古代宗教建筑”等类型的文化遗产的认知度高于其他类型，尤其是对非物质文化遗产的认知程度普遍低于对“长城”、“大运河”等物质文化遗产的认知程度，对“工业遗产”的认知度也偏低。

（二）对文物保护相关法律法规的认知

对《中华人民共和国文物保护法》及相关法律、法规的认知程度是历年调查的重点之一，其在问题的设计上也较好地保持了延续性。2008 年的首次调查（图 3－3）发现，76.6% 的人听说过《文物保护法》，学历较高者（大专以上）的认知度最高，25－34 岁年龄段的受访者认知度最高。

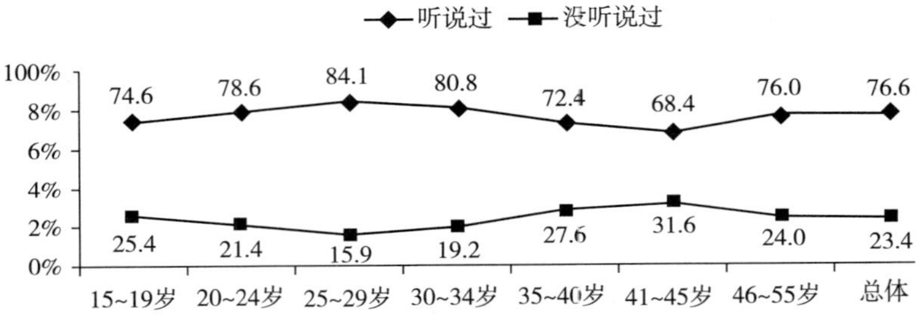

图 3－3　不同年龄公众听说过《文物保护法》的比例

在谈到《中华人民共和国文物保护法》是否对保护文化遗产有作用时，以 5 分为量表最高值，受访者给出的平均分为 3.97 分。除此之外，问卷还设计了 9 道《中华人民共和国文物保护法》内容的知识题目，只有不到四分之一的受访者能够完全答对 9 道题目，其中北京的答对率最高 32.4%，上海 18.7% 和西安 18.9% 的答对率相对较低。

从 2009 年开始，有关《中华人民共和国文物保护法》的题目设计进行了调整，采用了“情境式”提问，即假设受访者处于某种情景之下，请受访者说出自己的态度或看法。例如：“老张在自家农田里发现一块青铜器，上面刻着神秘的花纹，村里人都说可能是文物，有个文物爱好者愿意出 10 万元高价买下，假设这个文物是真的，您认为老张应该怎么做?”测查了公众在日常生活中对“发现文物如何处理”这一问题的认识；“某单位想在一个大型宫殿式建筑群遗址附近施工，您认为该单位应该怎么做?”测查了公众对在不可移动文物附近施工的认知；“王先生若携带文物出境，需要办理什么手续?”测量了公众对携带文物出境时的注意事项等。另外，本次调查还问及“文物收藏爱好者可以通过哪些途径获得文物?”包括是否能“从国外购买”、“从文物商店购买”、“从文物拍卖公司购买”、“在某处挖掘所得”。①

这样的提问方式能够更加准确反映出受访者对法律、法规相关内容的认知程度。

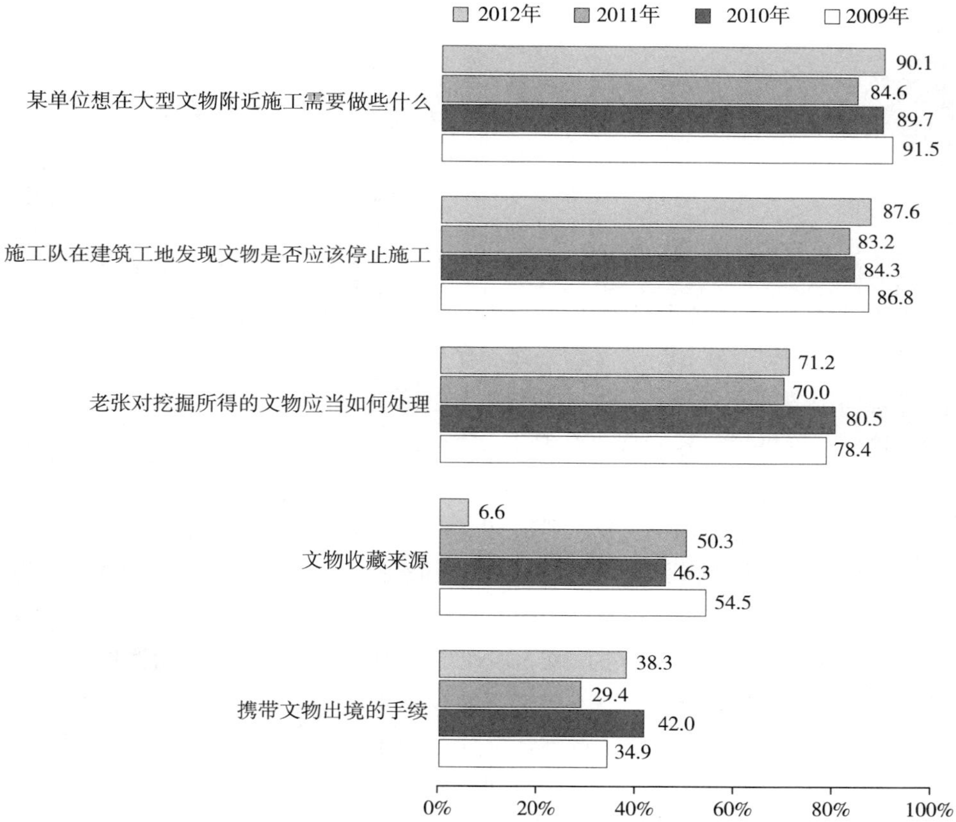

图3－4 公众对《文物保护法》相关规定的正确认知率（%）

以上五个题目，均对应一条相关的文物法律、法规条例。分别为：

《中华人民共和国文物保护法》第五条：中华人民共和国境内地下、内水和领海中遗存的一切文物，属于国家所有。

《中华人民共和国文物保护法》第二十七条：在进行建设工程或者

① 《中国文化遗产与公众生活调查报告（2012）》，第72页。

在农业生产中，任何单位或者个人发现文物，应当保护现场，立即报告当地文物行政部门。

《中华人民共和国文物保护法》规定，建设工程选址应当尽可能避开不可移动文物，对于不能避开的，必须经过当地文物部门允许后方可施工。

《文物进出境审核管理办法》规定，个人若携带文物出境，需事先提前向出境审核机构办理出境许可，获得许可证后到海关申报。

《中华人民共和国文物保护法》规定，个人可以通过从拍卖公司、文物商店、国外购买等方式收藏文物，但是不能将从某处挖掘所得的文物据为已有或购买出土文物，不能随意买卖文物，不能从收藏鉴宝类节目中直接购买文物。

通过图 3 –4 比较可以得知，受访者对前三项知识的认知程度明显高于对“文物收藏来源”和“携带文物出境手续”两项法规的认知程度。虽然不同年份之间的数据有差异，但总体趋势没有实质变化。[①]

这样的趋势和差异表现出公众对文物保护法规和政策认知程度的一个特点：公众对一些大是大非的概念和法规的认知相对清晰，如“地下文物归国家所有”，“施工建设应保护文物”等论述。在宏观概念层面，公众普遍认识到文物/文化遗产对国家和历史的意义，这一点值得肯定。但是，与其相对的，是公众对一些微观的、具体操作层面的文物法规、政策认识的缺失。对文物收藏和处境具体措施和流程认识不清晰，表现出《中华人民共和国文物保护法》及相关法规对公众的影响依然停留在“不能破坏文物”这样相对宏大、粗略的信息上，而对如何保护、收藏、持有、交换文物的知识，普及工作依然不容乐观。

图 3 –5 表现出了一定的趋势，即对文物收藏来源的正确认知率，从 2009 年以来呈现一定的下降趋势。总体来讲，对“文物可以从国外购买”的认知率一直相对低于对其他来源方式的认知率。而 2009 年的调查，更是发生了一个有意思的现象：

对不同受教育程度的公众对比分析后发现，受教育程度高的公众对《中华人民共和国文物保护法》相关规定的认知率较高。但是对于公众个

① 2012 年有关文物收藏来源的题目，由于新增了两个选项，而且只有全部选对才算作正确，所以答对比例骤降。

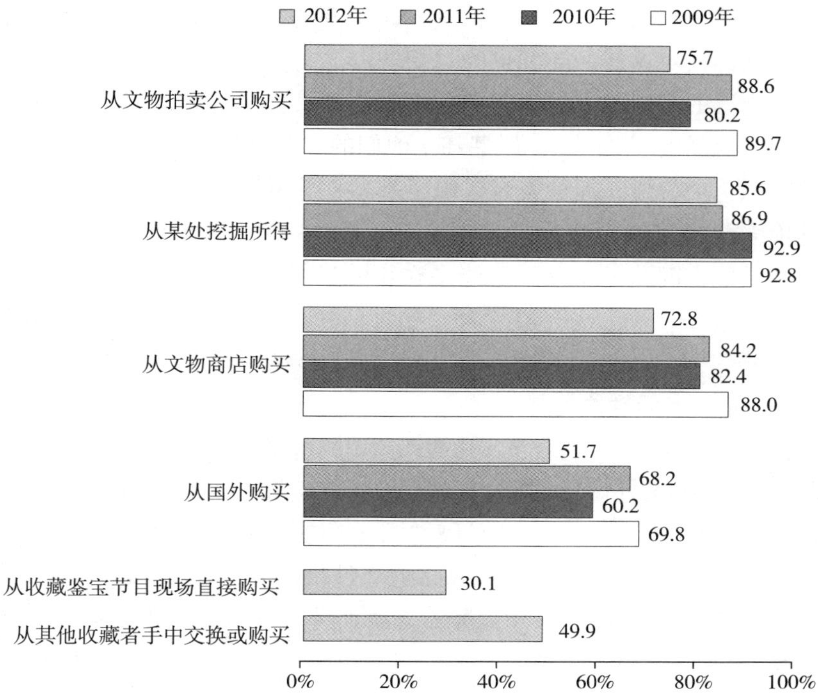

图3－5 文物收藏来源的正确认知率（%）

人是否能从国外购买文物方面，小学及以下学历的公众认知率反而较高。

在是否能从拍卖公司购买文物方面机关/社会团体/事业单位的干部的认知率是最低的，在文物出入境手续方面，科教文卫专业人员的认知率是最低的。①

这样的现象或许会让人感到疑惑，是不是问题的设置本身造成了受访者对问题的“误读”？或者说，学历和职业对公众对《中华人民共和国文物保护法》的认知程度的影响因素比想象的更为复杂？

从逻辑上讲，“小学及以下学历对个人是否能从国外购买文物认知度最高”，不太可能是因为这个群体对《中华人民共和国文物保护法》本身认知度高的缘故，而更可能是其他高学历群体在回答这个问题时“猜测正确答案”的心理所造成的。一般来讲，“个人”、“国外”、“文物”这样的词，对

① 《中国公众参与文化遗产保护意识及现状调查报告（2009）》，第48页。

接受教育程度越高的人来说，在构词上所呈现的“负面因素”更多，也就导致了学历高的人对这样的问题更为“保守”。

如果这样的逻辑成立，那我们不得不怀疑，公众在回答这类问题的时候，究竟是基于他们的“知道”，还是基于他们的“判断”？如果我们回顾这类情境类的问题选项设置，便会发现，除了那些明显的“正确答案”之外，其他干扰选项多数时候都在论述时表现出很明显的“错误倾向”。那么，我们有理由怀疑，回答问题的公众，可能是在排除错误选项，而不是真的知晓应该如何行动。这样一来，这些超过70%的高认知率，是否真正能够在行动中得以体现，便是一个大大的问号。

（三）对热点问题的认知

文化遗产日是我国宣传普及文化遗产知识的重要节日，历年的调查中，关于文化遗产日的参与与评价是观察公众对文化遗产态度的一项重要指标。在2012年的调查一共向受访者询问了三个节日，“国际博物馆日”、“国际古迹遗址日”和“文化遗产日”，结果表明，听说过文化遗产日的受访者最多（34.3%），其次依次为国际博物馆日（21.5%）和国际古迹遗址日（17.1%），但是具体这些日期为哪一天，知晓率则低了很多，分别为7.9%、5.2%、5.0%（图3－6）。

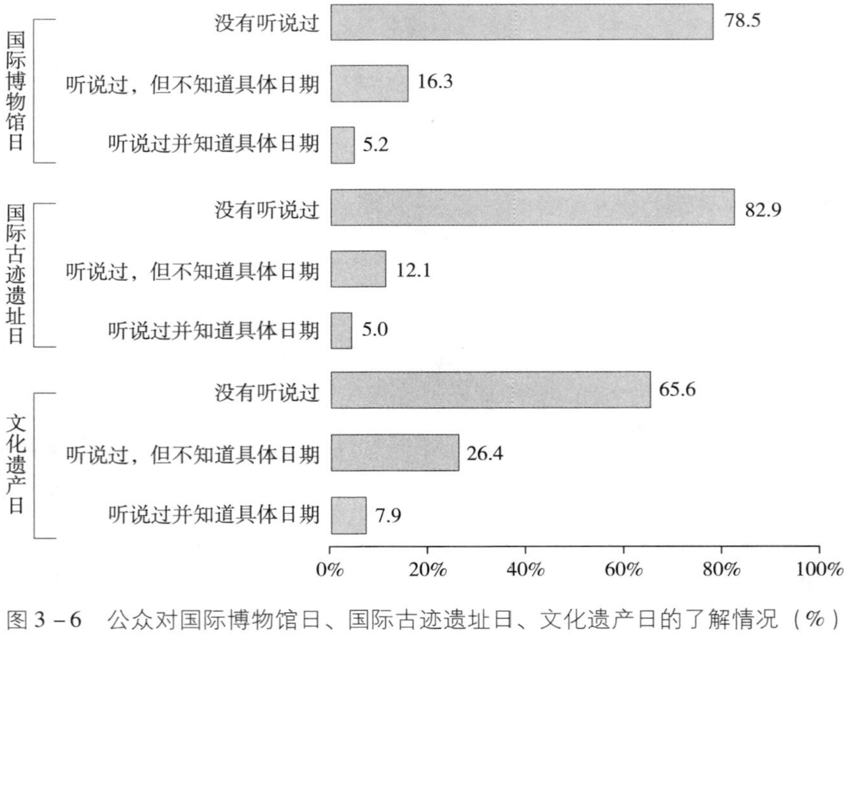

图3－6 公众对国际博物馆日、国际古迹遗址日、文化遗产日的了解情况（%）

从不同文化程度方面来看，文化程度越高的受访者对国际博物馆日、国际古迹遗址日的知晓率越高，分别有35.3%、28.8%本科及以上学历的受访者听说过国际博物馆日和古遗址日，而小学及以下文化程度的公众相应的知晓率只有10.0%和4.0%。

关于对文化遗产日活动的宣传效果，受访者对文化遗产日活动宣传效果的总体评分为3.8分。其中，有76.4%的受访者对文化遗产日活动宣传效果给予好评，分别有10.9%、65.5%的受访者认为宣传效果非常好、比较好(图3-7)。

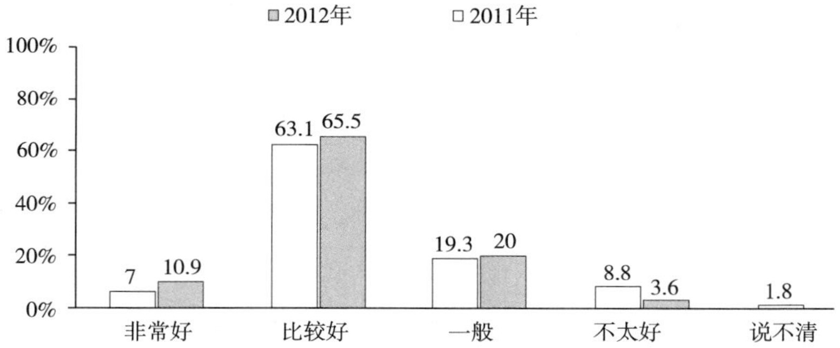

图3-7 公众对参加过的“文化遗产日”活动的宣传效果的评价（%）

对于文化遗产日的认知，2008年曾经做了一个更为详细的调查。结果显示，当年有30.7%的公众表示听说过文化遗产日。虽然各个城市均在文化遗产日当天举办了各种形式的文化遗产活动，调查发现，只有7.5%的公众参与了文化遗产日的活动。这个数字到了2012年，下降到了只有5.1%。尽管不同年份之间比较起来有一些技术难度，但总体上讲，听说过文化遗产日和参与过文化遗产日的民众之间差异较大的趋势一直没有变化，这也说明了“知道”不等于会采取“行动”。如何更好地促进和鼓励民众参与到文化遗产日活动中去，如何更好地开展互动性强的活动，是摆在文化遗产保护工作者面前的一个难题。

2012年，报告还对公众所关注的关于文物保护的新闻事件进行了调查，一共列举了七个新闻事件，分别是：中国历代长城资源和认定结果发布、中国大运河申遗工作进入倒计时、国家水下文化遗产保护南海基地开工建设、河北四起挂牌督导文物被盗案告破、罗哲文先生去世、蔚县南安寺塔地宫被盗案告破和宁波象山设全国首个水下文化遗产保护工作站。结果显示，有近四成公众表示一个都未听说过，平均而言，公众对2012年文化遗产相关新闻事件的事件数仅为1.19件。而在这些文化遗产相关新闻事件中，“中国大运河申遗工作倒计时”、“中国历代长城资源（总长度）调查和认定结果发布活动”、“国家水下文化遗产保护南海基地开工建设”的知晓度相对较高，平均认知率在25%左右（图3－8）。

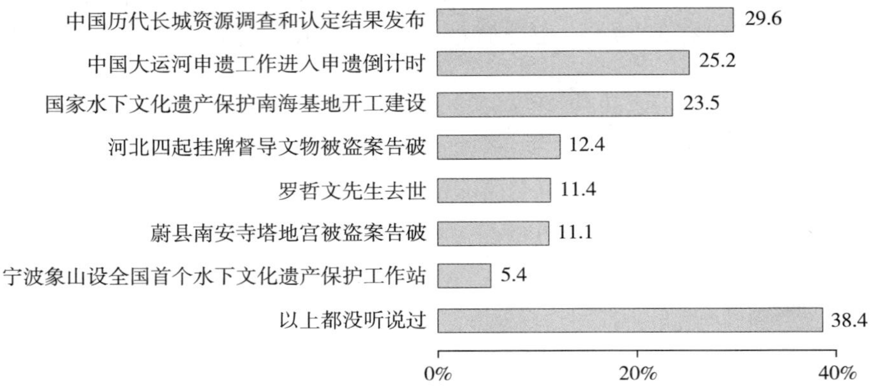

图3－8　对热点新闻事件的知晓度（%）

2012年初的另一个和文化遗产保护相关的新闻是位于北京东城区北总布胡同24号院的“梁林故居”被部分拆除，北京市文物局表示，无论是维修性拆除还是其他原因，文物修缮必须先报文保部门批准，而“梁林故居”拆除前，东城区文委并不知晓，因此系违规拆除。事件发生后，媒体和公众对此新闻事件表示出一定的关注，2012年的报告也针对这条新闻进行了调查，结果发现，有35.9%的受访者听说过该事件，64.1%的受访者对梁林事件并不知情，与调查的其他新闻热点事件的关注度相比处于较高水平（图3－9）。

有趣的是，根据城市分布来看，关注度最高的城市是上海（52.1%），比事件的发生地北京（33.2%）高出近20个百分点（图3－10）。我们很难对此现象做出解释。

二、文化遗产保护的意愿与行动

（一）意愿

在公众参与文化遗产保护上，“认知—意愿—行动”是三个呈递进的方面，是否认识到文化遗产的重要性，与是否有意愿了解文化遗产，与是否有参与实

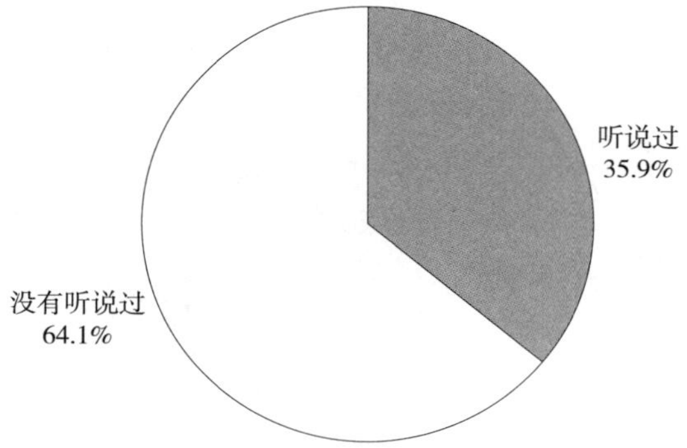

图 3－9　对梁林故居被违规拆除事件的关注度（%）

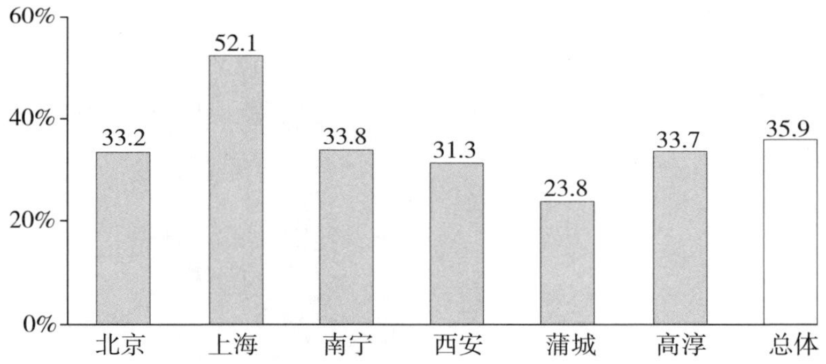

图 3－10　不同城市对梁林故居被违规拆除事件的关注度（%）

际行动的行为，是三个不同方面的问题。三者之间既有联系，也有区别。

在 2012 年的报告中，针对公众对了解、学习文化遗产知识的情况，数据显示，77.9% 的受访者表示接触过文化遗产类的信息（图 3－11）。年龄越小，接触文化遗产信息和知识的程度越高。90 后有 82.3%、80 后有 81.9% 的人表示接触过这类信息，70 后的比例是 77.4%，而 43 岁及以上群体接触比例最低，仅有 73.8% 的人接触过。

但是，了解文化遗产信息和知识时，大部分受访者 60% 表示“赶上了就会去了解或参与”，相比之下，能够主动去了解和查询相关信息、或参加文化遗产类活动的人仅有 14.2%。这样的数据显示，公众对文化遗产知识并不抵触，但主动性也不强。因此，相关宣传单位和机构应该利用这样的态度，加大公众接触文化遗产知识和信息的可能性，为其创造了解文化遗产知识的机会。

另外，在对文化遗产的兴趣度方面，最高分值为 5 分的量表，民众对了

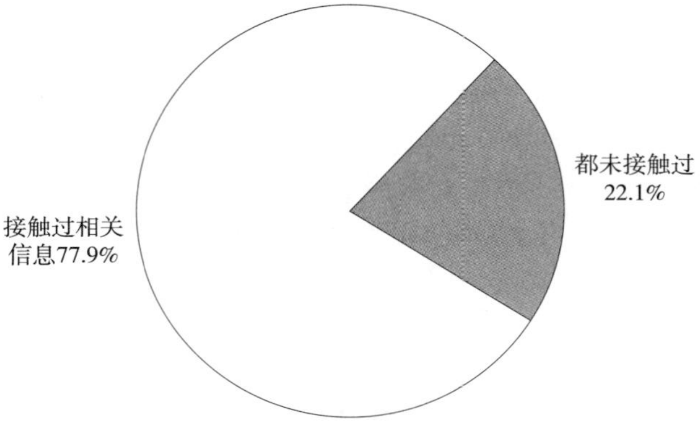

图 3－11　公众对文化遗产知识的学习现状（%）

解文化遗产知识兴趣度的平均值为 3. 6。其中：9. 5% 公众对文化遗产知识非常感兴趣，53. 3% 的公众表示比较感兴趣（图 3－12）。数据同时显示，学历越高，兴趣度越高；男性的兴趣度高于女性；北京（3. 9）的兴趣度远高于其他城市。

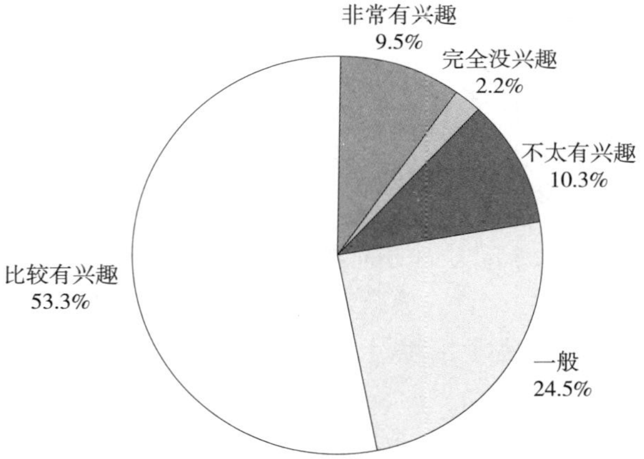

图 3－12　公众了解文化遗产知识的兴趣程度（%）

除了 2008 年的调查之外，其他三年的调查，分别从相似的角度做了公众对文化遗产学习兴趣的研究。2009 年的兴趣度为 3. 35 分，一半以上公众表示未来有兴趣了解更多的文化遗产知识，近三成公众表示没兴趣；2010 年进一步将物质文化遗产和非物质文化遗产分别对待，结果表明：和非物质文化遗产相比，公众不仅对物质文化遗产的概念认知更多，同时对物质文化遗产的兴趣（37%）也比非物质文化遗产（33%）更为浓厚。

2011 年的报告，在公众对不同类别的文化遗产信息的兴趣度上做了进一步细分，结果显示：34. 6% 的受访者对文物市场、古玩市场相关信息比较感兴趣，其次是大遗址保护的信息 28. 3%，随后依次是博物馆展览动态信息、文物收藏和文物鉴定信息。但是，对“国保评审”、“水下遗产保护”、“国内外文物交流信息”和“文物法律法规”等领域则关注度不高（图 3 – 13）。如果将这些项目进行分类的话，那么排名靠前的“文物市场、文物收藏、文物鉴定知识”可被视为“与市场行为密切相关”的文物领域，“大遗址保护”、“博物馆展览动态信息”则可以视为“传统意义的文物知识和活动”，与之对比，排名靠后的都是与民众的经济生活和社会生活关联不大的政策法规层面或是学术层面的领域。

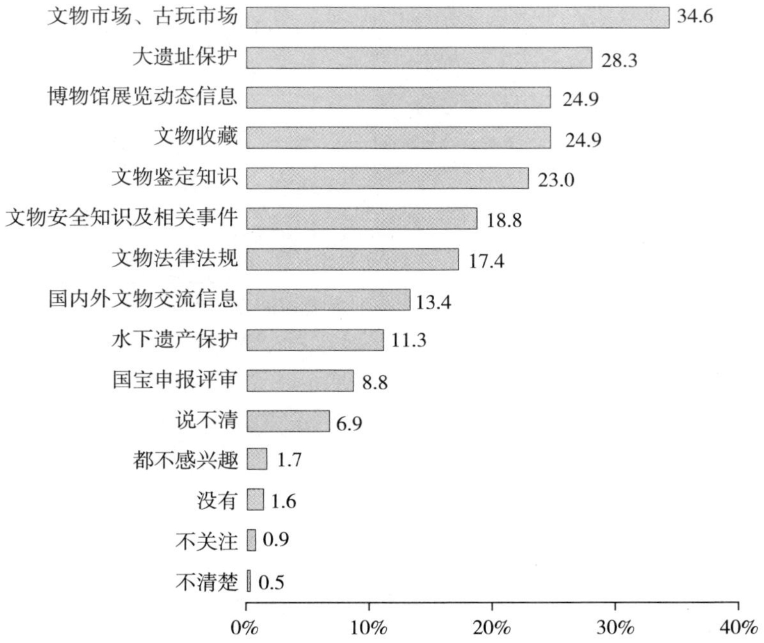

图 3 – 13　公众对各种文化遗产相关信息的感兴趣程度（%）（N = 1497）

2012 年的报告在了解公众兴趣度和兴趣点的同时，进一步分析了公众了解信息的媒体渠道。调查发现，年轻人对电视剧、互联网等信息形式更为依赖，相比之下，70 后则更多倾向利用传统的博物馆、文物古迹和展览会等实地形式（表 3 –4）。

表 3－4 不同年龄段公众比较喜欢的文化遗产信息形式（%）

	90 后	80 后	70 后	43 岁及以上
电视新闻消息类报道	57.1	63.4	67.9	66.5
电视专题节目、纪录片	47.8	53.4	54.1	47.2
收藏、鉴宝类电视节目	41.2	43.5	49.1	49.2
相关电影、剧集	28.8	26.3	23.3	16.6
电视谈话类节目	14.6	19.8	17.6	18.4
考古及文化遗产相关活动现场直播	24.3	25.4	23.3	18.4
广播节目	10.2	12.5	8.2	9.5
报刊、杂志、书籍	17.3	20.3	23.3	20.0
互联网论坛	11.9	21.6	11.3	8.2
互联网上的报道	14.2	19.4	13.2	4.4
手机短信（新闻早报等）	6.2	3.9	5.7	4.0
熟人介绍的知识	6.2	6.5	7.5	10.6
博物馆、文物古迹、展览会等实地参观	25.2	24.6	28.9	18.6
文化遗产讲座	5.3	4.7	4.4	4.0
不关心这方面的信息	3.1	2.6	6.3	5.8

注：本题为多选题，百分比之和大于等于100%。《中国文化遗产与公众生活调查报告（2012）》第122页。

（二）行动

有了兴趣和意愿，不等于会付诸行动。与兴趣和意愿相同，公众对保护文化遗产，参与文化遗产相关活动的程度，也是反映文化遗产与社会生活的一个重要指标。2012年的报告指出：

“公众在日常生活中参与文化遗产保护的行为可以分为非主动性保护行为和主动性保护行为两个方面，非主动性保护主要是规范自身行为，在生活和游览参观时不破坏文化遗产，而主动性保护行为的主观性意愿更强，态度、行为更加积极。主动性保护行为又可划分为不同的层次，为文化遗产消费、学习相关知识是第一个层次，只有在了解相关知识的基础上才能更好地保护；合法收藏交易文物、为文物保护出资出力则更进一步；在发现文物被破坏时报告国家、发现地下埋藏文物主动上交等行为在日常生活中属于偶发事件，对主动性的要求更高。”

正因如此，调查将非主动行为和主动性行为分开进行测量，结果显示，非主动性的保护行为比主动性保护行为的程度要高。其中最重要的行动为“不在文物上乱写乱画乱刻”（69%），以及“不攀登踩踏文物”（60.8%）。而主动参与文化遗产相关公益活动的行为，包括主动宣传文物保护知识，参与文物保护公益活动或组织等，一直以来都不高于一成，这些趋势近年来也并没有明显变化（图3－14）。

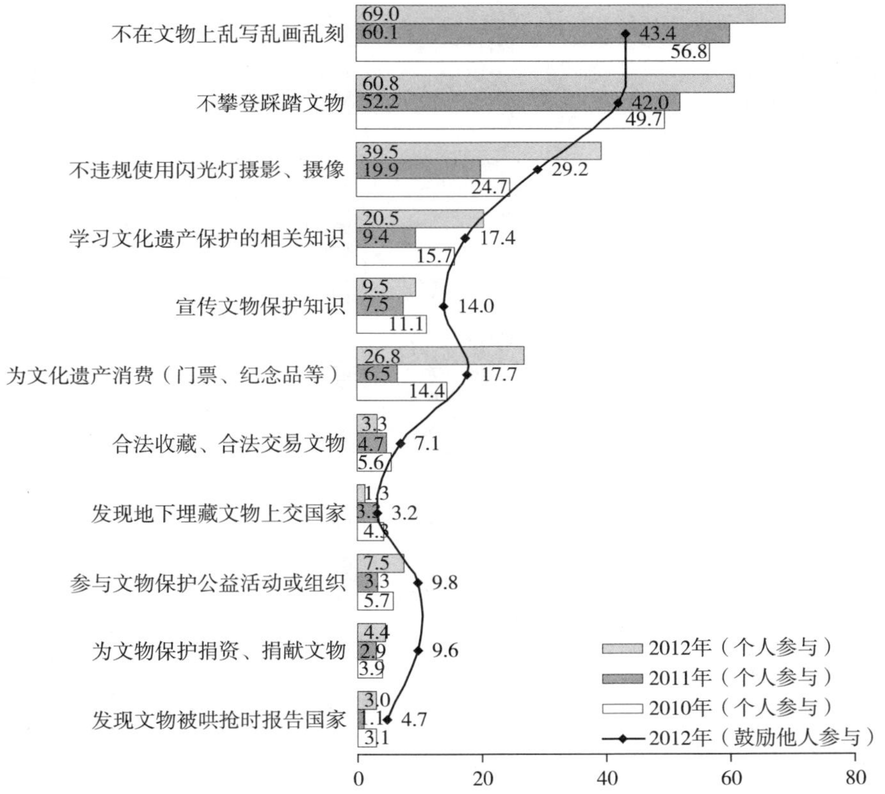

注：本题为多选题，百分比之和大于等于100%。《中国文化遗产与公众生活调查报告（2012）》第90页。

图3－14　公众个人参与过的 & 鼓励他人参与文化遗产保护行为（%）

另外，调查还发现，高学历者的参与文化遗产保护（被动与主动）的倾向程度比低学历者要高；12～24岁的青少年在日常生活中参与文化遗产保护的比例更高一些；25～34岁的人在各方面的参与率也比较高，该群体在“为文化遗产消费”上比例最高。

如果遇到有破坏文物的行为或现象时，受访者会选择如何应对？调查发现，受访者在面对破坏文化遗产的现象时，六成以上受访者会采取各种干预手段，阻止破坏文化遗产的行为（图3－15）。如果按照城市规模进行比较，则会发现：城市规模越大，选择积极性干预手段的比例越高。在大城市中，有36.5%的受访者会选择当面制止，这个数字在小城市中是25.2%。

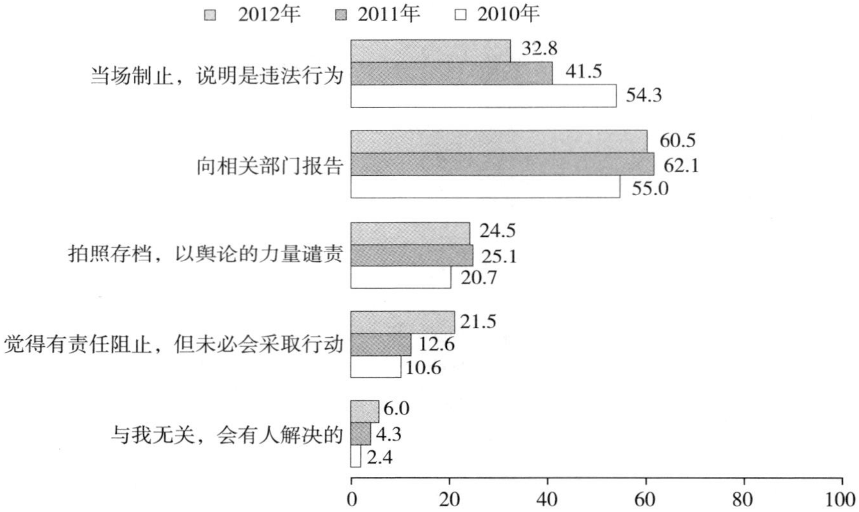

图3－15 公众对破坏文化遗产行为的干预情况（%）

但是，2010年的报告分析这个变量的时候，发现了一个有意思的现象：

> 机关、社会团体、事业单位干部在遇到破坏文化遗产的行为时，首选是向相关部门报告，其次是当场制止，说明是违法行为。政府部门工作人员作为文化遗产保护相关政策的决策者、执行者，在遇到此类问题时，首选答案不是挺身而出当场制止，确实引人深思。”①

2010年是第一次出现这类问题的年份，如果我们再回顾上表，观察一下三年来的趋势，便会发现，2010年的愿意直接当面制止文物破坏行为的人，

① 《中国公众参与文化遗产保护的意识与现状调查报告（2010）》，第81页。

其实是三年来最多的。三年以来，愿意“当面制止”的受访者越来越少，而倾向于“向有关部门报告”的人越来越多。这不是一个个别现象，而是一个趋势。由于缺乏更加细化的数据分析或是变量控制，同时由于没有更加深入具体的访谈，我们对造成这种现象的原因无法作出判断。

但这样的趋势至少可以体现两个潜台词：一，公众还是更加倾向于认为“文物保护是政府的责任”；二，文物保护意愿与实际行动之间的差距依旧比较明显。尤其是第一点，折射出目前我们所不断强调的“文物保护人人有责”，更多是一种“规训”式的宣传，并没有从实质上唤起公众主动参与到文化遗产保护行动中来的意愿。结合上一个表格中公众对文化遗产信息的兴趣点多是集中在个人收藏等具有浓厚“利益”味道的领域，可不可以说，目前的文化遗产保护，离真正形成一个以民众为基础的社区网络，还差得很远。

除了上述调查之外，在 2011 年，报告还涉及了公众对自然遗产地和文化遗产地的倾向性问题。数据表明：57.3% 的受访者表示平时休闲娱乐去自然遗产地多一些，只有 20.6% 的民众表示更青睐文化遗产地。

在 2012 年报告开头部分，作者明确指出：“参与文化遗产保护是从意识到行为的转变，是文化遗产在公众生活中最直观的表现。……虽然公众在日常生活中对文化遗产保护的参与性增强，但是尚未形成有意识的文化遗产保护行为习惯。比如，公众对文化遗产知识学习的主动性较欠缺，多数人仅是被动接触；同时在去外地旅游、出差时，只有极少数的人会有参观当地博物馆的习惯等。长期的行为习惯需要以稳定的保护意识为基础，而群众保护意识的养成对文化遗产宣传工作是一个挑战。”① 由此可见，提升公民的文化遗产认知水平，提高公民对文化遗产信息的兴趣，以及鼓励更多公民参与到文化遗产保护的实际行动中来，是三个互相呈递、关联，却又各自具有相对独立特征和性质的方面。

我们长时间以来，似乎一直持有一种预设：文化遗产认知程度越高的人，越认同文化遗产的重要性，也越对文化遗产怀有兴趣，也越会采取实际行动参与到文化遗产保护和宣传的事业中去。但这样的预设一直没有从数据上得到验证。恰恰吊诡的是，越来越多的数据似乎在揭示一个悖论，即认识文化遗产不意味着对文化遗产感兴趣，更不意味着会去主动保护文化遗产。

---

① 《中国公众参与文化遗产保护的意识与现状调查报告（2012）》，第 9 ~ 10 页。

这个问题实际上涉及传播学意义上的一个错误的预设：信息接受者在某领域是一张白纸，任何信息都是他们所接受的第一手信息，而他们也会接受这样的信息并付诸行动。

但是，这样的预设恰恰忽略了一个重要的事实：任何信息接收者都不可能是一张白纸，他们在接受信息的同时，会结合自身的经历，或是现实利益，对信息进行自己的解读。一个著名的研究来自于在美利坚大学的传播学者菲利普·索尔哈特（Phillip. Sol Hart）和俄亥俄州立大学的埃里克·斯比特（Erik C. Nisbet），在他们的一项研究中，240 名成年人阅读了一则关于气候变化的科学报道。报道中写道，气温升高会促进蚊子和蜱虫的繁殖，从而加剧西尼罗河热和其他虫媒传染病的流行。这个知识理应让受众对全球变暖问题更加关切，但实际效果却让受众发生了极化：民主党人确实变得更加支持缓解气候变暖的政策；但是共和党人在看到这则消息后，反而产生了逆反效应，比对照组更不支持气候变化的应对措施。①

在文化遗产保护的宣传和知识普及中，是否会有如上面例子一样的“逆反效应”？种种迹象表明，真正对文化遗产具有破坏性的行动，发起者往往对国家的相关法规、政策都有一定的认识，甚至很多地方官员，都非常了解各种规章和政策。其破坏文物的根本原因，与“无知”关联不大，更多是“明知故犯”。破坏文物所带来的负面效果，远远小于其所带来的经济或是政治效益。对具有这样利益相关背景的人，苦口婆心的宣传或者晓之以理、动之以情的教育，显然不会具有任何效用。所以，在普及文化遗产知识、呼吁民众积极参与文化遗产保护行动时，我们需要考量的不仅是宣传的方式和效果，而更应该针对不同的人群，考虑到其具体的社会生活和利益背景等复杂因素，有针对性地进行项目的操作。

三、对政府文化遗产保护工作的评价

在公众眼中，政府在文化保护中的作用和力度体现得如何，这是关系到公众自身能否深刻认识并实践遗产保护的重要基础。2008~2011 年的报告连续四年让受访者对政府保护文化遗产的行动作出评价，这些评价既包括对中

① Hart, P. S. & Nisbet, E. C.（2008）. Persuasicn, Political Ideology, and Social Identity Theory: An investigation into factors that affect efforts to communicate climate change. Paper presented at the annual conference of the Society for Risk Analysis, Boston, MA.

央政府的评价，也包括对地方政府的评价。打分的项目主要包括文化遗产保护、文化遗产法规政策的实施以及文化遗产保护的宣传工作。2012 年的报告则只对宣传工作进行了评价打分。因此，在本部分，除了有关宣传方面的评价之外，主要采用的数据为2011 年的调查结果。

2011 年，公众对国家保护文化遗产效果的总体评价为 3.4 分，其中 4.7% 的受访者表示非常好，44.2% 的受访者表示比较好，10.3% 的人表示不好（图 3－16）。2010 年的总体评价为 3.6 分。

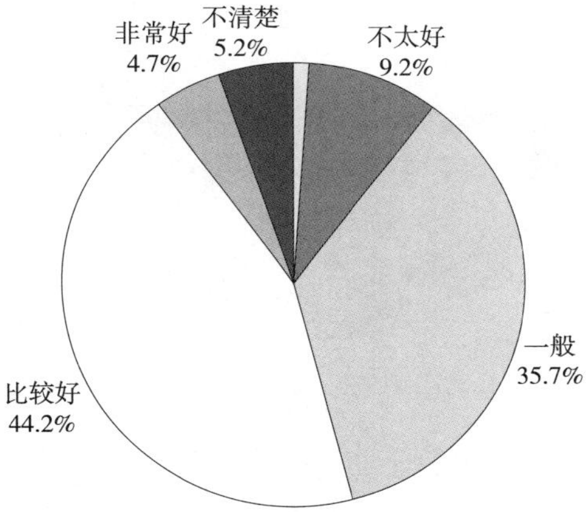

图 3－16　公众对国家文化遗产保护总体效果的评价（%）

针对最近几年我国文物走私、盗窃、盗掘、损毁方面的问题改善程度，公众评分为 3.6。其中 5.8% 的受访者认为改善了很多，55.7% 的公众认为改善了一些，23.9% 的公众认为没什么变化，还有 7% 的受访者认为情况变差了。

从具体方面讲，公众对博物馆免费开放的评价最高（47.5% 认为做得好），文物知识及法律宣传（37.8%）、古建筑及历史街区保护（32.9%）分列二、三位。而公众对信息公开、国际交流、鼓励志愿者参与保护事业等方面政府体现的作用评价不高。

总体而言，公众对国家文化遗产保护事业的评价比较集中在中档，认为非常好的或非常不好的比例都很低。这个分布基本体现了我国遗产事业做了一定的工作但仍面临诸多困难的现状，也能够说明，公众对于目前这个现状的认识是比较符合实际情况的。

在文化遗产保护的宣传工作方面，2011 年的调查中公众的评分为 3.3

分，基本与其对文化遗产保护工作的综合评价持平，但略低于2010年的评价得分（3.5分）。其中，5.5%的受访者认为宣传效果非常好，38.3%的公众表示比较好，35.9%公众表示一般，还有14.6%的公众表示不太好（图3－17）。

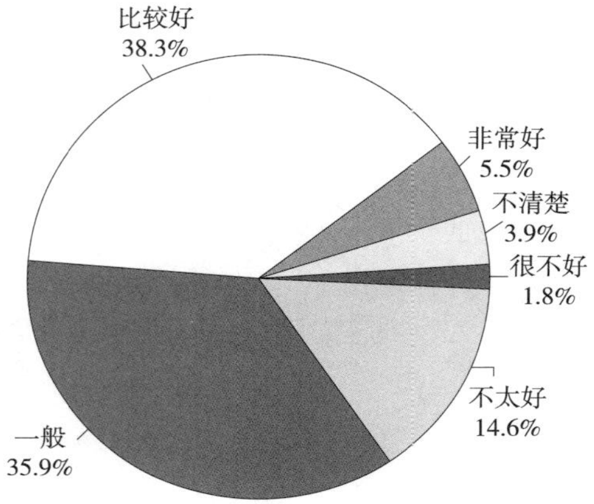

图3－17　公众对国家文化遗产宣传效果的总体评价（%）

2012年调查对宣传工作的评价进行了细化。除了对文化遗产宣传工作的整体评价之外，还要求受访者对宣传的具体环节（内容、渠道、形式、群众参与互动）进行打分。结果表明，总体评价依然不到4分，但对内容的评价相对最高，达到3.6分，而对参与互动的评分最低，仅3.1分（图3－18）。

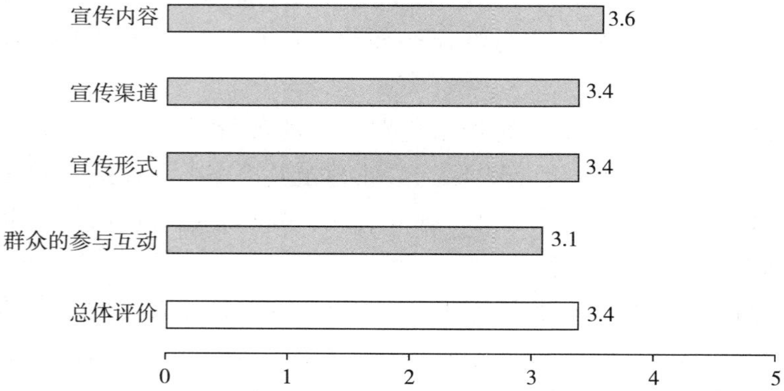

图3－18　公众对文化遗产宣传各方面的评价（5分制）

这说明，尽管通过各种方式（如文化遗产日活动），政府鼓励群众参与文化遗产保护的活动，但在民众眼中，对宣传内容的看重依然高于对社区参与的鼓励，而后者也是未来文化遗产宣传工作值得关注的一个主要方面。

但是，不同类型的受访者对文化遗产宣传工作的评价不一。从教育程度上看，硕士及以上文化程度受访者对我国文化遗产宣传内容评价为“非常好”的比例为零，认为“比较好”的也仅有35.3%。高学历者对宣传工作的负面评价远高于其他文化程度受访者的评价。造成这个现象的原因应该比较复杂，既有可能因为学历高者对政府普遍持负面评价的比例高于学历低者（而不光是文化遗产宣传工作），也有可能是学历高者对文化遗产内容和形式的“审美需求”更加苛刻，而目前的宣传工作可能比较粗浅。可惜的是，该报告并没有进一步分析“对文化遗产的重视程度”、“感兴趣程度”等因素与“对宣传工作的评价”之间是否有相关关系，否则，我们可以更进一步将人群细分，以便于在日后的宣传工作中更有针对性。

在宣传工作的其他方面，公众对“宣传渠道”的评分为3.4，“宣传形式”的评分为3.4，对“群众参与互动”的评分为3.1。在参与互动方面，认为比较好、非常好的只有34.2%，也有29%的受访者对此表示不满意（图3－19）。可以看出，文化遗产的政府与民众之间的互动还有待加强。与对总体的宣传评价类似，学历高者对参与互动的评分较低。

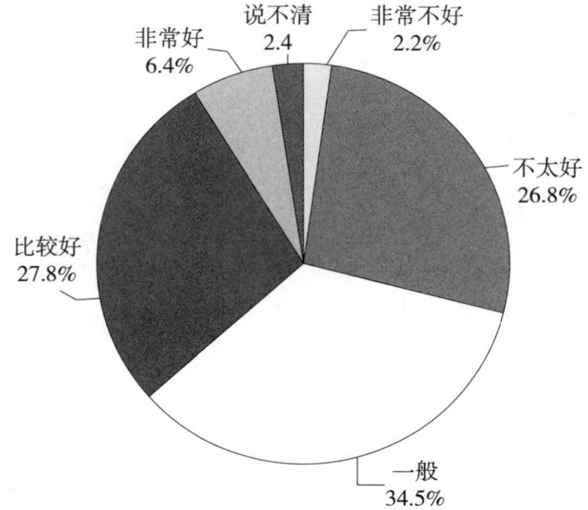

图3－19　公众对我国文化遗产宣传的群众参与互动的评价（%）

为什么在参与互动上，公众的评分比别的工作要低？下面的数据可能揭示出其中的一些原因。2012 年的调查问及在青少年文化遗产课程设置以及文化遗产的社区活动宣传方面的问题。其中，只有 17% 的受访者知道学校开设了文化遗产相关课程。另外，受访者对青少年文化遗产宣传教育工作的总体评分为 3.2 分，只有 5% 的人认为这方面的工作效果非常好，有近两成的人认为这方面的工作“差”。在社区宣传方面，只有 14.1% 的受访者表示其生活的社区举办过文化遗产相关的宣传活动，有超过一半（57%）的人明确表示其社区从未举办过这类活动。从这一点可以看出，民众对政府在文化遗产的社区活动上的低评价与这些活动的频次过少有关。我们往往在一些重要的节日（如文化遗产日）大规模举办各类活动，但在日常生活中和社区活动中，对文化遗产的宣传和普及工作却极大地忽略掉了。如何能够更有效地分配这方面的资源，是一个摆在文化遗产宣传工作者面前的难题。

另外，民众对地方政府在文化遗产保护中的效果的评价普遍低于其对中央政府的评价。2010 年，公众对地方政府在文物保护经费方面的投入总体评分为 3.2 分。2012 年，受访者对地方文化遗产宣传工作的整体评价为 3.2 分，其中仅 2.4% 的受访者认为非常好，34.3% 的受访者表示比较好，19.6% 受访者的评价偏低。地方政府作为文化遗产保护的最前线，与公众的实际文化生活接触程度要高于中央政府。而地方政府在这方面的工作效果，也直接影响着文化遗产知识和重要性的普及工作。

总体而言，公众对政府在文化遗产保护和宣传工作上的评价为中等偏上，他们普遍肯定政府在宣传内容上的努力，但对文化遗产与社区实际生活的融合上，需要政府（尤其是地方政府）投入更多的财力和精力。近年来，文化遗产与社区生活的紧密关系已经越来越为人们所关注，公众在这方面的需求也越来越高，应成为政府和相关研究部门工作的一个重点。

四、关于调查结论的再分析

通过对 2012 年调查报告的回顾，以及对往年调查报告中一些重要信息的梳理，可以得出以下认识：

1. 公众对文化遗产的关注度、对其重要性的认知度以及参与文化遗产保护活动的主动性都属于中等状态。数年来，尽管数据统计有一些浮动，但总体趋势没有大的变化。大部分公众能够认识到文化遗产的重要性，也能够在一定情况下参与到文保活动中去，如制止破坏文物的行为。但总体而言，这种行动的积极主动性并不高。公众对遗产重要性的认知并不一定会转化为保护文化遗产的行为。

2. 学历较高的受访者对文化遗产的认知、重视和参与程度普遍高于学历较低者。从整体上说，学历较高的公众，所接受的文化教育的深度和广度更高，更可能意识到文化遗产保护的重要性，而收入高者更可能认识到参与公共活动的重要性，也更可能主动参与到文化遗产保护的活动之中去。但一个有意思的现象是，学历高者对“可以从国外购买文物”的认知度反而低于只有小学学历的受访者，这也说明了高学历者在行动上可能偏于保守。

3. 公众普遍对于与自身利益相关的文化遗产事项感兴趣。对文物收藏、鉴赏等方面的关注度明显高于法规政策和学术类型的事项。这说明，尽管文化遗产的宣传工作经常从“国家利益”和“个人责任”的角度去进行教育，但必须考虑到的实际是，文化遗产保护如果要和个人生活紧密相关，才可能获得更多人的关注。

4. 公众对文化遗产保护的参与积极性不高，而且对政府在这个方面的功能和效果评价也相对一般。尽管三成左右公众听说过“文化遗产日”等节日，但真正参与过这类节日活动的公众不足一成。在宣传的各个方面，公众对宣传的内容还算认可，但对宣传的互动性和参与度评价很低。

根据上述结论，对今后的文化遗产工作，尤其是文化宣传工作做出如下建议：

1. 目前的宣传工作，在内容上保持水准，在互动性和激发群众的参与度上要加大力度，应建立起文化遗产宣传的常规机制，保证其不断出现在公众的生活之中。

2. 应考虑到不同群体的不同需求，面对高学历和面对普通学历的民众，应采取更有针对性的宣传方式。如：高学历者更关注文化遗产的历史性、知识性和审美价值，在内容把握上要更细致入微一些。

3. 要意识到文化遗产本质上要与生活利益相关联，才更能够引发人们的兴趣和关注。在宣传工作的时候，应注意“大道理”和“小生活”之间的协调。空洞的政策和理论说教，必须与实际案例和生活相结合才有意义。要多利用社会上的文化遗产热点事件，推动与当地社区的互动和交流，促发公众的文化遗产保护行动。

附：受访者语录

平时看到的有关文化遗产知识的宣传还是比较少的，尤其是在日常生活当中，没有切实地感受到有提倡大家都来爱护文化遗产，整个社会的保护氛围还没建起来。

——蒲城受访者语录

宣传不够深入全面，虽然也知道要爱护保护文化遗产，但有时候也分不清楚有些行为是不是违法的，或者说通过什么途径来反映相关的问题，在这些更为深入、细致的宣传方面还需进一步加强。

——上海受访者语录

到乡下宣传，走入百姓，加大宣传范围，提高公众对文化遗产重要性的认识。

——蒲城受访者语录

文化遗产宣传进社区，举办一些相关讲座，解答公众在文化遗产方面的疑问。

——西安受访者语录

多开些普及文化遗产的讲座，到社区宣传，发礼品，或广告宣传纸等，让普通人可以接触到文化遗产的信息。

——西安受访者语录

多做文化遗产知识的广告宣传，做一些很好的公益广告，引起人们对保护文化遗产的共鸣，让人们从心底里认识到文化遗产保护的重要性，从而可以在日常生活中主动参与文化遗产的保护。

——上海受访者语录

在路上发一点宣传手册，制作好一些，内容充实有趣，大家在休息或乘车时都可以看，效果会很好的。

——高淳受访者语录

有更多免费开放的博物馆、文化馆，让人们有更多途径了解文化遗产，然后才能更好地保护。

——上海受访者语录

宣传的文化遗产相关知识应该更多是人们比较关注的，像人们在日常生活中很有可能遇到的问题或情形的正确处理办法的，从这方面引起人们的兴趣，引导人们更深入地了解相关的知识。

——西安受访者语录

（本部分执笔人：燕海鸣）

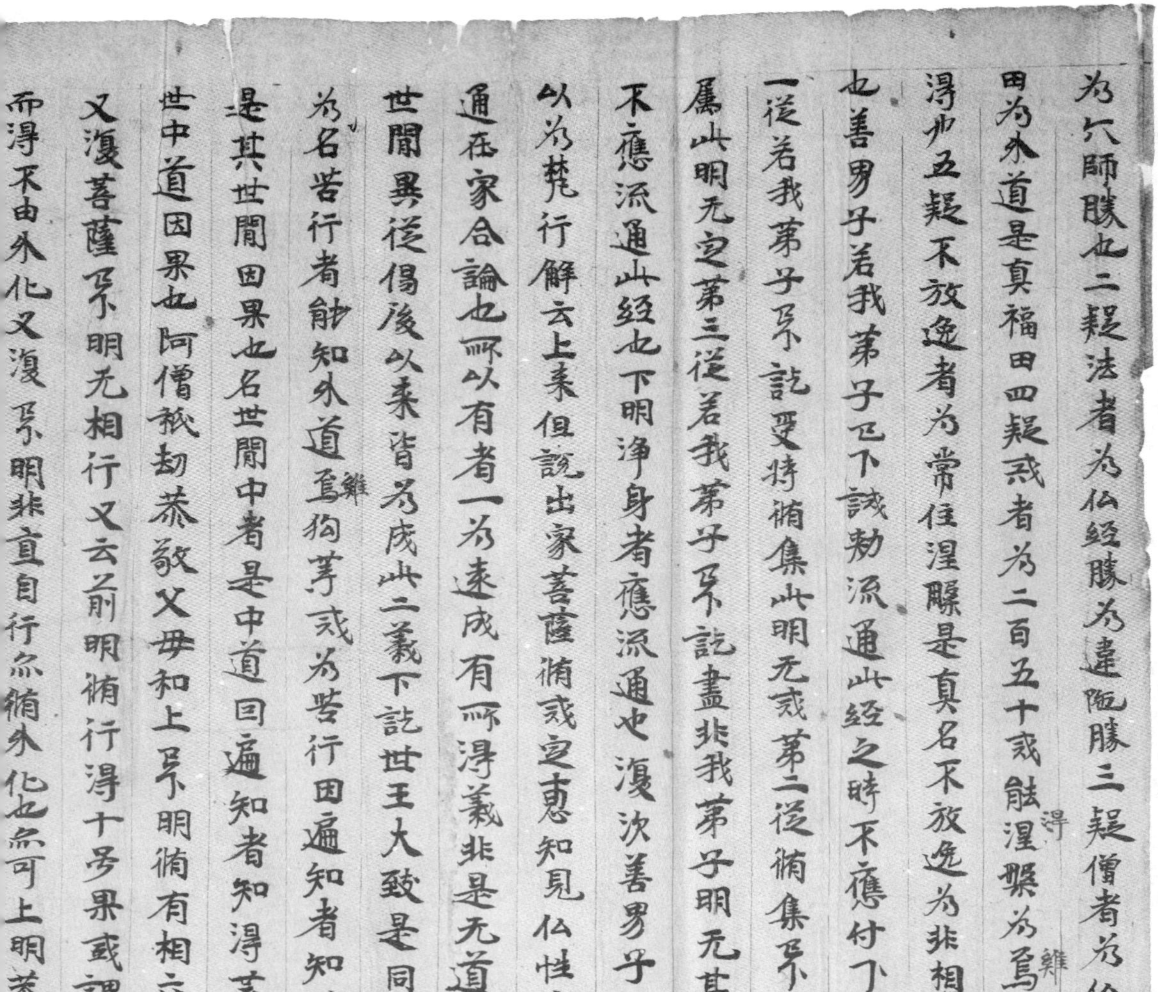

為六師勝也二疑法者為仏經勝為違陁勝三疑僧者為仏僧是真福
田為外道是真福田四疑戒者為二百五十戒能涅槃為雞狗等戒能、得
得也五疑不放逸者為常住涅槃是真名不放逸為非想涅槃是真
也善男子若我弟子乜下誡勑流通此經之時不應付下三種人也第
一從若我弟子至說受持脩集此明无戒第二從脩集至說是魔眷
屬此明无定第三從若我弟子至說盡非我弟子明无其慧此之三之
不應流通此經也下明淨身者應流通也復次善男子至明六念處
以為梵行解云上來但說出家菩薩脩戒定慧知見仏性今念六處者
通在家合論也所以有者一為遠成有所得義非是无道二為重釋与
世間異從偈後以來皆為成此二義下說世王大致是同也又復正者
為名苦行者能知外道雞狗等戒為苦行因遍知者知苦行果此當
是其世間因果也名世間中者是中道因遍知者知得菩提果此是出
世中道因果也阿僧祇劫恭敬父母和上至明脩有相六度為十号因
又復菩薩至明无相行又云前明脩行得十号果或謂雖脩自行
而得不由外化又復至明非直自行亦脩外化也亦可上明恭敬父母師長

大般涅槃经疏六世纪南北朝写本　　中国文化遗产研究院供图

附录I　全国文物业基本情况调查数据汇总

表Ⅰ－1　机构及人员①

	机构数（个）				从业人员（人）			
	文物系统	非文物系统	合计	文物系统所占比例	文物系统	非文物系统	合计	文物系统所占比例
文物主管部门	848	–	848	100%	7593	–	7593	100%
文物科研机构	107	–	107	100%	4078	–	4078	100%
文物保护管理机构	2720	15	2735	99.45%	31926	1109	33035	96.64%
博物馆	2397	253	2650	90.45%	57483	4698	62181	92.44%
文物商店	74	1	75	98.67%	1707	12	1719	99.30%
其他文物机构	158	3	161	98.14%	2675	57	2732	97.91%
总计	6304	272	6576	95.86%	105462	5876	111338	94.72%

表Ⅰ－2　文物保护专业资质②

	文物保护工程勘察设计甲级资质	文物保护工程施工一级资质	文物保护工程监理甲级资质	可移动文物保护设计甲级资质	可移动文物修复一级资质
北京	18	24	5	7	9
天津	1				
河北	3	6	2	1	1

① 此表根据《全国文物业统计资料（2011年度）》汇总整理。

② 此表为截至2012年统计数据，数据来源于国家文物局官网 http：//www.sach.gov.cn、国家文物局文物保护与考古司、博物馆与社会文物司。

续表

	文物保护工程勘察设计甲级资质	文物保护工程施工一级资质	文物保护工程监理甲级资质	可移动文物保护设计甲级资质	可移动文物修复一级资质
山西	6	7	2	3	4
内蒙古	1	1	1		2
辽宁	3	4	1	1	2
吉林			1	1	1
黑龙江	1	1			
上海	5	2	1	1	1
江苏	4	11	1	3	3
浙江	1	15	1	2	2
安徽	1	2	2	1	2
福建	3	5	1	2	2
江西	1	2	1	1	1
山东	1	5			1
河南	4	6	1	3	4
湖北	2	2		2	2
湖南	2	4	1	2	2
广东	3	10	1	2	3
广西	1	1			
海南		1			
重庆	2	5	1		
四川	4	6	3	3	3
贵州	1	2			
云南	1	5	2	1	1
西藏	1	9	1		
陕西	4	4	2	4	4
西安	1	4			
甘肃	4		2	3	3

续表

	文物保护工程勘察设计甲级资质	文物保护工程施工一级资质	文物保护工程监理甲级资质	可移动文物保护设计甲级资质	可移动文物修复一级资质
青海		2			
宁夏				1	1
新疆	1	2	1		2
合计	80	148	34	44	56

表Ⅰ-3 不可移动文物和可移动文物①

	不可移动文物（处）				文物藏品（件/套）			
	总计	全国重点文物保护单位	省级文物保护单位	市县级文物保护单位	总计	一级	二级	三级
中央	0	0	0	0	2908666	13340	419953	432297
北京	3840	98	255	662	3720324	852	10384	53378
天津	2082	15	113	155	10577533	1041	5162	132568
河北	33943	168	930	2834	562888	1249	12924	59077
山西	53875	271	428	10000	782881	3589	8438	76051
内蒙古	21099	79	316	700	489949	1853	4265	10017
辽宁	24115	53	296	2172	749095	1617	13996	126572
吉林	9017	33	271	822	304559	564	3555	18934
黑龙江	10759	29	192	420	306430	475	1750	20063
上海	4422	19	163	440	1956095	1370	46367	157835

① 此表根据《全国文物业统计资料（2011年度）》、《第三次全国文物普查资料手册》（内部资料）汇总整理。由于全国重点文物保护单位各省（自治区、直辖市）统计有重复（如长城），故数据与2352有异。全国重点文物保护单位，省级文物保护单位，市县级文物保护单位总和不等于不可移动文物总量，因为大量不可移动文物未被公布为文物保护单位。一级品、二级品、三级品总和不等于可移动文物总量，因为大量可移动文物未定级。

续表

	不可移动文物（处）				文物藏品（件/套）			
江苏	20007	120	833	2211	2489717	3005	96490	443824
浙江	73943	132	755	3839	820544	2242	10622	70085
安徽	25005	56	455	2489	833904	1996	4845	52404
福建	33251	85	511	3600	496246	1032	2776	85955
江西	32831	52	333	2700	650343	1469	6449	45204
山东	33551	101	687	6834	1355055	3270	11047	88779
河南	65519	189	1050	5456	1912920	2371	16663	227023
湖北	36473	91	826	4115	1446195	2523	6078	63264
湖南	20366	60	809	2685	889723	2166	5936	55811
广东	37156	66	407	2690	1124316	1331	15132	66990
广西	10495	42	355	1732	376608	333	5094	30950
海南	4274	14	108	313	66556	122	368	1976
重庆	25908	20	317	1329	620620	1091	2329	23185
四川	65231	128	578	3351	1374585	4588	9398	109418
贵州	14852	39	342	21000	189925	919	2082	6109
云南	14704	76	386	3122	474652	837	2034	15541
西藏	4277	35	224	484	198650	1463	1771	4629
陕西	49058	140	668	2090	976671	7020	13929	77789
甘肃	16895	73	621	3857	593630	3396	12063	97722
青海	6411	18	383	369	217765	390	897	1133
宁夏	3818	18	143	314	84730	367	3418	7416
新疆	9545	58	373	3649	153370	707	1348	7416
合计	766722	2378	14128	96434	30185365	68588	757563	2666103

表Ⅰ－4　国家级历史文化名城、名镇、名村①

	历史文化名城(个)	历史文化名村(个)	历史文化名镇(个)	总计(个)
北京	1	4	1	6
天津	1	1	1	3
河北	5	7	6	18
山西	6	23	7	36
内蒙古	1	2	2	5
辽宁	1	0	2	3
吉林	2	0	2	4
黑龙江	1	0	2	3
上海	1	0	8	9
江苏	10	3	19	32
浙江	7	14	16	37
安徽	5	12	5	22
福建	4	16	7	27
江西	3	17	4	24
山东	8	4	1	13
河南	8	2	7	17
湖北	5	5	9	19
湖南	3	8	5	16
广东	7	15	10	32
广西	3	4	3	10
海南	2	3	4	9
重庆	1	0	16	17
四川	8	4	17	29

① 此表为截至2012年的统计数据，数据来源于国家文物局官网 http://www.sach.gov.cn，国家文物局文物保护与考古司数据汇总整理。

续表

	历史文化名城(个)	历史文化名村(个)	历史文化名镇(个)	总计(个)
贵州	2	11	6	19
云南	5	5	7	17
西藏	3	0	2	5
陕西	6	2	3	11
甘肃	4	0	7	11
青海	1	2	0	3
宁夏	1	1	0	2
新疆	4	4	2	10
总计	119	169	181	469

表Ⅰ-5 文物保护相关法律法规及标准①

类别	名称	颁布时间	颁布部门
法律(1项)	中华人民共和国文物保护法	2007-12-29	全国人民代表大会常务委员会
行政法规(4项)	中华人民共和国水下文物保护管理条例	1989-10-20	国务院
	中华人民共和国文物保护法实施条例	2003-07-01	国务院
	长城保护条例	2006-12-01	国务院
	历史文化名城名镇名村保护条例	2008-07-01	国务院
部门规章(9项)	中华人民共和国考古涉外工作管理办法	1991-02-22	国务院
	文物保护工程管理办法	2003-05-01	文化部
	文物行政处罚程序暂行规定	2005-01-24	文化部
	博物馆管理办法	2006-01-01	文化部
	古人类化石和古脊椎动物化石保护管理办法	2006-08-07	文化部
	世界文化遗产保护管理办法	2006-11-14	文化部

① 此表为截至2012年的不完全统计数据，数据来源于国家文物局网站 http://www.sach.gov.cn，国家文物局政策法规司。

续表

类别	名称	颁布时间	颁布部门
部门规章（9项）	文物进出境审核管理办法	2007－07－03	文化部
	文物认定管理暂行办法	2009－10－01	文化部
	世界文化遗产申报项目审核管理规定	2010－07－06	国家文物局
规范性文件(52项)	文物商店工作条例	1981－07－17	国家文物局
	近现代文物征集参考范围	2003－05－13	国家文物局
	近现代一级文物藏品定级标准（试行）	2003－05－13	国家文物局
	文物拍卖管理暂行规定	2003－07－14	国家文物局
	文物保护科学和技术研究课题管理办法	2003－09－11	国家文物局
	国家文物局突发事件应急工作管理办法	2003－11－21	国家文物局
	文物保护科学和技术研究课题招标评标暂行办法	2003－11－21	国家文物局
	全国重点文物保护单位记录档案工作规范（试行）	2003－11－24	国家文物局
	文物保护科学和技术创新奖励办法（试行）	2004－07－06	国家文物局
	全国重点文物保护单位保护规划编制审批办法	2004－08－02	国家文物局
	国家文物局重点科研基地管理办法（试行）	2004－08－13	国家文物局
	文物保护行业标准管理办法（试行）	2004－09－03	国家文物局
	文物出境展览管理规定	2005－05－27	国家文物局
	国家文物局机关行政许可过错责任追究暂行办法	2005－05－31	国家文物局
	文物保护特批项目经费安排暂行规定	2005－07－04	国家文物局
	全国重点文物保护单位保护规划编制要求	2005－07－21	国家文物局
	文物保护工程施工资质管理办法	2005－08－22	国家文物局
	文物保护工程勘察设计资质管理办法	2005－08－22	国家文物局
	文物保护科学和技术研究课题评审程序暂行规定	2005－08－23	国家文物局
	文物保护科学和技术评审与咨询专家管理办法（试行）	2005－08－23	国家文物局

续表

类别	名称	颁布时间	颁布部门
规范性文件（52项）	大遗址保护专项经费管理办法	2005－08－25	国家文物局
	国家文物鉴定委员会管理规定	2006－01－12	国家文物局
	中国文化遗产标志管理办法	2006－02－06	国家文物局
	国家文物局高级专业技术资格评定管理办法	2006－08－09	国家文物局
	中国世界文化遗产专家咨询管理办法	2006－12－08	国家文物局
	中国世界文化遗产监测巡视管理办法	2006－12－08	国家文物局
	文物保护工程监理资质管理办法（试行）	2007－04－13	国家文物局
	文化遗产保护领域国家科技支撑计划课题第三方机构评估咨询管理暂行办法	2007－04－18	国家文物局
	文化遗产保护领域国家科技支撑计划课题管理暂行办法	2007－04－18	国家文物局
	国家文物局重点科研基地运行评估规则	2007－05－11	国家文物局
	可移动文物技术保护设计资质管理办法（试行）	2007－05－11	国家文物局
	可移动文物修复资质管理办法（试行）	2007－05－11	国家文物局
	文物出境审核标准	2007－06－05	国家文物局
	全国博物馆评估办法（试行）	2008－02－05	国家文物局
	博物馆评估暂行标准	2008－02－05	国家文物局
	国家文物局社会组织管理暂行办法	2008－07－21	国家文物局
	田野考古工作规程	2009－10－01	国家文物局
	国家考古遗址公园管理办法（试行）	2009－12－23	国家文物局
	国家考古遗址公园评定细则	2009－12－23	国家文物局
	世界文化遗产申报项目审核管理规定	2010－07－06	国家文物局
	文物进出境责任鉴定员管理办法	2010－12－16	国家文物局
	文物拍卖企业资质年审管理办法	2011－01－05	国家文物局
	国家文物局行政许可项目说明	2011－01－20	国家文物局
	文物复制拓印管理办法	2011－01－27	国家文物局
	国有文物保护单位经营性活动管理规定（试行）	2011－08－25	国家文物局

续表

类别	名称	颁布时间	颁布部门
规范性文件（52 项	文物消防安全检查规程（试行）	2011－09－20	国家文物局
	国家文物局文物安全案件督察督办管理规定（试行）	2011－09－22	国家文物局
	文物保护单位执法巡查办法	2011－12－01	国家文物局
	文物安全与行政执法信息上报及公告办法	2012－02－15	国家文物局
	大运河遗产保护管理办法	2012－08－14	文化部
	国家考古遗址公园规划编制要求（试行）	2012－12－24	国家文物局
	文物系统博物馆风险等级和安全防护级别的规定	2000－02－24	GA27－2002/2003－03－25
文物保护国家标准（6 项）	文物保护单位标志	2008	国家质量监督检验检疫总局、国家标准化管理委员会
	文物保护单位开放服务规范	2008	同上
	文物运输包装规范	2009	同上
	博物馆照明设计规范	2009	同上
	博物馆讲解员资质划分	2010	同上
	中国文化遗产标志	2010	同上
我国签署的国际公约（4 项）	武装冲突情况下保护文化财产议定书	1954－05－14	联合国教科文组织
	关于禁止和防止非法进出口文化财产和非法转让其所有权的方法的公约	1970－11－14	联合国教科文组织
	保护世界文化和自然遗产公约	1972－11－16	联合国教科文组织
	关于被盗或者非法出口文物的公约	1998－07－01	国际统一私法协会

（数据汇总整理：于冰、刘爱河、何流、刘勇）

附录Ⅱ　国外文化遗产工作动态

2012 年是《保护世界文化与自然遗产公约》40 周年。对于全世界的文化遗产保护工作来说，这是一个重要的年份，国际组织和许多国家在保证遗产保护力度的基础上，根据具体情况，开展了具有各自特色的项目与活动。尤其是在金融危机尚未缓解之时，西方国家在财政紧缩的大背景下依然勉力维持着对文化遗产的保护，采取灵活的方式动员民间的力量，值得我们思考和借鉴。

一、国际组织 2012 年工作概况

（一）联合国教科文组织世界遗产委员会

联合国教科文组织世界遗产委员会，是为保证和实施 1972 年《保护世界文化和自然遗产公约》，于 1976 年 11 月建立的政府间组织。委员会负责管理《世界遗产名录》。世界遗产委员会每年召开一次大会，对《世界遗产名录》进行更新，并对已列入名录的世界遗产的保护工作进行监督指导。委员会由 21 名成员国组成，每届任期六年，每两年改选成员国的三分之一。该委员会设有由 7 名成员国组成的主席团。

至 2012 年底，世界遗产组织一共有 190 个成员国。2012 年 6 月 24 日 ~7 月 6 日，在俄罗斯圣彼得堡举办了第 36 次大会，大会上，有 26 项新的世界遗产产生，其中乍得、帕劳、刚果和巴勒斯坦第一次有遗产地入选。截至 2012 年，世界遗产共包含来自 159 个国家的 962 项遗产，其中包括 745 项文化遗产，188 项自然遗产，29 项双遗产。

2012 年是《世界遗产公约》诞生 40 周年，世界遗产组织在巴黎总部和世界各地举办了为期近一年的系列活动，以纪念公约的诞生以及 40 年来世界遗产事业所取得的成绩。2012 年 1 月 30 日，在法国巴黎联合国教科文组织总部召开了纪念活动开幕式，教科文组织总干事 Irina Bokova 主持了开幕式，爵士乐传奇 Herbie Hancock 作为教科文组织慈善大使出席了开幕式，并同其他几名艺术家一起进行了音乐表演。仪式播放了《世界遗产公约》的历史进

程。而世界遗产在今天所面临的机遇和挑战则受到了与会者的关注。

自此开始，世界各地陆续举办了丰富的纪念活动。

3月19日，在西班牙的马拉加举办了“拯救拉美文化遗产”座谈会，来自遗产研究、建筑学、考古学、管理学、人类学、历史学等多学科的学者就拉丁美洲加入《世界遗产公约》后如何制定文化政策进行了讨论。会议讨论并评价不同拉美国家对其文化遗产价值认知的差异，并对联合国教科文组织和联合国发展项目在1976～1995年间的地区文化遗产项目运行情况进行了总结。

4月17日，在英国爱丁堡皇家物理学院举办了以“世界遗产和经济发展”为题的讲座。这次讲座分析了世界遗产如何促进和支持经济复苏。演讲者包括爱丁堡世界遗产主席 Charles McKean 教授，以及爱丁堡城市议会经济发展主任 Greg Ward。

4月18日是国际古迹遗址日，葡萄牙主办了“从世界遗产到地方遗产：保护与变迁管理”会议。国际古迹遗址日的初衷是提升人们对遗产多样性及其危机的认识，这次会议从两个层面对遗产进行了反思：全球层面的遗产以及地方层面的遗产，两者在知识、保护与发展的角度都密不可分。会议还围绕世界遗产的未来进行了讨论，主要关注经济和文化全球化进程中遗产保护与管理所面临的复杂局面。

5月15～18日，古巴的哈瓦那举办了第十届“历史城镇管理：经济可持续发展的共同责任”论坛。世界遗产公约诞生40年，也是哈瓦那老城入选世界遗产30周年。各方学者以哈瓦那为例，对历史城镇如何与经济发展的可持续性相结合展开讨论并提出建议。这次论坛也是世界遗产组织在加勒比海地区，特别是古巴，建立有效合作的体现。

5月23～25日，在南非约翰内斯堡举办了以“世界遗产和非洲地区的发展影响”为题的论坛，论坛汇集了发展研究和遗产管理的专家学者与政策制定者，其目的是推动非洲的世界遗产保护与管理，尤其关注当地工业发展对世界遗产的影响，以及资源采掘行为对遗产保护的影响。

6月，在黑山共和国举办了“世界遗产与可持续发展：地方社区在世界遗产地管理中的角色”论坛，论坛针对地方社区如何参与管理世界遗产进行了讨论，主要关注其在遗产认定、管理和保护中的角色。

7月，在德国勃兰登堡工业大学举办了“以可持续发展的视角建构遗产”暑期课程，来自多个国家的二十多名年轻学者参加了课程，并分别从各自国家的案例讨论遗产保护、认定、管理的种种问题。这个课程旨在促进年轻遗产学者之间的交流，并探讨跨学科的遗产研究的可能性及其方法路径。

7~8月，在日本京都举办了“绘制京都文化遗产”的绘画大赛，参赛者为小学生，他们用绘画的方式展现自己对京都文化遗产的热爱和理解。从一年级到六年级的小学生都可以参赛。同时，在7月和8月，京都的主要寺庙或神社举办了针对此次比赛而设的绘画讲座。

10月12~16日，美国Rutgers大学举办了“文化景观：21世纪保护的挑战”国际会议，不仅纪念《世界遗产公约》诞生40周年，同时纪念《文化景观宣言》诞生20周年。会议的主题包括文化与自然的关系，历史城区景观保护遇到的挑战，文化景观的认定与评估方法，以及体现各方利益相关者的文保策略所遇到的挑战。

在这一年里，众多论坛和课程有一个共同特点，即大都面向年轻一代的遗产保护工作者，这说明世界遗产不仅面向过去，更加面向未来。

经过了一年的各种活动，2012年11月6~8日，在日本京都举办了这次世界遗产公约诞生40周年纪念活动的闭幕式。世界遗产组织相关的各方专家、学者、官员、组织都聚集在京都，共襄盛举。这三天里举办了一系列的讲演和讨论，主题是世界遗产与可持续发展：地方社区的角色。这次大会还评选菲律宾的维干（Vigan）历史城区为第一个世界遗产地管理最佳实践奖，该遗产地从28个候选地中脱颖而出。大会同时出版了一部名为《世界遗产：跨越国界的惠益》（World Heritage：Benefits Beyond Borders），该书从26个世界遗产地案例研究中展现了世界遗产能够对人类的可持续发展提供有力支持。最终，大会发布了面向世界遗产未来的文件——《京都愿景》。主要建议如下：

以团结合作的精神为遗产保护在全球范围筹措实质性经费资源；

开发包括各个层面能力建设在内的创新性应对机制，以分享社区相关的经验、良好实践和知识，支持世界遗产和可持续发展；

共同承担指明世界文化和自然遗产面临威胁的责任，为遗产可持续发展和共同利益做出贡献；

将世界遗产列为2015年后发展议程的讨论内容，努力使国际社区——所有相关地区和全球论坛——综合考虑其环境、文化、社会经济需求；

加强所有利益相关方的合作与协调，保证当地社区、原住民、专家、青年等从申报世界遗产筹备阶段开始参与保护全过程，让遗产保护服务于整个社会的可持续发展；

通过其他领域有重要作用的非物质文化遗产、文化和创意产业确保当地社区的可持续性；

优先执行《世界遗产公约》缔约国大会共同通过的《战略行动计划2012～2022》。

（二）国际古迹遗址理事会

国际古迹遗址理事会（ICOMOS，以下简称“理事会”）于1965年在波兰首都华沙成立。该组织由世界各国文化遗产专业人士组成，是古迹遗址保护和修复领域的国际非政府组织。该组织成员包括有关的建筑师、考古学家、艺术史学者、工程师、历史学家、市镇规划师，借助于这种跨学科的学术交流，他们共同为保护建筑物、古城镇、文化景观、考古遗址等各种类型的文化遗产完善标准，改进技术。国际古迹遗址理事会的组织机构由全体大会、执行委员会、咨询委员会和国际秘书处组成。[①]

2012年，理事会在世界各地举办了大量的学术座谈和会议。在此介绍5个比较有代表性的国际性会议。

3月19～23日，在意大利佛罗伦萨举办了“世界穹顶”国际会议，会议的主要针对历史上与今天现存的穹顶建筑物在文化和空间维度的价值进行比较。会议一共分为三个主要方向：1. 穹顶的文化认同与象征性；2. 穹顶在几何学上的起源及其研究与分类；3. 穹顶建造工艺。这次大会汇集了来自于建筑学、工程学、文物保护、数学、历史保存等各学科的专家和学者。同时，该会议同时设立了一个官方网址：www. domesintheworld. com。在会议同时，国际古迹遗址理事会与其他组织机构合作举办了三项展览、一场音乐会以及其他文化活动。

4月9～13日，在西班牙举办了第一届“世界遗产最佳实践国际会议：考古”。该会议以西班牙门诺卡（Menorca）为例，讨论如何在世界遗产地进行有效的考古管理。会议不仅关注具有考古学价值的世界遗产地，同时也关注任何可以通过考古学方法进行研究的世界遗产。

---

① 摘自网站：http：//www. icomoschina. org. cn/gjgjyzlsh/24817. aspx。

5 月 13 ~16 日，在挪威的勒罗斯（Roros）举办了“与世界遗产共同生活”跨地区会议。本次会议是挪威庆祝世界遗产公约40 周年的活动之一，以欧洲和非洲为主要对象，旨在推动世界遗产保护的社区参与和可持续发展。通过对社区日常生活的探讨，此次会议关注微观层面的遗产保护与发展的平衡关系。

10 月 31 日，在北京召开了“减少自然和人为灾害对文化遗产的风险”学术研讨会，会议目的是对危害进行评估，并提出相关的政策、措施和技术建议，并对受破坏的遗产进行有效修复。会议从五个主题进行了讨论：1. 减小自然和人力因素对文化遗产破坏的技术与策略；2. 文化遗产风险评估的手段和方法；3. 武装冲突及其他紧急情况下的文化遗产保护；4. 文化遗产灾后恢复规划；5. 文化遗产灾害风险管理中的认识提升和能力建设。

11 月 15 ~17 日，在土耳其伊斯坦布尔举行了以“减少文化遗产风险：挑战与机遇”为主题的国际会议。该会议与北京会议的主题相似，均以如何减少自然和人为活动对文化遗产的危害为切入点，讨论解决措施。伊斯坦布尔会议从短期和长期两种视角对其进行讨论，以案例分析的方式推动整个领域的工作与合作。同时，该会议将危害分为直接危害和间接危害两大类，以综合的视角分析了地区冲突、国际战争、重大项目等对遗产保护的挑战。同时，该会议也探讨了大众旅游、政策法规制定过程中可能产生的对文化遗产保护的负面影响。

（三）国际文物保护与修复研究中心

国际文物保护与修复研究中心（ICCROM，以下简称“中心”）成立于1959 年，是联合国教科文组织创设的一个独立的国际科学机构。该中心的基本宗旨是保护古代建筑、历史遗迹和世界艺术珍品，并为此开展专业队伍的培训工作。中心研究并传播世界文化遗产保护及修复方面的信息；举办国际性会议；出版有关刊物并组织专家讨论。同时，中心致力推动有关文物保护技术的探讨；研究制订文物保护及修复问题的解决方案；调整文物保护措施，使之达到世界先进水平。①

至2012 年年底，中心成员国达到133 个。2012 年，该机构的成员在世界各地进行了超过一百次的活动，包括会议、咨询等，同时，中心对其网站进

① 摘自中国文化遗产研究院网站：http：//www. cach. org. cn/tabid/97/InfoID/61/frtid/41/Default. aspx。

行了更新，使其更符合读者的阅读习惯。

近年来，由于经济环境的影响，中心在财政上面临种种困难，在其团队的有效管理下，财政问题对中心的运转和项目的实施影响不大。中心大力推动各地区的文物事业，重点致力撒哈拉以南地区的文物保护工作，虽然遇到了财政上的困难，但在土耳其等国的支持下，该项目仍能够有序进行。

1. 培训课程

2012 年 3 月 2 日 ~4 月 27 日，“建筑遗产保护课程”在罗马举办，课程从技术和管理两个方面对 22 名学员进行培训。学员的背景非常多元，包括考古学者、建筑学者以及工程师和规划专家。40 多名讲师在课上分享了他们在文物保护领域的知识和经历。学员还参观了罗马当地的遗产保护现场，通过实习提升了能力。

5 月 23 日 ~6 月 29 日，“木质文物保护国际课程”在挪威奥斯陆举办。该课程的目的是通过对木质文物保护的研究，使学员能够回到自己的国家进行有效的木结构文物保护。课程从理论与实践两个方面对学员进行培训，探讨木质文物毁坏的原因，并研判有效的应对措施。该课程不仅教授可移动文物的保护，同时也探讨不可移动文物的保护，从各种视角对木质文物进行研究。学员在上理论课的同时也在当地博物馆进行实习，并同工艺师进行交流。

8 月 27 日 ~9 月 14 日，“日本纸质文物保护课程”在日本举办。第一次“日本纸质文物保护课程”于 1992 年举办，自此以来，有关日本造纸工艺的研究与保护得到了极大的推动与发展。不仅如此，通过这项课程所发展出来的一整套对纸质文物保护和修复的技艺也对世界上其他国家、其他类型的文物保护起到了借鉴作用。这项课程为学员提供了解造纸工艺的机会，讲师多是来自日本当地掌握家传造纸技艺的手工艺者。

8 月 8 ~22 日，在日本京都举办了“文化遗产灾害风险管理课程”。九名学员参加了该项课程，课程通过授课、小组协作、项目设计、实地调查等多方法为学员讲授灾害之后的文化遗产保护与管理。学员特别造访了 2011 年日本大地震及海啸之后受到破坏的遗产地，并研习其文物修复和管理办法。课程结束时，每位学员都根据自己国家的情况，模拟了一个自然灾害对文化遗产破坏的情境，并提出解决的办法。

9 月 24 日 ~10 月 26 日，“武装冲突时期文物的抢救课程”在意大利罗马举办，本课程有三个主题：“1. 文化与冲突；2. 沟通、后勤与计划；3. 文化遗产的抢救。”通过这些课程，学员们学习了如何在冲突情况下对文物实施第一时间的抢救。尤其有意义的是，学员们通过自己国家的实际情境，针对武装冲突下的文化遗产保护提出了有针对性的具体措施。大家一致认同本课程项目的口号：文化不会等待。

2. 地区项目及科研工作

国际文化财产保护与修复中心在世界各地区开展了丰富的项目，以提升该地区文物保护的水平。

在亚太地区，2012 年 9 月 4 日 ~10 月 4 日，中心在日本奈良举办了一次针对考古遗址的保护课程。该课程结合亚太地区的遗址特色，以讲座和实践两种方式进行有针对性的训练。通过日本的经验，对全球的考古遗址文物保护都有所启发。

在拉美地区，中心在巴西举办了一次论坛，讨论的话题较之其他论坛颇具新意，主题是如何评估文物保护工作的成果，以及如何向非专业人士介绍遗产保护。这样的课题从另一个角度审视遗产保护工作。另外，在墨西哥，中心就如何采取措施防止遗产受到自然或人为因素破坏进行了讨论，取得了良好成果。

在地中海地区，中心启动了一项新的马赛克装饰画保护项目。相比之前的偏重马赛克装饰画原址保护的项目，该项目通过在约旦举办为期两周的课程，探讨博物馆藏马赛克装饰画的保护。学员们通过讲座、实践、对约旦当地遗址进行访问等方式提升了水平。

除了培训和地区项目之外，中心着力于科研工作，在 2012 年进行了一系列卓有成效的研究。利用其国际影响力，中心为这些研究工作搭建了各方沟通的平台，并促进政策的讨论和知识的传播。

中心尤其关注文物保护的社会、环境及经济价值，这些价值与社会的可持续发展和社区的遗产参与都密切相关。针对文物的保护究竟应该如何开展，中心进行了一系列的讨论，在文物本体之外，特别开始强调以人为本的宗旨。在环境领域，文物保护项目开始与全球气候变化的讨论相结合。在全球变暖过程中，考古遗址将存在不同于以往的风险，这也是专家们开始关注的问题。

2012 年 3 月，16 名科学家、保护专家、艺术史学者、考古学者以及管理学者召开了一次小型会议，讨论在新世纪的遗产保护工作所遇到的挑战以及专业应对的对策。这次类似“头脑风暴”的小型会议达成了共识：除了文物本体保护之外，当前的遗产保护工作需要更多关注社会、自然和经济等问题；

同时，传统的自上而下的保护机制也应该针对具体情况发展出一定灵活性。

3. 合作与宣传

中心与多个有重要影响力的遗产保护组织有着深入的合作，包括世界遗产中心以及国际古迹遗址理事会，中心与后者签署了《谅解备忘录》，旨在进一步加深两家机构之间的合作与交流。与此同时，中心与一些高校也有长期的合作项目，主要以文物保护和修复课程为主。这一期间，中心与土耳其 Mimar Sinan 艺术大学合作，在土耳其首次开设了四年制艺术作品保护与修复专业。

中心除了专业工作之外，也非常重视宣传工作，因为后者的良好运转能够起到普及遗产保护知识、推动社会参与的功效。中心以 wordpress 为平台对官方网站进行了升级，以求提升用户体验。另外，中心的 Facebook 账号已经拥有超过一万的粉丝，其 Twitter 账户也建成为全球遗产保护者和团体获取信息和知识的重要平台。

（四）国际博物馆协会

国际博物馆协会（International Council of Museums，ICOM）下设很多相对独立的委员会组织，包括成员国的国家委员会，以及针对特定主题的专业委员会。2012 年，这些委员会在世界各地举办了话题丰富的各类会议，从不同角度对新时期博物馆建设进行了探讨。①

1. 西欧、北欧

欧洲是国际博物馆协会活动的最重要地区。国际博物馆协会在西欧和北欧的活动几乎占了 2012 年全年活动的一半。其中，比利时国家委员会和英国国家委员会在这一年举办了各自的年会。比利时的布鲁塞尔还举办了全体大会，讨论博物馆建设与私人资助之间的关系。还是在比利时的布鲁塞尔，9 月，ICOM 埃及学委员会举办年会，主题为："危机中的馆藏：新环境下的新挑战"；10 月，ICOM 博物馆与服装收藏委员会举办年会，题目为"时尚、花边与透明度"。

英国同样是 ICOM 重要的活动地。10 月，国际人权博物馆联盟在英国利物浦的国际奴隶博物馆，举办了以"博物馆与人权"为题的全球会议；伦敦则举办了 ICOM 国际图书馆与表演艺术博物馆协会 2012 年年会，主题是"最佳实践！表演艺术藏品、图书馆与博物馆的创新技术"。

---

① 资料来源：国际博物馆协会官方网站，http://icom. museum。

建筑类博物馆是欧洲传统博物馆类型之一。2012 年，ICOM 历史民居博物馆委员会在意大利佩鲁贾召开以“民居博物馆：所有者及其艺术藏品”为主题的会议；ICOM 建筑与博物馆技术委员会则选在西班牙马德里召开年会，主题为“在博物馆建设项目中传递价值：西班牙经验”。

相对而言，北欧国家的活动则偏重精神领域。6 月，在挪威奥斯陆，ICOM 文学博物馆委员会举办年会，探讨以文学家、作曲家为主题的博物馆在塑造地区精神方面的作用。同月在芬兰赫尔辛基，ICOM 文献委员会召开主题为“丰富文化遗产”的全球会议。

博物馆不仅是物的体现，更是对人的一种表达，在这一点，欧洲的博物馆具有颇为深刻的洞见。以人为本的博物馆理念逐渐深入人心，2012 年 6 月，在奥地利、德国、瑞士交界的博登湖，以博物馆藏品及其对游客的影响的国际论坛成功举办；荷兰阿姆斯特丹成为人员培训的一个重镇，ICOM 人员培训委员会在 9 月 13 ~ 15 日举办了题为“桥梁与边界：重构博物馆与遗产职业培训”的国际会议；面对人所面临的苦难，博物馆承载着复杂的历史记忆，11 月 7 ~ 9 日，在法国培皮尼昂，ICOM 公共罪行受害者纪念博物馆委员会举办年会，题目为“边界、流放、拘留以及人文关怀的记忆”。

科学技术和市场是近年来博物馆建设所关注的课题。8 月，在芬兰坦佩雷与赫尔辛基举办 ICOM 博物馆与科学技术藏品委员会的年会主题是“更闪亮的科学与技术博物馆：展览以及与学术世界交流合作的新方法与新视角”；9 月，在意大利帕勒莫举办 ICOM 市场化与公共关系委员会年会，主题为“创造性沟通”。

2. 东欧

东欧的博物馆协会活动没有西欧活跃，但具有鲜明的地域特色。比如在塞尔维亚的尼斯（Nis）举办的东南欧地区性会议，主要探讨的是东南欧洲文化与自然遗产的危险评估事项；在波兰华沙，ICOM 波兰国家委员会主办了“博物馆及其在国际文化政策中的角色：以东欧与中欧为例”国际会议。

东欧会议所体现出的另一个特点是，其关注的点更多基于博物馆建设的“软件”领域，比如在俄罗斯的莫斯科举办的以“国际博物馆 2012”为主题的国际博物馆节，重点关注博物馆与旅游产业之间的关联问题；在摩尔多瓦举办的摩尔多瓦、罗马尼亚和乌克兰三国委员会的年会，主题是“博物馆与博物馆伦理”；在莫斯科举办的 ICOM 博物馆与艺术藏品委员会年会主题为：艺术博物馆；而 10 月在亚美尼亚首都耶烈万举办的 ICOM 教育委员会 2012

年年会，则以“博物馆与书写交流：传统与创新”为关注对象。

另外，一些独特的主题也在东欧有所涉及，9月23～28日，在塞尔维亚的贝尔格莱德及多个城市举办ICOM地区博物馆委员会年会，主题为“饮食博物馆”；几乎同时，在克罗地亚杜布罗夫尼克举办了“最佳遗产”大会。10月8～10日，ICOM博物馆安全委员会，在格鲁吉亚的第比利斯举办以“灾难中博物馆藏品面临的威胁及其撤离”的全球会议。

3. 北美及加勒比地区

在北美和加勒比地区，美国、加拿大占据了国际博物馆协会地区活动的主体。与欧洲相比，北美的协会更关注博物馆建设中一些艺术性较强的领域以及新兴理念。5月，在美国纽约市，ICOM乐器博物馆与征集委员会召开主题为“乐器的艺术与艺术家”的会议，讨论作为展品的乐器是否应被视为艺术品。6月，在美国纽约市等地，ICOM博物馆与玻璃藏品委员会举办年会，重点讨论美国的玻璃收藏品；11月6～9日，在美国洛杉矶，ICOM历史故居博物馆委员会与保存委员会联合举办年会，题目为“历史故居博物馆中的文物、文脉及其叙事的多学科保存”。

加拿大的会议集中在10月进行。首先是蒙特利尔，ICOM声影与影像声音新技术委员会举办年会，主题为“新技术的发展与新博物馆职业的诞生”；随后是在多伦多召开的ICOM展览交换委员会年会，主题为“年轻从业者：永恒变动的博物馆环境中他们的未来”；同时，温哥华举办ICOM馆藏与城市博物馆活动委员会年会，主题为“城市博物馆：碰撞中的连接”。

除了美、加之外，巴巴多斯的石窟山举办了第五届全球“包容性博物馆”（Inclusive Museum）会议；12月，在危地马拉，拉丁美洲及加勒比博物馆联盟举办ICOM拉丁美洲与加勒比国家委员会第一次全体大会。

4. 亚洲和太平洋地区

亚洲和太平洋地区的活动，一个主要话题是“危机”，这个话题具有独特的地区性特征。在亚洲，尤其是发展中国家，博物馆的建设和馆藏品的收集与保存，面临迅速变化的经济和社会背景的冲击。同时，面临危机，新的方法论也成为亚洲同仁关注的重点之一。新加坡国立大学举办了ICOM大学博物馆与藏品委员会国际会议，主题是“遭遇限制：大学博物馆”；在土耳其伊斯坦布尔，ICOM博物馆与现代艺术收藏委员会举办年会，主题为“超越危机的博物馆”；在澳大利亚悉尼，ICOM管理委员会举办年会，题目是“博物馆的挑战”；在阿曼的博卡特·艾尔玛，ICOM武器与军事历史博物馆委员会举办国际会议，主题为“阿曼与中东的军事遗产，及其与外部世界的关系”。9 月 24 ~27 日，中国武汉市举办了亚太博物馆联盟委员会 2012 年大会，会议主题为“今日博物馆：跨学科方法”。

5. 非洲

非洲是国际博物馆协会活动相对稀少的地区。在北非，摩洛哥的拉巴特，ICOM 金钱与银行博物馆委员会举办了题目为“金钱与银行博物馆，新挑战与新视角”的年会；突尼斯的突尼斯市，ICOM 博物馆学委员会年会的主题为“赋权游客：过程、发展与反抗”。而在南部非洲，会议所关注的话题更与非洲自身的历史特征密切相关。比如，9 月 12 ~14 日，在纳米比亚首都温得和克举办 ICOM 人种志博物馆委员会年会，主题为“文化商品化/文化村落与活态博物馆”；11 月在南非开普敦，ICOM 博物馆与考古历史藏品委员会以及征集委员会共同举办 2012 年年会，主题为“博物馆中的殖民遗产/博物馆与历史进步论”。

国际博物馆协会在全世界各个地区通过举办会议的方式，促进和加强了不同领域、不同国家博物馆工作者之间的沟通与交流。每个地区独具特色，虽然大部分活动都在欧美国家进行，但亚洲和非洲地区的活动也都在不断充实和发展之中。

在总结 2012 年的博物馆大事时，国际博物馆协会总干事朱利安·安弗伦斯（Julien Anfruns）谈到：“2012 年同样见证了新媒体应用技术在博物馆领域的快速发展，这得益于文化领域的外部推手（如谷歌艺术项目）和博物馆自身的力量。”朱利安·安弗伦斯表示：“对于世界上的很多博物馆来说，新出现的筹资问题打破了资源分配、公共和私人合作关系的平衡。混合模式不断涌现，未来几年人们可能会对这一模式进行尝试，针对不同的接受程度不断地测试和创新，得到不同程度的成功。”

二、英格兰、印度、意大利 2012 年文化遗产工作概况

（一）英格兰遗产局

英国保护历史遗产的传统可以追溯到 1882 年，当时英国国会通过了《古遗迹法案》（Ancient Monument Protection Act）。随后的法规制度不断完善，并于 1984 年成立了英格兰遗产局。该机构正式名称是“英格兰历史建筑与古迹委员会”，属于“非部委公共机构”（non-departmental public body）性质，一方面作为英格兰政府在历史环境方面的法定咨询机构，并负责提供除彩票

资金以外最大数额的遗产资产拨款；另一方面旨在引导公众认识、珍爱、保护和享受自己所处的历史环境。

英格兰遗产局直接拥有384处英格兰历史和考古遗产的所有权，著名的巨石阵即为其所有。绝大部分遗产都对公众开放，并在适当的条件下接受类似婚礼或节日庆典等特殊活动的请求。英格兰遗产局对个人和团体实行会员制，会员享受免费参观英格兰遗产局所属遗产地的优惠政策。英格兰遗产局同时行使英格兰历史遗产的登录、咨询和保护职责，并且负责管理英格兰遗产局档案（English Heritage Archive）。

英格兰遗产局在协助政府进行遗产管理的同时，与地方政府保持密切沟通，帮助其应对日益变化的遗产保护形势；并通过出版物、组织活动等方式促进和提升公众对遗产的认知；通过组织培训和保护实践的方式促进丰富遗产保护的社会功效。总而言之，英格兰遗产局为英国的文化和经济均做出重要贡献，在支持地方事业和推动公众认知上起到重要推手的作用。

1. 应对经济危机

由于持续不断的经济危机，英国政府在2010年对文化遗产保护领域的机构和项目做出一系列削减预算的决定，对英格兰遗产局的机构运转和项目运行造成极大影响。2010年10月20日，根据综合支出评估（Comprehensive Spending Review）的结果，英国文化、媒体与体育部决定对英格兰遗产局在财政上的扶持削减32%，而该部自身的预算也削减24%。文化部部长亨特说，文化部要求英格兰遗产局用于行政事务的资金削减50%，并终止那些不太重要的服务项目。

这个决定立刻在英格兰文化遗产界引起轩然大波。遗产联盟主席格罗斯曼说，这个决定表明英国当局始终并不在意自己的文化遗产。他担心这将对英国遗产的维持与保护造成非常负面的长期影响。

英格兰遗产局主席安德鲁斯女士（Kay Andrews）也表示，她对这个决定非常失望，因为这个决定将严重制约和影响英格兰遗产局的正常运转。[①]

她说："遗产不只是供我们参观的地点。遗产关乎我们的生活，我们每天的生活质量。大部分遗产目前都是由个人来维护，来自国家的公共资金支

---

① Fulcher, M.（2010－10－21）. Spending review：English Heritage budget cut by 30 per cent. http：//www. architectsjournal. co. uk/news/daily－news/spending－review－english－heritage－budget－cut－by－30－per－cent/8607289. article.

持是他们可以对遗产进行维护的保障。公共资金的缺失将导致大量的私有遗产无法维系下去，我们的后代也无法再享有这些宝贵的古迹。”①

面对这样的情境，英格兰遗产局不得不做出一系列的应对措施。首先，在部门结构和人员管理上，英格兰遗产局不得不采取一定的“精简”措施。2011 年 3 月，外联部（Outreach Team）被撤销。这个成立于 2003 年的部门的主要职责是与遗产保护社区进行联系并保持互动，当时一共有 14 名员工在职。实际上，英格兰遗产局最终需要砍掉将近 200 个职位。②

根据实际情况，英格兰遗产局制订了一项自愿选择计划（Voluntary Options Scheme），让其员工选择更具弹性的工作方式、半退休、或自愿离职等方式，以在人员支出上做出一定节省。

在开放时间上，英格兰遗产局也做出了一定调整，因为数据表明，所有遗产点访问人数中，只有 4% 的人是在冬天的工作日进行访问。所以，英格兰遗产局除了保留巨石阵等若干点之外，将其他遗产点的冬季开放时间限定为周末，节省了不必要的人员和场馆维持支出。

同时，在商业经营上，英格兰遗产局也比以前加大了力度，继续推广会费会员制，并在许多遗产点开设了礼品店和餐厅。为了加大自主筹措资金的力度，2011 年 2 月，成立了一家独立慈善机构——英格兰遗产基金会（English Heritage Foundation）。该机构的主要职能是为英格兰遗产局所保护的遗产和文物筹措资金，所有筹集的捐款将直接用于重要的遗产保护项目之中。当公共资金被削减后，来自其他渠道的资金变得异常重要起来。

实际上，英国政府的财政紧缩计划并不令人惊讶，在过去的 13 年中，英格兰遗产局已经遭受到了一亿三千万英镑的实际财政削减。在这项决策出台前的数月内，英格兰遗产局似乎已经意识到了即将面临的困境。2011 年夏天，首席执行官图尔利（Simon Turley）博士就曾警告说，英国的历史遗产面临着极大的危险。由于地方支持资金的减少，许多老房屋的所有者根本无力维持或维修遗产，只得任其衰败下去。他同时不无忧虑地指出，已登录的英

---

① Whittington, K.（2010, 10 10）.“English Heritage's grant to be cut by 32%”. http://www.archaeologists.net/news/101020 – english – heritage – grant – be – cut – 32.

② Atkinson, R.（2010, 11 16）.“English Heritage to Close Outreach Department”. http://www.museumsassociation.org/museums – journal/news/17112010-english-heritage-outreach.

格兰遗产之中，至少有一半都没有得到应有的保护。钱，是主要问题。① 在图尔利说出这番担心之后的四个月，英格兰遗产局自身便被一语成谶。

英格兰遗产局的财政削减在图尔利说上述这番话之前就有所征兆了。当年6月，刚上任的卡梅隆政府宣布要用五年时间弥补上任政府所留下的巨大财政赤字，每年削减掉的经费有990亿英镑。第一批削减的62亿英镑中就包含英格兰遗产局的重点项目——巨石阵。

英格兰遗产局对此表示十分震惊，主要原因有两点：第一，在削减巨石阵资金的同时，位于伦敦的许多博物馆将继续享受来自政府的扶持，这在他们看来是不公平的。第二，也是更为让人不解的，是新上任的保守党政府朝令夕改的态度。在大选之前，保守党曾经攻击当时在任的工党政府在巨石阵的保护和维修上不作为，致使巨石阵一直处于“欠维修”的状态，并承诺重新夺回政权后将对此采取措施。令英格兰遗产局没有想到的是，新任政府的新措施，竟然是把上届政府保证的项目资金砍掉。②

巨石阵的计划全称为“巨石阵环境改善计划”。巨石阵是举世闻名的历史遗迹，也是世界遗产，但该遗迹的保护早在20世纪90年代便一直为人所诟病。遗迹的主要景观受到两条繁忙道路的严重影响，其中一条路正好与巨石阵比肩而过。巨石阵每年接待的游客将近100万，而游客中心却相当简陋，在旅游高峰期时车辆停满附近的绿地，景区仅有一个露天小吃亭。这样劣质的遗产保护和游客服务曾被人称为“国家的耻辱”（National Disgrace）。③

在这样的背景下，英格兰遗产局积极推动巨石阵遗产保护和游客服务设施的升级工程。根据计划这里将建设一个新的游客中心，配备高质量的展陈设施和公众教育基地；建设一个不对景观造成影响的景区内交通系统，以方便游客从停车点到巨石阵的往返；现有的紧邻巨石阵的停车场将被恢复为草

---

① Beckford, M.（2010－07－08）. “English Heritage Warns'Catastrophic´Cuts Will Leave More Buildings at Risk”. http：//www. telegraph. co. uk/culture/culturenews/7877092/English－Heritage－warns－catastrophic－cuts－will－leave－more－buildings－at－risk. html.

② Turse, R.（2010－06－19）. Government Cuts：Rebuilding of Stonehenge now in doubt. http：//www. thespoof. com/news/business/77101/government－cuts－rebuilding－of－stonehenge－now－in－doubt.

③ English Heritage.（2010－09）. Funding of the Arts and Heritage：Written Evidence Submitted by English Heritage（arts 74）. http：//www. publications. parliament. uk/pa/cm201011/cmselect/cmcumeds/writev/464/074. htm.

坪；A344 公路将被关闭，景区内的路线也会相应加强管理，以保证景区不受繁忙交通的破坏。

这是一个非常庞大的计划，但 2010 年 6 月，英国财政部将原计划当年拨付的 1000 万英镑资金取消。英格兰遗产局在感到“痛苦的失望”之余，立刻对该项决定做出反应，积极寻求社会上的援助，并迅速得到响应。遗产彩票基金在 11 月决定对其给予 1000 万英镑的支持。英格兰遗产局称其为“急救包”（rescue package），足见其雪中送炭的意义。[①]

英国财政部也做出回应，批准英格兰遗产局自己筹措资金，来继续巨石阵的项目。英国交通部也在稍晚时候批准关闭 A344 号公路的计划。

即便如此，原定于 2012 年伦敦运动会之前完成的建设项目不得不延迟，好在由于各方的努力，计划得以顺利实施。新的游客中心将在 2013 年 10 月建成开放，全部工程将于 2014 年年底完成。在 2011 – 2012 年的年度工作之中，英格兰遗产局将巨石阵环境改善计划列为自己的首要财政扶持项目。项目所需的 2700 万英镑基金全部来自于第三方的支持及其自身的收入，主要包括国家信托基金会和遗产彩票基金。英格兰遗产局也不无骄傲地对公众宣告，这项工程所有的资金，没有一分钱是来自于纳税人的。

在最初面临财政窘境的时候，巨石阵项目负责人罗瑞恩·诺尔斯说，如果筹资一切顺利的话，巨石阵今后还将成为“慈善行为的夺目典范”（a shining example of how philanthropy could work）。[②] 事实证明，英格兰遗产局和英国的遗产保护者们做到了这一点。

2. 国家遗产保护计划（National Heritage Protection Plan）

国家遗产保护计划是英格兰遗产局发起的一个跨机构、跨组织的合作计划，于 2011 年 5 月 23 日正式启动。该计划的发起人是英国旅游与遗产大臣（Minister for Tourism and Heritage） Rt. Hon John Penrose 议员。该计划旨在发动所有与遗产保护相关的组织联合起来，形成一个有力的合作体，有效调配有限的资金和技术资源，保护那些面临严重威胁的遗产。近些年来，英国历史保护由于经济危机的因素，受到不小的冲击，不少地方机构都无力继续对

① Art Daily.（2010）. Stonehenge Gets Multimillion – Pound Grant for Major Makeover to Help Restore Dignity. http：//www. artdaily. com/index. asp? int_sec = 11&int_new = 42695&int_modo = 2 #. UOvcru TUH88.

② Werdigier, J.（2010 – 08 – 29）. Challenges for Stonehenge. http：//www. compass-cayman. com/observer/2010/08/29/Challenges – for – Stonehenge/.

当地遗产实施有效的保护，在这样的背景下，英格兰遗产局发动该项计划，旨在遴选出与英国历史和现代生活关系密切、影响重大、而且面临最大危机的遗产，集中各方力量对其加以拯救和保护。

联合所有遗产组织的行动，也是英格兰遗产局作为一个半官方组织承担起自身责任的举措，这项联合行动能够避免各方资源的分散或是重叠，最终达到如下目的：

英格兰的遗产地免受破坏，侵蚀或消失；
游客和地方社区能够体验、认识、欣赏这些遗产；
英格兰的遗产地能够持续为人们的生活和工作提供记忆的场所。

英格兰遗产局是国家遗产保护计划的发起者和协调者，主要参与的遗产组织包括遗产联盟（Heritage Alliance），国家信托基金会（National Trust），以及遗产彩票基金（Heritage Lottery Fund）。目前，国家遗产保护计划正在实施2011～2015年任务，英格兰遗产局希望它会成为一个长期延续性项目，以“保证下一代可以继续享受这些至关重要的遗迹”。

为了管理这个项目，英格兰遗产局在原有的遗产认定处（Designation Department）之外，还特别成立了遗产保护处（Heritage Protection Department）。国家遗产保护计划自启动以来迅速获得了各界的支持，已经召开了两次工作会议。根据计划，该项目在遗产保护方面将采取八种主要措施：

（1）预防：成立一个名为历史环境智囊团（Historic Environment Intelligence Team）的小组，负责与其他机构合作对遗产环境和潜在风险进行评估和预测，及时提出对策建议，以修订相应的政策和法规；

（2）评估与应对：主要针对发展所带来的影响、二氧化碳排放、人为忽视、自然变化、农业威胁、矿业开采等方面所带来的威胁进行评估，对具体威胁采用数字化的方式进行分析；

（3）资源的认定：对水下遗产、史前遗产、未知遗产（unknown assets）、湿地遗产等类型的遗产进行调查和认定；

（4）遗产属性和价值评估：对历史城镇、20世纪建筑、历史码头、城市主要建筑、水利系统、工业遗产、交通遗产、体育遗产、祭祀场所以及墓地、战争遗址、农业遗产等各种遗产的价值、分类、价值等方面进行调查和评估，以保证跨越古今的各类遗迹都能得到有效认知和妥善保护；

(5) 保护遗产的价值内涵：通过以下三种方式负责遗产的申报事务：对未在名单上的遗产进行申报；对已在名单上的遗产提高级别；接收并帮助来自社会上的遗产申报需求。通过这些工作，对国家遗产名录(National Heritage List) 动态管理和更新；

(6) 对历史环境的变迁进行追踪和管理：通过与地方机构进行合作和咨询，英格兰遗产局为其提供知识和技术方面的专家支持，对地方的行动计划、策略、管理计划以及其他策略框架进行咨询，协助其应对日益变化的历史保护地方环境。对可能引发遗产变化的项目，提前进行评估和建议；

(7) 对重要历史遗迹进行研究调查：在保护工作之前，对重要历史遗产进行考古与建筑调查；

(8) 对遗产保护提出建议和提供资金支持：对历史遗产的所有者能够采取的措施进行建议，并在特殊情况下对其进行资金支持。

该计划旨在促进民众对历史遗产重要价值的理解，由会员组成的顾问委员会作为主要咨询团队。自国家遗产保护计划启动以来，英格兰遗产局进一步与地方社区紧密互动。运作成功的案例之一是兰卡什尔纺织工厂计划(Lancashire Textile Mills Project)。

(二) 印度考古调查局

物质文化遗产保护是印度文化部最重要的职能之一，具体工作由其直属机构印度考古调查局 (Archaeological Survey of India) 负责实施。下面首先介绍印度考古调查局的组织构成及工作重点，并对其 2011 - 2012 年度的重点项目和成果进行介绍。

印度考古调查局成立于 1861 年，是印度开展考古研究和文化遗产保护的主要机构。考古调查局负责全国 24 个片区 3677 处古迹遗址的保护与管理工作。[①] 这些古迹遗址包括石器时代遗迹、古定居点、巨石墓葬、石窟、碑铭、佛像、浮雕、庙宇、城堡、水利系统等各种类型。

除了保护之外，考古调查局也关注社会发展和全球化进程对印度遗产的影响，尤其是大众旅游的兴起对文物的影响。该机构努力推动文化旅游的良性发展。比如，在印度的世界文化遗产地，考古调查局推动建立了更便捷、更有助于游客体验的公共服务设施，既保证了游客的需求，又有效加强了对

① *Annual Report*, Ministry of Culture, Government of India, 第 10 页。

世界遗产的管理。

印度《古迹、遗址与遗迹法案》（The Ancient Monuments and Archaeological Sites and Remains Act）于1958年通过。但是，该法案在执行上偏弱的问题一直为人所诟病。20世纪后半叶，印度城市化进程加快，大量历史遗产被拆除和毁坏。自20世纪90年代以来，印度文化部意识到必须要对《古迹、遗址与遗迹法案》进行修订。1992年，该法案增加条款规定，要求古迹周边设立100米和200米保护区域，但实施效果并不理想。2006年，印度考古调查局委派一个咨询委员会对该法案的实施情况进行为期三年的调查，发现两百多处古迹存在违法建设甚至被拆除的情况。2010年，印度主办英联邦运动会，由于担心运动会的举办会导致大量遗产成为拆除对象，印度文化部于当年1月23日紧急起草一项法令，授权考古调查局可以制止遗产拆除行为。由于该法令出台仓促，内容和行文都比较粗糙，印度政府担心无法获得国会的通过，所以迅速出面邀请法学专家对法令进行完善。2010年3月29日，经过各方努力，《古迹、遗址与遗迹法案》修正案正式生效。

相比之前的法案，新修订的法案采取了创新性的措施。其中最重要的修订是设立“国家古迹管理局”（The National Monument Authority），该机构将负责对古迹进行分类和设立保护区。该机构包括一名主席、五名全职成员和五名兼职成员，这些成员主要由建筑师或是城市规划师组成，政府官员不能入选。除了国家古迹管理局外，新修订的法案同时决定设立“专业官员”（Competent Authority）的职位。“专业官员”为具有专业资质的人士，负责监督本片区所有遗产周边建筑的维修、翻新、建设项目，最大限度控制周边建筑对遗产的影响。截至2012年，一共任命了26位专业官员。

在法律流程上，任何在遗产区域内的建设项目都必须首先向负责该片区的专业官员递交申请，专业官员对项目进行审核，并向国家古迹管理局递交其评估报告，由其最终决定项目是否可以实施。

在职责划定上，国家古迹管理局和考古调查局分工明确，前者负责遗产保护区内的建设和自然环境的维护，后者侧重从业务角度进行考古和文化遗产调查、研究、保护。[①]

在国家古迹管理局建立后的一年中，包括德里地铁线等多项主要基础设

---

① Singh, Kuldip. 2010. A Monument To Preservation. http://articles.timesofindia.indiatimes.com/2010-07-27/edit-page/28283493_1_asi-heritage-sites-advisory-committee.

施建设都处于“审核中”状态。管理局解释道，在一年中，他们已经审批通过了数百项建设申请，而像上述工程那样的大型建设项目，则需要更多的时间去审核，因为必须慎重评估这些建设可能造成的总体影响。截至2012年8月底，国家古迹管理局共收到了与德里建设项目相关的365项申请，其中的302项获得了“建设许可”，其中包括尼赫鲁夫人学院（Kamala Nehru College）扩建项目。而有20项申请被要求提供更多内容，其他项目都在审核之中。①

在金奈（Chennai）举行的印度考古调查局150年庆典的活动中，副局长B. R. Mani说：“法案中新修订的条例是必需的，因为快速发展已经对我们的古迹与遗产地的安全造成了威胁。”②

在博物馆管理方面，印度考古调查局奉行“遗产地博物馆”（site museums）的理念。具体而言，这个理念强调博物馆的建设和展示不能破坏遗址本身及其周边环境，以一种最原汁原味的面貌展现在公众面前。为了达到这个目标，考古调查局一方面致力于用最先进的设备保证展陈的外观，另一方面又避免过多的当代科技和媒体元素对博物馆的信息造成扭曲。这类考古遗址博物馆的最终目的是“向世人展示——而不是人工打造——一个伟大的古代文明”，③从这个角度而言，这类遗址博物馆与国家博物馆是截然不同的，其功能是起到一个公众与文化、学术、历史等元素交流和沟通的互动平台。

2011年2月19日~11月7日，由印度考古调查局组织的“华夏瑰宝展”（Treasures of Ancient China）分别在印度的四家博物馆进行。这次展览汇集了新石器时代到清朝共95件中国文物，令印度各地的民众大饱眼福。说起这次展览的来由，还要回溯到2006~2007年在中国四家博物馆举办的“古代印度瑰宝展”。当年，超过100件从公元前3世纪到18世纪的精美的印度文物在中国巡展，这些文物包括印度教和佛教的石像，金属器以及陶器，该展览在中国和印度国内都引起极大好评。因此，印度方面一直希望能在印度办一个类似的展览。2011年，由印度考古调查局牵头，通过与中国国家文物局和中国文物交流中心合作，促成了这次“回访”。

---

① TNN. 2012. Year on, Projects Stuck for National Monuments Authority Nod. http://articles.timesofindia.indiatimes.com/2012-10-14/delhi/34448053_1_heritage-bylaws-nocs-nma.

② Deccan Herald. 2012. ASI Defends Amendment to Monuments Act. http://www.deccanherald.com/content/229650/asi-defends-amendment-monuments-act.html.

③ *Annual Report*, Ministry of Culture，第15页。

这次展览的主要文物包括青铜器、玉器、雕塑、瓷器、金属器等。而最吸引人的则是兵马俑和唐三彩。这次展出的两件兵马俑均高1.9米左右，典型的秦代兵士装束，令游客驻足良久。

巡展取得了巨大成功，无论是公众还是学者都对展览称赞不已。一位印度文化部的官员介绍说："历史上，印度和中国一直通过客商和佛教僧人的往来保持着密切的文化联系。古代丝绸之路和佛教的传播也是中印文化之间友谊的见证。"另一位官员则指出，这次"华夏瑰宝展"在印度的举办，旨在恢复中印两国的文化对话，通过把两国人民联结起来，以增强两个伟大文明之间的友谊。①

印度考古调查局是印度世界遗产保护与申报的官方机构。自2011年起，印度被选为世界遗产委员会的委员，考古调查局的世界遗产事务部也宣告成立，这个新机构负责世界遗产申报文本的审核工作，作为印度官方申遗的顾问委员会，负责对列入印度世遗预备名单上的遗产地进行评估并对其进行更新，保证其代表性；审核并提名世界遗产地；对未来若干年内可能申报世界遗产的地点进行评估并提出申遗建议；在申遗文本递交联合国教科文组织之前对其进行审核；以及对已经在列的印度世界遗产地的保护和管理情况进行监督并提出建议。

印度考古调查局还在海外实施援助项目，其中一项是援助柬埔寨塔普伦寺（Ta Prohm）的保护与修复项目。在该项目中，考古调查局的工作人员对寺庙本体结构、地理情况、水利系统以及树木栽培都进行了科学调研，并完成向吴哥国际协调委员会（ICC）汇报的报告。同时，考古调查局还在老挝进行占巴色古寺（Vat Phou）的保护工作。

（三）意大利文化遗产与活动部②

意大利文化遗产与活动部负责保护、管理和利用文化遗产与环境，推动文化传播；促进部门与地区性公共管理机构、私人机构以及志愿者组织的合作；使意大利的文化遗产与环境最大限度地为公众所享用，全面推进文化的传播，保证其在不同地区、不同部门间多样化与平衡发展。

① www. defence. pk. n. d. "Treasures of Ancient China" Begins in New Delhi. http://www. defence. pk/forums/world - affairs/94232 - treasures - ancient - china - begins - new - delhi. html#ixzz2GmNwlBCV.

② 资料来源：http://www. beniculturali. it。2013年，旅游部并入，"意大利文化遗产与活动部"更名为"意大利文化遗产、活动与旅游部"。

1. 2012 ~ 2014 三年计划

意大利文化遗产与活动部的《2012 ~ 2014 三年计划》包括四个方面，每个方面设有若干分项，每个分项都有详细的计划。其中与文物、博物馆工作相关的内容如下：

(1) 保护文化遗产与文化环境

a. 高等培训学校的建设与管理（保护与修复高等研究院、硬石修复中心、古籍修复中心）。

b. 提高文化遗产的安全保障机制：提升文化遗产数据库的性能与服务，增强文化遗产区与文化机构的安全配置。

c. 优化国家档案机构。

d. 保护文化遗产：定期监测文化遗产、文化景观、建筑、当代艺术、环境。

e. 使预防性考古具备操作性：颁布操作手册和公布具备资质的考古机构名录。

f. 保护环境：出台调整土地政策的指导意见，优化环境监测管理程序。

g. 预估与减少地震对文物可能造成的破坏，尤其对于地震敏感建筑、博物馆储藏室等：完成 Abruzzo 地区抗震项目，继续开展国立博物馆抗震检测的第一阶段计划；检查地震预测系统的应用现状。

(2) 促进文化遗产与文化活动在社会的认知与普及

a. 跨部门发展、研究和实现分类信息系统：整合 SIGECWEB 资源；实现图像类遗产的管理系统。

b. 在修复领域加强跨国合作，支持培训活动、创新及国际化：增强意大利在修复领域国际上的介入，在遭受自然灾害或战争破坏的地区推广文物修复方法与技术。

c. 建立文化遗产档案的新系统：能够长期保存电子档案的实验室。

d. 国家档案系统的建立：向公众开放国家档案系统总门户下的子分类网站；开发利用地中海地区多媒体历史档案资源。

e. 改进 SBN – web 国家图书馆系统的服务。

f. 实现文化遗产的保护、修复与利用：逐步提高对书籍类遗产的利用。

g. 丰富文化供给，改进公共和私人古籍、文献的共享机制。

h. 建立访问文化资源的信息系统：意大利国家级文化名胜的网络数据库。

i. 增强意大利文化系统，积极开展在意大利本土和国外的文化活动。

（3）改善体制结构，优化管理与机构运转

a. 提高机构运行效率，增强研究活动，促进发展，推广国家重点研究院的新理论与修复技术。

b. 增强机构的透明度及改进管理体制：调查易造成腐败的部门和程序，参考监管机构的意见。

c. 优化工作程序：推行标准化。

d. 简化行政管理程序：发展信息技术在艺术品的国际流通、艺术品租借（法律规定的部分）与管理、文化遗产监测、环境评估等方面的运用。

e. 提高文化系统服务质量。

（4）增强机构保护、管理、研究、监督文化遗产的效力。

a. 弥补并预防文化遗产可能遭受的各类破坏，追查流失文物。

b. 配合国际活动，履行联合国文化遗产保护的相关条约，完成欧盟工作计划。

c. 提高公众参与度，为不同社会群体创造获取文化类信息的途径。

d. 实现对古籍与历史文献的保护：文献资料的电子信息化，制定对私人古籍的管理规定和对文献实施干预、监测的法规。

e. 在研究、创新和信息化方面提高行政管理效率。

f. 在文物的保护、管理和国际流通方面提高行政管理活动效率。

g. 推广研究活动和实现机构现代化：工作程序的信息化；建立面对公众的门户网站。

2. 2012 年修改、新增的法令与规定

（1）由文化遗产与活动部和农业政策、食品和林业部起草了关于土地利用的新法令，旨在保护意大利的人文与自然环境，防止农业景观被破坏。法令重要条例包括：限制土地出让所得收益，特别是城市化建设所占用的土地；对享有公共补助的农业用地，五年之内不得改变土地的使用性质。

（2）预防性考古的重要规定：对于地下遗迹的挖掘，在公共或私人机构

完成勘测后，发掘方（或委托发掘方）需向监管机构递交挖掘计划书，由符合资质的考古学家签字并说明发掘所需费用、时间和专业配备。

（3）修改过渡性规定——关于文化遗产保护与修复人员及合作者的专业资格认定。该专业资格的认定将申请者的学历、工作经验、国家专业考试成绩、至少五年内参与的项目等列为评判标准。获得专业资格证的修复人员及合作者的名录将被文化遗产与活动部收录。新的法令意味着进一步完善对修复行业从业人员的管理制度，确立硬性标准，规范公共选拔程序，保持并增强意大利该领域在国际上的声望。

（4）5×1000 政策：从 2012 年开始，每一个意大利国民可以通过该政策，将个人所得税的千分之五用于支持文化遗产与环境的保护、宣传与合理开发。根据规定，这部分公共资金将分配给纳税人所在区内的非营利组织，由其完成对公共文化遗产的保护、修复与再利用项目。

3. 其他重点项目和重要活动

（1）庞贝计划

鉴于庞贝遗址的复杂性与重要性，需要不同机构的紧密合作，意大利政府参与该项目的部门包括区域协调部①、文化遗产与活动部、内政部、教育与科研部。由于遗址范围广、发展潜力大，将投入共计 1.05 亿欧元用于遗址区的保护与规划，资金来源包括欧洲地区发展基金和意大利本国资金。项目预计于 2015 年年底前竣工。

涉及的工程项目包括：遗址档案的整理，遗址的测绘和病害分析；减少水文地质灾害，修建堤台；对墙体的加固与修复；对建筑装饰面的加固与修复；保护建筑物免受极端天气的破坏；增强遗址区内的安全录像系统及改进管理。

（2）乌菲兹（UFFIZI）美术馆扩大计划

乌菲兹美术馆扩大计划始于 2006 年，该项目由于美术馆重要的历史、艺术价值和社会经济价值，意义非凡。其内容包括修复建筑、扩大展览空间、组织新的参观游览路线、增加服务与管理区等。

工程的施工经过科学的设计与组织，工地被分为六个独立的竖向作业面和一个横向作业面，充分利用空间并避免对参观者造成不便，因此没有任何展览场所因施工而关闭。修复过程始终伴随着考古与科研，并向专家学者、

---

① 原隶属于经济发展部，2013 年成为一个独立的监督机构。

业内人员展示施工场地与修复技术。

（3）情人节活动

2月14日情人节系列活动作为意大利文化遗产与活动部在2012年度的开年活动，将“艺术与爱”作为主题，鼓励人们发现艺术、享用文化遗产。节日当天，每一对情侣只需花一欧元即可参观意大利所有的国立博物馆与艺术场所。配合情人节这一主题，意大利各个大区也开展了各具特色的展览、音乐会、文化演出等。Calabria大区举办了以爱为主题的绘画作品展；Campania大区“瓦伦帝诺的心”活动组织了7~10岁的儿童尝试用纸浆做爱心送给亲爱的人，手工活动结束后，小艺术家们参观博物馆，将他们完成的爱心手工与艺术大师Antonio Russo用纸浆所做的80件雕塑作品比较；Campania大区的陶瓷博物馆以镇馆之宝“爱的瓷盘”作为情人节活动的象征，并组织参观者学习陶瓷的塑形及装饰方法，传承传统的瓷器制作工艺；Emilia - Romagna大区费拉拉市组织人们参观代表爱的历史古迹——Angeli之门，举办“战争时期的爱”艺术藏品展，由专职导游带领游客参观并讲解艺术品背后有关爱的故事。

（4）文化周

4月14~22日，为期9天的文化周期间，意大利国内公共及私人博物馆、历史建筑、遗址区、图书馆、档案馆免费开放，并伴随各式各样的文化活动、展览、演出等。

活动周期间，文化遗产与文化活动部下属的文化教育中心选择了50个国立博物馆开展“欢迎来到博物馆”活动。来自65所教育机构的1650名16~19岁学生和150名老师充当志愿者，负责导游工作。青少年通过实践增长知识，了解博物馆运作。博物馆、文物也通过这次活动更加贴近年轻人，促进文化遗产在下一代的传承。

（5）欧洲遗产日

9月29~30日是欧洲遗产日，该活动日由欧盟委员会所倡议，旨在增进欧盟成员国之间的相互理解与文化包容，提醒人们关注地方传统文化、建筑古迹、艺术品等。意大利2012年的口号是“意大利——欧洲的宝库”，以此强调意大利在欧洲文化传承中不可或缺的作用。

意大利宗教建筑基金会作为这次活动的主要参与方，向大众非常规地开放了其名下管理的多处教堂、修道院等宗教建筑，并配有专职人员带领人们参观并讲解。

此外，意大利各大区则结合自己的地域与文化特点，组织超过1500场次的文化活动。较有特色的如Piemonte大区的Valle di Susa市镇，专门设置了一条文化遗产与自然遗产结合的游览路线，全长约40公里，人们以山地自行车的方式参观沿途的历史古迹，志愿者在各个游览点为人们进行解说。

（6）世界粮食日

每年10月16日世界粮食日，意大利文化遗产与活动部都会用自己的方式构建文化遗产与食品的联系，并提醒人们关注农业景观。2012年，罗马的史前博物馆举办了史前人类饮食主题展览，介绍史前人类的饮食方式、食物的制作工艺等；Campania大区的Salvatore修道院则以中世纪的食物为主题举办系列研讨会及活动，展示中世纪人们的饮食习惯、作物种植以及烹饪方法，并组织人们参观修道院。

（7）文献遗产的认知

意大利国立档案馆及图书馆在12月16日（周日）向公众进行了非常规的开放，让人们通过书籍、文献、照片、印刷品、设计及其他方式重新拾回历史记忆。书籍、档案同文物、名胜古迹一样，也是文化遗产的组成部分，却常常被人们所忽略。活动举办期间，这些珍贵的文化遗产通过讲解、展览、研讨会和戏剧、音乐表演等方式呈现。保存这些文献的历史建筑同时免费开放供人们参观。

同时期举办的还有“圣诞卡片”活动，由文化遗产利用总司与图书馆、文化机构、著作权总司发起，举办圣诞卡片展览、圣诞歌曲表演及圣诞节影像展示等。

（8）信息技术应用

E－mouse系统建立了公众与博物馆、名胜古迹沟通的新渠道。通过http：//www. emouseion. beniculturali. it网站，公众可以浏览409所国立文化场所的信息与相关服务、查询展览信息等，并可以通过电子邮件的方式获得更详细资讯，预约参观、提出游览的特殊要求、投诉或发表意见等。建立该系统的目的在于提高博物馆的服务质量，使之更人性化、贴近公众需求。

网上办公ESPI2平台为文物行业从业者提供了电子办公的平台。当需要对文化遗产的实体进行干预时，通过系统可以在网上提出申请、填写标准化表格，实时跟进申请的动态，直至获得电子授权证书。该系统适用于文物建筑、环境、历史艺术遗产、古籍等，提高办公效率和行政管理的透明度。

监督公共投资系统 S. I. M. I. 包括信息系统和数据库两部分，用于管理公共投资的工程、设施、服务中资金的使用情况。该系统将更有效地管理公众资金的流向，连续性地监督项目的实施进度，同时作为增加机构透明度的手段向公众开放。

三、点评

梳理国际组织以及英、印、意三个国家在 2012 年的工作，我们发现一个共同的特征，即文化遗产保护不仅存在于技术层面，同样存在于法律和制度层面，存在于知识、理念的传播和教育层面。

无论是作为发达国家的意大利，还是发展中国家的印度，都有着百年以上的文化遗产保护历史，在各自的政治和社会背景下发挥着重要作用。在 150 年的历程中，印度考古调查局逐渐发展为多学科、跨区域的综合性文化遗产研究、管理机构，对印度及南亚地区的遗产保护从技术、科学以及政策法规上都产生了巨大且深远的影响。印度考古调查局也不断与时俱进，用最新的科学研究成果推动遗产保护事业的进步，以应对不断出现的新问题。

而且，印度的遗产保护在法律法规的制定方面近年来进行了重大的改革，严格限制了遗产点 100 米和 300 米的保护范围，力度之大前所未有，也引发了非常大的争议。对这项新规定的持续关注，也将有助于我国文物法律法规建设的进一步开展。印度在世界遗产的申报工作上力度不如我国，规模较小，文本编制上也不如我国经验丰富。这是我们的优势。但从另一个角度来看，印度的世界遗产保护，尤其是世界遗产点的综合遗产点管理项目（Comprehensive Sites Management Plans）的有序建立和实施，又能够最大程度对世界遗产从体系上加以保护，并形成一个相对独立的保护网，与我国的世界遗产监测事业的发展在机构建设上提供了丰富的可借鉴经验成果。

同时，我们也应该看到，国际社会在文化遗产保护上问题同样突出。由于金融危机的影响，文物保护财政上受限很多，直接导致了许多文化遗产得不到有效管理和保护。由于政治体制的原因，美国的国家公园体系在 2013 年年底政府关门的背景下竟然无法得到最基本的管理。与此对照，我国在国家层面的动员力和执行力上有着大部分国家没有的优势。

另外，英国作为拥有两百多年文物保护历史的国家，至今仍存在着非常多的问题，甚至破坏遗产的犯罪行为也屡见不鲜。这也给我们一个警示，即使具备先进的技术、充裕的资金、完善的组织，如果公众对于遗产的认知度不够，遗产保护还会是一项任重而道远的任务。

同时，我们也看到，“社区”、“可持续”、“民间”等概念逐渐成为国际遗产保护的关键词。在这个过程中，学术探讨是理念形成和分享的基础，知识的传播则是遗产保护的重要媒介。公众参与没有停留在表面文章的层面，而是对遗产保护有了实质性的贡献。

拿英格兰的案例来说，在这两年来所经历的动荡中，英格兰遗产局及时采取应对措施，动员民间资本，非常值得我们思考。欧美国家面临经济危机的影响很大，首当其冲的便是文化类机构和项目所获得国家资金的大幅度削减。这在一个角度呈现出经济状况对文化保护事业的重大影响，但另一个方面，英格兰遗产局通过非官方的系统和渠道募集起了大量文物保护项目所需要的资金，也体现出了在西方发达国家，民众和社会组织对公共事业的热心与关注。

虽然政府性质比较浓厚，但英格兰遗产局在这两年来不断探索与民间力量结合，走出一条与众不同又非常具有借鉴意义的文物保护之路。该组织深知公共领域的社会力量和媒体力量的重要性，在宣传、教育等方面都具有雄厚的实力和丰富的经验。所以在财政支持大为拮据的时刻，依然能够动员起社会力量，为英格兰的遗产保护事业摇旗呐喊。这是值得我们学习和思考的。

（本部分编译：燕海鸣、杜骞）

后　记

《文物工作研究——聚焦2012》初稿完稿于2013年，为迎接中国文化遗产研究院80周年院庆，2014年再次修改完善，终于在院庆之际与读者见面了，颇感欣慰！

该书是集体智慧和力量的结晶，各级领导的精心指导、编写小组的同心协力、审稿专家的一丝不苟，社会各界的倾情相助，都是该书得以顺利完成的重要前提，在此一并致以最诚挚的谢意！

国家文物局副局长董保华，政策法规司司长朱晓东、副司长陈培军，政策研究处处长岳志勇、副调研员彭跃辉，中国文物报社社长李耀申在该书的编写过程中提供了指导和帮助，使编写工作目标更明确、思路更清晰。国家文物局各司（室）为该书的编写提供了很好的建议，并提供了宝贵的参考资料。

中国文化遗产研究院领导班子高度重视该书的编写工作，将之列入院重点工作并组织全院专家学者出谋划策。刘曙光院长对该项研究寄予厚望，希望以此为契机逐步树立文物政策研究的品牌，并成为文物行业基础建设的重要内容。他在框架设计、内容选题、提纲拟定等方面均给予编写组细致入微的指导，多次精心审阅修改书稿，为本书增色颇多。中国文化遗产研究院原党委书记柴晓明研究员悉心指导该书的编制工作，帮助编写组明确目标，拓宽思路，多次审阅书稿并提出宝贵意见，给予编写组最大程度的支持。

各省（自治区、直辖市）文物局为编写组提供了重要资料。中国文化遗产研究院乔梁研究员、詹长法研究员、沈阳研究员多次审阅书稿并提出重要修改意见。国务院发展研究中心苏杨研究员，中国文化遗产研究院王元林研究员、科研与综合业务处副处长党志刚，全国文物保护标准化技术委员会秘书处副秘书长李春玲，国家文物局水下文化遗产保护中心姜波研究员，安徽省文物局调研员张宏明、文物保护处钟向群，中共天津市委党校（天津行政学院）副教授刘琼莲，中国文物信息咨询中心信息部主任沈贵华，北京工业大学博士后郭萍，新乡市文物保护者协会会长史继祖，天津建筑遗产保护志愿者团队召集人穆森，湖北襄阳拾穗者民间文化工作群发起人李秀桦等业内外人士都为本书的编写提供了可贵的帮助。零点研究咨询集团付艳华、乔玲玲、徐美美编写的《中国文化遗产与公众生活》系列调研报告为编写组提供了重要的研究素材。

编写组成员不仅包括中国文化遗产研究院和国家文物局水下文化遗产保护中心的研究人员：于冰、刘爱河、何流、孙波、燕海鸣、李大伟、王毅、杨睿、杜骞；还包括业内外专家学者：中国文物学会副会长兼秘书长黄元，故宫博物院办公室主任朱鸿文，西安市半坡博物馆馆长张礼智，人民日报海外版主任编辑齐欣等。随着研究的深入，我们的研究团队也将不断发展壮大。

该书由刘爱河、于冰统稿，刘曙光审定，图片策划由燕海鸣负责，赫俊红、查群、颜华、杨小亮、燕海鸣、余建立、张依萌、吕宗恕等为报告提供了宝贵的图片，刘勇在数据汇总和编辑排版方面付出了辛勤的劳动。中国文化遗产研究院科研与综合业务处组织了英文摘要的翻译工作。

我们诚挚欢迎各界朋友的批评和建设性意见，特别是各级文物行政部门、专家学者和社会各界对文物工作和文物行业研究的意见或建议。如果该书能引起业内外人士对文物工作的更多关注、支持和思考，将是编写组最大的欣慰。《文物工作研究——聚焦 2015》已经在策划中，编写组愿同大家一道，积极探索创新，勇于破难解困，为文物事业的科学发展注入新的活力和动力。

编写组
2015 年 2 月